AA 10

ROTOVISION

Dall'ufficio "domestico"
ai grandi complessi
tecnologicamente avanzati,
dai più eleganti showroom ai
piccoli laboratori
dove si lavora e si crea.
E musei, gallerie d'arte,
università e biblioteche.
Con Annual 10 *Abitare*
propone nuovi spazi
dedicati al lavoro
e all'attività collettiva
in un percorso
che offre alcune bellissime
soste nel mondo
del grande design.
Non solo impegno, però,
ma anche luoghi dedicati
a un meritato svago:
parchi e campi da golf.
●

Offices in the home,
big high-tech complexes,
the chic-est showrooms
and the small workshops
where the job gets done
and creativity is the name
of the game, plus museums,
art galleries, universities
and libraries.
In Annual 10 Abitare
embarks on a tour
of new workplace
and collective enterprise
architecture with stops
along the way to look
at recent examples
of fine design, and visits
to parks and golf courses
for well-earned rest
and relaxation.

ABITARE

ANNUAL 10

INDICE/CONTENTS

OFFICE BUILDINGS AND HOME OFFICES

Tribute and invention in Gio Ponti's Montecatini Building

Nella Montecatini di Gio Ponti: riconoscimento e invenzione

Sei piani di uffici "moderni" degli anni Trenta restaurati e attrezzati per un'attività terziaria del futuro ■ *Six floors of a "modern" thirties office building restored and equipped to handle the service activities of the next century*

progetto/*project* Studio Associato Lorenzo Berni and Aline Leroy con/*with* A. Montesi, O. Carbonell e la collaborazione di/*with the collaboration of* M. Aroldi, S. Gelmetti e E. De Reggi

FULVIO IRACE. "Un'ordinata tastiera", lo definì Giuseppe Pagano in un memorabile numero speciale della rivista *Casabella*. "Un uomo di pietra", lo descrisse, più immaginificamente, Curzio Malaparte, che "sventrarlo con una coltellata rivelerebbe i segreti della sua vita interiore, della sua filologia e della sua psicologia, cuore, cervello, polmoni, vene, arterie, muscoli, nervi (e i sogni, i ricordi, le speranze e le fugaci immagini dei sogni)".

Inaugurato nel 1938, dopo un *tour de force* progettuale che lo costrinse a misurarsi con il tema della standardizzazione e dell'*industrial design*, con la necessità di un coordinamento integrale del ciclo ideativo e produttivo, il "mostruoso" Palazzo d'Uffici per la Montecatini di Gio Ponti sembrò per molti incarnare i miti e le aspettative della moderna cultura del progetto.

Commissionatogli da Guido Donegani, presidente dell'agguerrito gruppo industriale, il palazzo di via Turati fu infatti sin dall'inizio vincolato all'imperativo di "dotare la nuova sede del lavoro in Milano di tutti i perfezionamenti fin qui sperimentati e realizzati in tutto il mondo".

Enciclopedia sperimentale dell'estetica del lavoro, la complessa macchina pontiana si pose l'ambizioso proponimento di farsi emblema della nuova modernità, sia nell'aspetto della sua perfezione tecnologica sia nel riguardo all'innovativa ridistribuzione della tipologia dell'ufficio. Partendo infatti dalla determinazione dell'unità lavorativa di base – il modulo ufficio caratterizzato dalla scrivania e dai relativi terminali energetici – Ponti rivoluzionò il tradizionale *Bürolandschaft* impiegatizio, producendosi in una spettacolare progettazione integrale, dagli infissi di alluminio alle tramezze mobili, agli oggetti d'arredo, agli impianti tecnologici ed energetici.

Manifesto, per circa mezzo secolo, della modernità italiana, il palazzo Montecatini non sfuggì tutta-

→

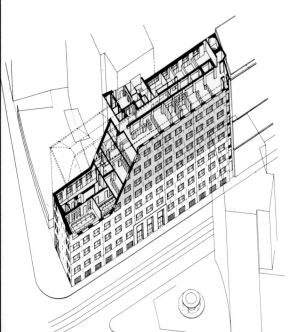

Nella foto: vista da via Manin, con l'ex palazzo Melzi, sulla sinistra, prima sede della Montecatini. **Nel disegno:** spaccato assonometrico dei sei piani del corpo laterale tra via Moscova e largo Donegani, ristrutturati per ospitare gli uffici della Andersen Consulting. *Photo: view from Via Manin with the former Palazzo Melzi, Montecatini's original headquarters, on the left. Drawing: cutaway axonometric of the six floors of the side block between Via Moscova and Largo Donegani, now restored as offices for Andersen Consulting.*

via all'effimero decadere della modernità: negli anni Ottanta, con il passaggio di mano della proprietà, la profezia di Malaparte sembrò avverarsi. Sventrato, l'edificio venne progressivamente trasformato in un'anodina reinterpretazione dello spazio per uffici, come risultato di una radicale, spietata cancellazione di tutte le sue vive, operanti memorie. Dovranno passare altri dieci anni perché a più vigili mani sia offerta la possibilità di un parziale risarcimento, attraverso la sistemazione di sei piani come sede degli uffici della Andersen Consulting, leader mondiale nella integrazione fra strategie, processi, tecnologie informatiche e risorse umane. A metà tra l'amoroso restauro e l'invenzione del nuovo, il loro lavoro si è svolto come un'opera di riconoscimento: "il buon progetto esiste già, bisogna solo scavare, leggere, ascoltare: fare il rilievo". Spostando dunque le tracce dell'originaria modernità con gli imperativi della contemporaneità, ne è scaturito il metro di ricerca basato sull'individuazione dello spazio lavoro. Il lavoro misura tutte le cose, percorre unitariamente le necessità dei sei piani, organizza i metodi della distribuzione, detta i ritmi dell'organizzazione del paesaggio interno.

Si è così individuato un rigido sistema di percorso, una strada insomma su cui si affacciano gli spazi di lavoro, delimitati da interpareti perpendicolari ai muri di facciata: in tal modo il rapporto con il "contenitore" pontiano – accuratamente restaurato nei dettagli straordinari dei bellissimi serramenti d'alluminio – descrive il costante *leitmotiv* tra parete ed interno.

In Gio Ponti's Montecatini Building

● Alcuni dettagli delle scale di servizio, disegnate da Gio Ponti. **Sopra:** la prima rampa della scala antincendio, esterna all'edificio, in osservanza ai regolamenti di sicurezza dell'epoca. **Sotto:** dal primo piano la scala, a pianta ellittica, diventa interna all'edificio. **Nella pagina a lato:** la scala d'accesso ai vecchi locali del dopolavoro, posti nel seminterrato. L'imposizione di usare materiali autoctoni è stata risolta creando un campionario delle cave di marmo possedute dalla Montecatini e nello stesso tempo rivela la continua ricerca cromatica di Ponti: scendendo, la scala appare assolutamente bianca (bianco di Carrara per le pedate e le grandi lastre delle pareti, posate in diagonale); salendo invece, si avverte la grande varietà di sfumature delle alzate dei gradini. Il corrimano è di alluminio, prodotto con materie prime estratte e lavorate in Sardegna.

● Details of the service stairs designed by Gio Ponti. **Above:** the first flight of fire stairs was installed outside the building to meet the safety regulations of the time. **Below:** the elliptical staircase is installed inside the building from the first floor upwards. **Facing page:** the access stairs to the old recreational areas in the basement. The brief stipulated that "local" materials should be used throughout. The problem was solved by assembling samples of marble from quarries owned by Montecatini, and reveals Ponti's permanent interest colour effects. Going down, the staircase seems totally white (white Carrara marble for the treads and the large diagonal wall slabs); going up, the various shades of the risers create a more complex chromatic effect. The aluminium handrail was made from raw materials mined and processed in Sardinia.

● L'intervento di adeguamento per gli uffici della Andersen Consulting , nel rispetto e nel recupero delle strutture pontiane, ha riorganizzato i metodi di distribuzione degli spazi di lavoro. **Sopra:** gli ascensori con cornice di marmo giallo di Dalmazia, bottoniera e lampada a parete originali. **Sotto, a sinistra:** per permettere il massimo isolamento termico, i serramenti di alluminio sono stati disegnati come una camera d'aria, chiusa all'esterno da un infisso scorrevole e all'interno da due battenti laterali e da una parte centrale fissa, schermo di una lampada, che permette di variare con l'illuminazione l'immagine notturna degli edifici, motivo particolarmente caro a Ponti; **a destra:** nella camera d'aria del serramento è stata ripristinata la tenda con meccanismo a catena comandato a manovella; i mobili sotto-finestra di masonite, che erano andati distrutti, sono stati rifatti. **Nella pagina a lato:** il corridoio del quarto piano per le sale riunioni. A parete e a soffitto pannelli di alluminio ondulato e le lampade originali di Gio Ponti; a pavimento la nuova moquette a quadrotti prodotta dall'inglese Milliken con la tecnica di fusione del tessuto al supporto di pvc, in modo da trattenere lo sporco in superficie.

● The conversion for the Andersen Consulting offices, which entailed a total rethink of workspace layout, both preserves and reinstates Ponti's original structural features. **Above:** the lifts with their original yellow Dalmatian marble cornice, button panel and wall lamp. **Below, left:** to maximise heat insulation, the aluminium window frames were designed as "air locks" with a sliding outside pane and two side panes and a fixed central pane inside. When the chamber is lighted, the central pane becomes an illuminated screen allowing the external illumination of the building to be varied at night, as Ponti always wanted with his designs; **right:** the original curtains with handle-operated chain mechanisms have been re-installed in the "air-lock" window cavities. The original masonite window furniture, which was destroyed, has now been rebuilt. **Facing page:** the corridor linking the fourth-floor meeting rooms. The ribbed aluminium wall and ceiling panels and Gio Ponti's original lights; the new carpet squares were produced by the British firm Milliken using a technique that welds the weave onto a PVC backing to keep dirt on the surface of the carpet.

In Gio Ponti's Montecatini Building

In Gio Ponti's Montecatini Building

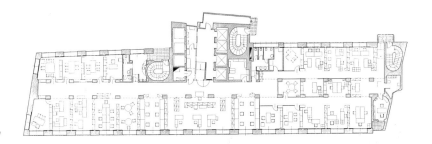

pianta del piano tipo/*standard floor plan*

● La distribuzione interna è organizzata secondo una "strada" sulla quale si affacciano gli uffici, delimitati da interpareti perpendicolari ai muri di facciata. **In alto:** alla Andersen Consulting, il *manager* non necessita più di un posto fisso di lavoro, ma di postazioni computerizzate, prenotabili a rotazione. Il prototipo, su disegno dello Studio Associato Berni/Leroy, è stato realizzato da Simon International; le poltrone, di produzione Aluminium Group, sono distribuite in Italia da ICF. **Nella pagina a lato:** foto d'epoca di un ufficio nel corpo laterale dell'edificio Montecatini (da *Costruire in Lombardia* di Aldo Castellano e Ornella Selvafolta, Electa, 1983).

● The internal layout is a "street" flanked by offices between dividing walls set perpendicular to the façade walls. **Top:** Andersen Consulting managers no longer need fixed workplaces; instead they take turns to use computer work stations. The prototype based on a design by Studio Associato Berni/Leroy was built by Simon International; the Aluminium Group armchairs are distributed in Italy by ICF. **Facing page:** period photo of an office in the side block of the Montecatini Building (from Aldo Castellano and Ornella Selvafolta, *Costruire in Lombardia*, Electa, 1983).

F.I. *In a memorable special issue of* Casabella, *Giuseppe Pagano called it a "well laid out keyboard". More imaginatively, Curzio Malaparte described it as a "man of stone" who, if cut open, "would reveal the secrets of his inner life, his philology and psychology, his heart, brain, lungs, veins, arteries, muscles and nerves (and dreams, memories, hopes and fleeting images of dreams)". Opened in 1938 after a design tour de force that successfully brought it into line with current standardisation and industrial design criteria and enabled intellectual and productive cycles to be fully integrated, Gio Ponti's "monstrous" Montecatini Building seemed to many an incarna-*tion of the myths and expectations of modern design culture. The building in Via Turati was commissioned from Ponti by Guido Donegani, president of the dynamic Montecatini industrial group. Right from the start, the brief was "to incorporate in the new Milan headquarters all the latest improvements that have been tested and installed in buildings around the world". The result was an experimental encyclopedia of workplace aesthetics. Ponti wanted his complex machine to be a symbol of the new modernity in both its technological perfection and its radical rethinking of office typology. Designing outwards from a basic working unit – an office module* with a desk and all necessary power points – he revolutionised the conventional Bürolandschäft by brilliantly assembling everything from aluminium door and window frames, movable walls and furnishings to technological and energy installations in a single, integrated project. Although it remained a manifesto of Italian modernity for half a century and more, even the Montecatini Building succumbed to the ephemeral decline of modernity. With a change of owners in the eighties, Malaparte's earlier prophecy seemed to come true: the building was cut open, gutted and converted piecemeal into an anodyne version of office space, as if all its living, operational memories had been ruthlessly torn out by the roots. A further ten years would pass before partial reparation became possible under the more enlightened ownership of Andersen Consulting, world leader in strategies, processes, information technology and human resources integration, who took over six floors of the building. Part loving restoration and part new invention, the work they did was very much a tribute to the building's intrinsic worth: "the design is already excellent, all we have to do is excavate, read, listen, survey what's there". Adapting features of the building's original modernity to contemporary office requirements made definition of work space the yardstick for all future development. Work became the measure of everything, unifying the functional requirements of the six floors, determining layout, dictating the composition of the internal landscape. Thus, a rigid circulation system was devised, effectively an internal road flanked by work spaces between dividing walls set perpendicular to the main façade walls. As a result, how the new spaces relate to Ponti's original "container" – whose beautifully detailed aluminium frames have been carefully restored – becomes a leitmotiv linking the walls to the interior.

THE FORMER RUSSIAN EMBASSY

L'ex ambasciata russa

Un antico palazzo berlinese monumento alla Russia dall'Ottocento a oggi attraverso guerre e ricostruzioni ■ *A historical Berlin building has symbolised Russia through wars and reconstruction from the last century to modern times*

● **Sopra:** il fronte con decorazioni di pietra e zoccolo di granito.
Sotto e nella pagina a lato: la Sala della Cupola con la grande vetrata istoriata raffigurante la torre Spasskij del Cremlino e, in primo piano, un busto di Nikolaj Lenin.

● ***This page, top:*** *the exterior with stone decoration and a granite socle.* ***Above and facing page:*** *the Dome Room with a large stained glass window depicting the Spasskij Tower of the Kremlin; in the foreground, a bust of Lenin.*

Un edificio settecentesco, lungo l'Unter der Linden di Berlino, legato alla storia russa dal 1837 quando venne venduto allo zar Nicola I. Dopo la ristrutturazione, a opera di Eduard Knoblauch, l'edificio divenne sede dell'ambasciata russa fino allo scoppio della prima guerra mondiale; al termine degli eventi bellici vi si insediò la rappresentanza diplomatica dell'Unione delle Repubbliche Socialiste Sovietiche fino al 1941. Rasa al suolo durante la seconda guerra mondiale, tra il 1949 e il 1951 l'attuale sede venne ricostruita dall'architetto A.J. Striscenvskij sulle rovine del vecchio edificio, in uno stile monumentale neoeclettico e tre volte più grande della precedente. Oggi ospita l'ambasciata della Federazione Russia, i consolati dell'Ucraina e della Bielorussia e gli uffici di rappresentanza per il commercio russo.

This eighteenth-century building on Berlin's Unter der Linden became part of Russian history in 1837 when it was sold to Csar Nicholas I. After refurbishing by Eduard Knoblauch it served as the Russian Embassy until the outbreak of the First World War. Thereafter it became the diplomatic headquarters of the USSR and finally, until 1941, its embassy. The present embassy, in neoeclectic style and three times larger than the previous one, was reconstructed from 1949 to 1951 by A.J. Striscenvskij from the ruins of the old building, which was bombed flat in the Second World War. The new building now houses the embassy of the Russian Federation, the Ukrainian and Belorussian consulates and Russian trade representative offices.

THE FORMER
RUSSIAN EMBASSY

● **In queste pagine:** il vestibolo di ingresso e del primo piano collegati dallo scalone di marmo nero.

● *These pages: the entrance and first-floor lobbies linked by a black marble staircase.*

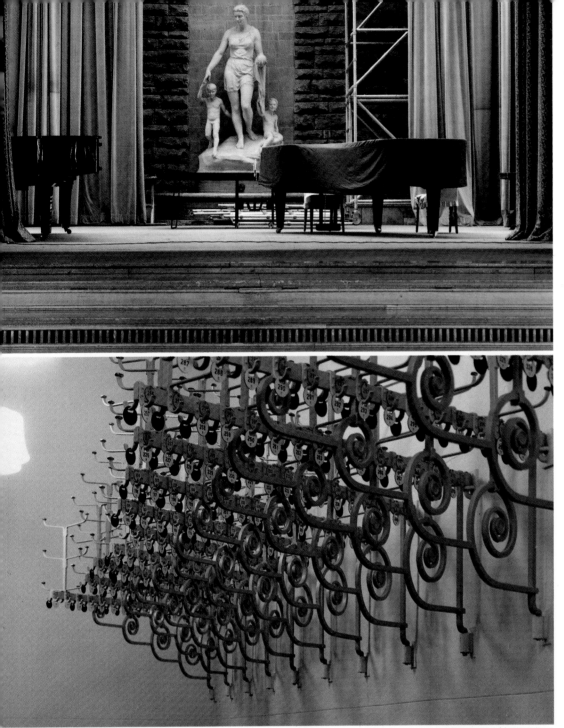

THE FORMER RUSSIAN EMBASSY

● **In questa pagina, in alto:**
il palco per le cerimonie e
i concerti. **Al centro e in basso:**
dettagli di raffinata esecuzione
degli appendiabiti del vestibolo
e del rivestimento di gusto
Déco dei pilastri.
● **This page, top:** *the ceremonial
stage and concert platform.*
Centre and bottom: *details of the
beautifully crafted clothes pegs
in the lobby and the Art Déco
cladding of the pillars.*

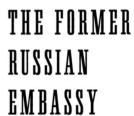

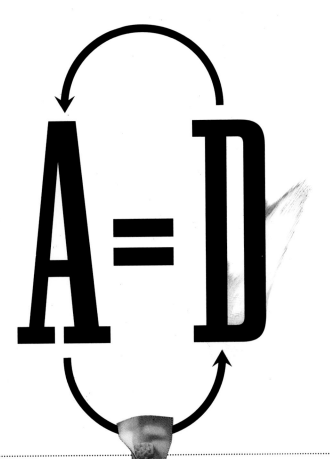

A=D

Architetti-Designer, Designer-Architetti: due mestieri incomunicabili o due facce di uno stesso mestiere? Le risposte di Gaetano Pesce, Afra & Tobia Scarpa, Philippe Starck.

Architect-Designers, Designer-Architects: do they ply two separate trades, or work on two facets of the same thing? Gaetano Pesce, Afra & Tobia Scarpa, Philippe Starck give us answers.

Gaetano Pesce, *Cassina*

Afra & Tobia Scarpa, *Flos*

Philippe Starck, *Aprilia*

FULVIO IRACE. "E io ti dico che verrà il giorno in cui l'arredamento di una cella ad opera del professor Van de Velde sarà considerato un inasprimento della pena". Quanto abbia pesato la celebre invettiva di Loos contro gli "architetti-artisti" lo si può forse misurare dalla resistente diffidenza degli architetti-costruttori verso gli operatori del design. Nonostante la pretesa degli architetti moderni di padroneggiare l'intero ciclo ideativo-produttivo "dal cucchiaio alla città", la difficoltà di controllare i salti di scala dalla città al cucchiaio ha di fatto sancito una relativa impermeabilità tra le due dimensioni del progetto che, tuttavia, soprattutto le esperienze dello scorso decennio hanno contribuito enormemente a scalfire in più di un punto e in entrambe le direzioni. Se, nel caso italiano, vale l'eccezione di una identica matrice di formazione culturale per l'architetto e il designer, in generale va osservato come l'attrazione per l'architettura si è sempre più precisata per gli operatori dell'oggetto industriale come un fisiologico ampliamento della loro gamma creativa. Tal che all'incrocio tra i due ruoli si è andata profilando ormai una nozione del lavoro artistico come lavoro di frontiera, talmente esuberante di nuovi contenuti espressivi da richiedere travasi e rimbocchi da una parte e dall'altra della scala progettuale. E d'altra parte, in un mondo dove l'accelerazione del cambiamento costringe quotidianamente a riscrivere la geografia tradizionale, dovremmo forse meravigliarci se il lavoro in architettura si sforza di sperimentare più adeguati sistemi espressivi? Ponendo al centro la questione della qualità, non dovremmo forse considerare questi transiti tra discipline come un arricchimento dell'offerta in vista di un miglioramento dell'ambiente costruito?

FULVIO IRACE. *"And I tell you the day will come when having your prison cell decorated by Professor Van de Velde will be considered a worsening of punishment." The lasting influence of Loos' famous diatribe against "artist-architects" may be gauged from the fact that architect-builders remain stubbornly suspicious of people who work in design. Although modern architects claim to have mastered the whole creative-production cycle "from the spoon to the city", the practical difficulties of controlling radical shifts in scale from city to spoon have justified keeping the two dimensions of design relatively separate, even if the work done over the past ten years especially has helped enormously to breach the wall in several places and from both directions. Italy is something of an exception because her architects and designers receive exactly the same education and training, but generally speaking industrial designers are increasingly attracted to architecture as a physiological extension of their creative scope. So much so that the overlapping of the two roles has generated a concept of artistic work as a kind of frontier exploration so rich in new expressive content that overspill and overlap between the two scales is actually necessary. In a world where accelerating change is daily forcing us to rewrite traditional geography, should we be unduly surprised that architects are enthusiastically trying out more relevant means of expression? And if quality is the major concern, shouldn't we see these interdisciplinary forays as a way of offering the market more and improving our constructed environment?*

GAETANO PESCE

ORGANIC BUILDING, OSAKA

progetto/*project* Gaetano Pesce

con/*with* O. Thodarson, P. Puente, M. Seckler,
F. Leclercq, J. Sabel, A. Adibsoltani; Sam Nishida,
UD Consultants (Osaka)

Edificio commerciale segnato sui fronti nord e ovest dai tagli verticali delle aperture e dal sistema di pannelli di cemento prefabbricato con vasi sporgenti integrati, collegati tra loro dal sistema di irrigazione. Le aperture sono tagliate e inclinate in modo leggermente irregolare per creare l'immagine di un canneto di bambù, mentre i 37 tipi di piante simboleggiano l'eterogeneità della società contemporanea ■ *This office building has north and west fronts with vertical window slits and a system of prefabricated concrete panels with a vertical garden of large protruding pots linked by an irrigation system. The openings are tilted and cut in a slightly irregular way to create the impression of a bamboo grove, and the 37 species of plants symbolise the variety of contemporary society.*

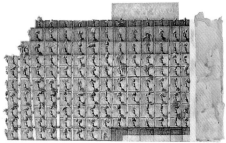

● **In alto:** dettaglio dell'ingresso sul fronte ovest.
Sopra: disegno definitivo del fronte ovest.
Nella pagina a lato: vista generale del complesso.
● ***Top:*** detail of the entrance on the west front. ***Above:*** final project for the west front. ***Facing page:*** general view of the complex.

Nell'Assemblea Internazionale del Design industriale, Gaetano Pesce è l'avvocato difensore dei diritti dell'immaginazione, il rivendicatore viscerale del lato oscuro della creatività.

Artista profetico e umorale, demanda al progetto la formalizzazione della denuncia e della protesta, ma anche la natura propositiva della poesia che non rinuncia alla trasformazione creativa della realtà. In tal senso Pesce rappresenta l'esatto contrario dell'artista estemporaneo e bizzarro che come Mida trasforma in oro luccicante la brulicante povertà delle cose: il suo progetto, infatti, mantiene intatta la lucida capacità di diagnosi della società, proponendosi la risoluzione dei suoi bisogni attraverso l'inventiva di risposte che utilizzano tutti i mezzi della contemporaneità. Facendosi interprete dell'immaginario collettivo, ne esprime ansie, angosce e aspirazioni, componendole in volumi frammentati e sconnessi dalla forza di un'espressività furente e dolente.

Per un artista di confine come lui, l'architettura non rappresenta dunque il campo di effimere incursioni, ma costituisce anzi il centro prospettico di un'attenzione rivolta ai temi della condizione umana. Franco tiratore e *globe-trotter* culturale, Pesce ha affidato all'architettura i suoi più diretti a fondo nella critica alla società occidentale: dall'utopia critica di un habitat sotterraneo (Italy: The New Domestic Landscape, 1971) agli "scandalosi" controprogetti per la Biblioteca Nazionale di Teheran (1977-78) e per la sistemazione di Les Halles di Parigi (1979). L'emergere del corpo – come programma e come iconografia – proietta sulle sue architetture interrogativi rimossi dalla cultura dell'Occidente: il tremore della carne, l'organicismo della pianta, la tattilità delle superfici...

Come nel progetto di Loft verticale (1982) o in quello per la Maison des Enfants a La Villette di Parigi (1985-86), anche questo recentissimo Organic Building a Osaka si propone risposte a problemi più che invenzioni di natura formale: si prefigge il miglioramento della qualità dell'architettura pubblica e il tema della sua espressività simbolica, indaga sulle possibilità del "giardino verticale" nel drammatico rapporto tra una cultura urbana che nega di fatto gli spazi verdi e una cultura tradizionale che il giardino assume come suo archetipo profondo... Propone in tal modo una versione inedita e significativa del tipo del palazzo commerciale, trasferendovi l'impulso a radicarne la presenza urbana in un complesso sistema di significati visivi, dallo schema del cespuglio di bambù che ne vertebra la facciata al motivo modulare dei pannelli di rivestimento, luogo della stupefacente trasformazione della materia inorganica in un'"organica" fioritura di diverse essenze vegetali.

In the International Assembly of Industrial Design, Gaetano Pesce plays the role of defending counsel for the rights of the imagination, the man whose appeals to the darker side of creativity come from the gut, not from the head.

As a prophetic and temperamental artist – a man of humours – he expects architecture to formalise not only complaint and protest, but also affirmative poetic stances that seek the creative transformation of reality.

In this sense, Pesce is the exact opposite of the eccentric improviser who like Midas, transforms dull dross into gleaming gold with his artist's touch. His architecture enshrines his capacity for lucid social analysis, and he utilises all the contemporary means at his disposal to satisfy the needs of society. Having chosen to interpret the collective imagination, he conveys its anxieties and aspirations in volumes that are fragmented and disconnected by sorrowful rage.

As a frontier artist, he sees architecture not as a field for sporadic forays but the perspective centre of his concern for the human condition. As a cultural sniper and globe-trotter, he packs the real punch of his criticisms of Western society in his architecture, which ranges from a utopian critique of a subterranean habitat (Italy: The New Domestic Landscape, 1971) to his "scandalous" counterprojects for the Teheran National Library (1977-78) and the Les Halles redevelopment in Paris (1979). As buildings become programme and iconography, his architecture projects the doubts and questions Western culture has repressed: the tremor of the flesh, the organicity of plants, the tactility of surfaces ...

As in his earlier Vertical Loft (1982) or Maison des Enfants (La Villette, Paris, 1985-86) projects, his recent Organic Building in Osaka offers solutions to problems rather than formal inventions: it anticipates quality and symbolic expressiveness in future public architecture, and explores the possibilities of the "vertical garden" in the dramatic way it relates an urban culture that effectively repudiates green space to a traditional culture that sees the garden as one of its profoundest archetypes ...

Thus, his version of the commercial building is unusual and significant because it roots urban identity in a complex system of visual signs: a façade with vertical, ribbed bamboo configurations and a modular cladding panel design where the amazing transformation of inorganic material into blooms of "organic" vegetal substances takes place.

● **In alto:** una delle scale che collegano i piani-ufficio al mezzanino. **In basso, a sinistra:** dettaglio della scala che dall'ingresso conduce al livello sotterraneo che ospiterà un ristorante. **A destra:** dettaglio della porta che separa il parcheggio dalla hall di ingresso. **Nella pagina a lato:** dettaglio della facciata: i vasi, al centro dei pannelli di cemento, sono collegati dai tubi del sistema di irrigazione.

● *Top: one of the staircases linking the office floors to the mezzanine.* **Bottom left:** *detail of the staircase leading from the entrance to the basement which will eventually house a restaurant.* **Right:** *detail of the door from the car park to the entrance hall.* **Facing page:** *detail of the façade: the pots in the centre of the concrete panels are linked by the irrigation system pipes.*

GAETANO PESCE

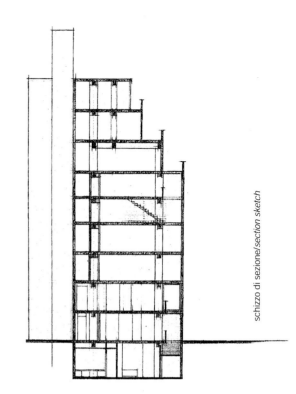

schizzo di sezione/section sketch

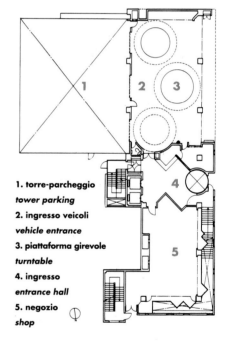

1. **torre-parcheggio**
   tower parking
2. **ingresso veicoli**
   vehicle entrance
3. **piattaforma girevole**
   turntable
4. **ingresso**
   entrance hall
5. **negozio**
   shop

pianta del piano terreno/entrance level floor

AFRA & TOBIA SCARPA

A chi gli chiede se vi sia differenza tra il loro lavoro di architetti e di designer, Tobia Scarpa è solito rispondere che il "suo atteggiamento nel progettare una poltrona o una casa è lo stesso, sgombro da preconcetti, ma pieno di volontà alle spalle, ossia pieno di bisogni insoddisfatti".

Schivi artigiani del progetto, Afra & Tobia riservano alla vita sociale gli stessi toni sottovoce della vita professionale: instancabili animatori di iniziative produttive che spaziano nei campi più vasti della creatività industriale, hanno conservato intatta negli anni la freschezza di un approccio decongestionante e distensivo verso il mondo delle forme e delle funzioni.

Architetti di case e di complessi industriali, sagaci allestitori di spazi pubblici per la distribuzione e il consumo, artefici di attrezzature domestiche di impagabile e rinfrescante semplicità, Afra & Tobia Scarpa offrono la rassicurante soli-dità di un mestiere al riparo dalle intemperanze e dai sovratoni; in tal senso la loro continuità con le radici più resistenti dell'esperienza moderna si propone come un'oasi di cartesiana chiarezza: impostazione logica, attenzione agli aspetti di scala dell'esperienza spaziale, cura vigile ma non spasmodica o estetizzante del dettaglio, tendenza alla immaterialità di soluzioni affidate al calcolo della luce, al riflesso del colore, all'esattezza delle intuizioni.

Da tali premesse si è svolta negli anni la singolare esperienza con una committenza industriale straordinariamente partecipe e stimolante, come quella della ditta Benetton, che ricorda, per analoga intensità, clamorosi esempi del passato, come quello di Peter Behrens con l'AEG tedesca. Duttili interpreti di un progetto di servizio, Afra & Tobia permangono come un'isola di realistica utopia: quella della qualità dentro l'universo della quantità. *English text on page 32*

● Nella foto grande: veduta notturna; a sinistra il portale d'ingresso. Nella foto piccola: dettaglio della copertura a ponte strallato.
● *Large photo: night view with the main entrance door on the left. Small photo: detail of the stayed roof.*

STABILIMENTO BENETTON/*BENETTON PLANT*, CASTRETTE, TREVISO

progetto/*project* Afra & Tobia Scarpa

con/*with* G. Cocco (calcoli e strutture/*structural engeneer*),
A. Lagrecacolonna (progetto microclima/*micro-climate architect*),
E. Tranquilli (coordinamento impianti tecnici/*plants project coordinator*)

Composta da sette moduli, la fabbrica è caratterizzata da una struttura strallata, formata da cavi di acciaio e da piloni binati alti 25 metri, ancorata a un telaio di cemento armato. Questa soluzione "a ponte", oltre ad alleggerire la presenza del volume nel paesaggio, consente l'utilizzo dello spazio interno secondo le più ampie esigenze produttive ■ *This seven-module factory building has a steel stayed-cable structure with paired 25-metre pillars anchored to a reinforced concrete skeleton. The bridge structure softens the impact of the building on its surroundings and provides a highly flexible interior that meets the widest possible range of manufacturing needs.*

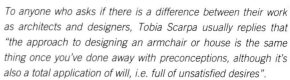

AFRA & TOBIA SCARPA

To anyone who asks if there is a difference between their work as architects and designers, Tobia Scarpa usually replies that "the approach to designing an armchair or house is the same thing once you've done away with preconceptions, although it's also a total application of will, i.e. full of unsatisfied desires".

Afra & Tobia Scarpa are reluctant artisans of the project; they display the same reticence in social life as they do in the workplace. Tireless *animateurs* of new manufacturing in the widest possible range of creative industrial fields, they have succeeded in preserving the freshness of a relaxing, decongestant approach to form and function.

As domestic and industrial architects, inspired sales and distribution outlet designers and inventors of domestic furnishings of godsent simplicity and practicality, Afra & Tobia Scarpa offer the reassuring solidity of a craft blessedly free of over-indulgence and innuendo. In this sense, their continuity with the hardier traditions of modern design seems to place them in an oasis of Cartesian clarity amid the confusion of the contemporary scene: logical conception, a feel for spatial scaling, attention to detail that is neither wilful nor over-aesthetic, the immateriality of carefully calculated light effects, colour, faith in intuition.

Over the years this has brought them commissions from extraordinarily cooperative and stimulating clients like Benetton, whose commitment recalls celebrated creative partnerships of the past like the alliance between Peter Behrens and the German AEG. Afra & Tobia Scarpa bring flexibility to industrial and domestic design, and their realistically utopian approach – quality in a world of quantity – sets them in a class apart.

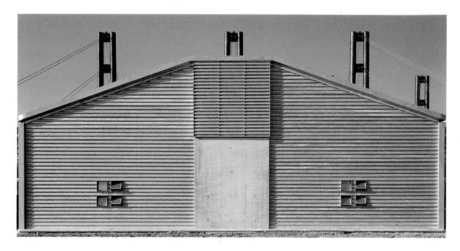

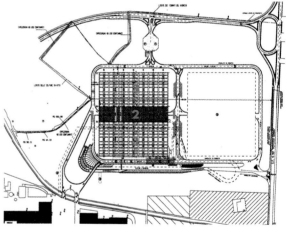

pianta/*plan*
1. ingresso/*entrance*; 2. tunnel coperto/*tunnel*;
3. area manufatturiera/*workshop*

● **In alto e in basso:** due vedute interne: una delle aree manufatturiere laterali e il grande "tunnel" centrale coperto per il movimento merci.
Al centro: dettaglio di uno dei fronti laterali, composto dalle facciate dei sette moduli collegati tra loro da una copertura "ad ala".
Nella pagina a lato: schizzo di progetto. Particolare di sezione in corrispondenza del tunnel centrale; in alto, l'attacco di uno strallo e di uno dei piloni binati; sezionate, le mensole a sbalzo.

● ***Top and bottom:*** *two interior views: one of the lateral workshops, and the large central "tunnel" for the movement of goods.* ***Centre:*** *detail of one of the sides consisting of seven module façades joined by a wing-shaped roof.* ***Facing page:*** *project sketch. Detail of section on the central tunnel: top, the join of a stay to one of the twin pillars; sections of the projecting beam supports.*

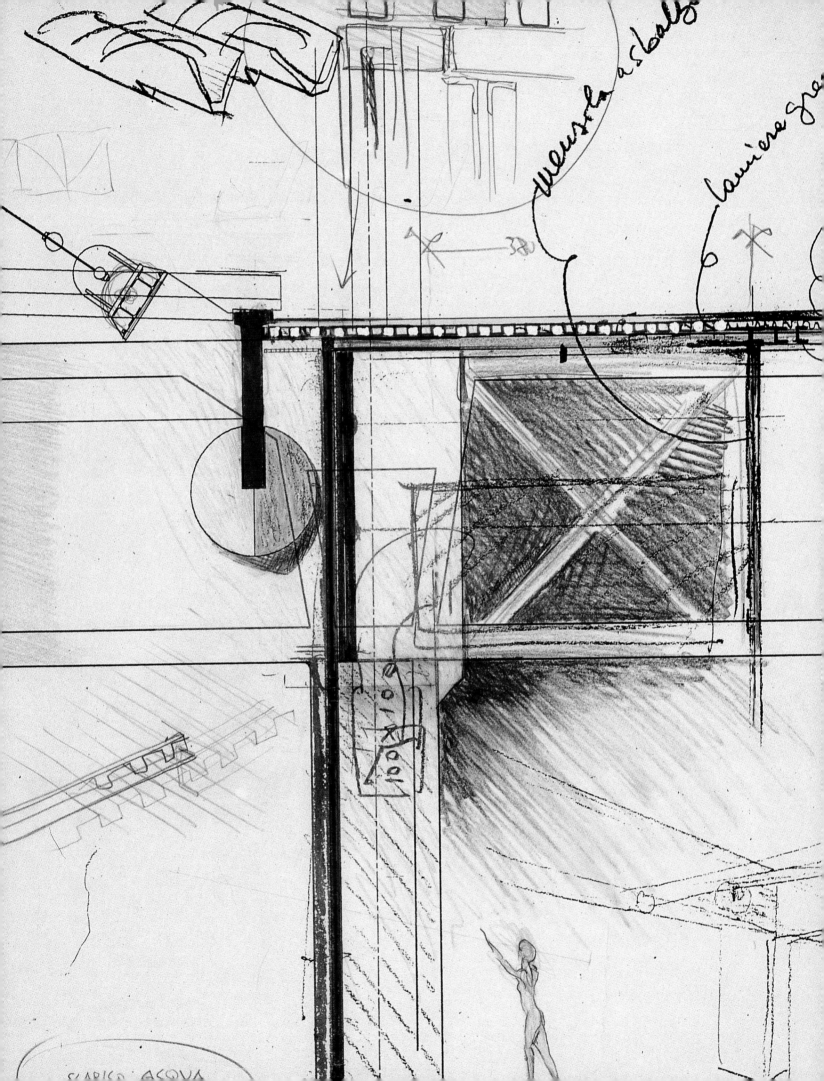

LE BARON VERT, OSAKA

progetto/*project* Philippe Starck

PHILIPPE STARCK

Un edificio per uffici che si integra nel tessuto urbano per forma – la pianta lunga e stretta ricalca quella del lotto su cui sorge, e per colore – il verde e il grigio richiamano le tonalità degli alberi e dei tetti a pagoda del vecchio quartiere. Al rigore dell'esterno, interrotto soltanto dalle aperture delle finestre, lunghe feritoie nella struttura principale e piccoli oblò nella minore, corrisponde l'essenzialità degli spazi interni con pavimenti di legno e pareti di cemento. Uno spazio chiuso su se stesso, affacciato con il fronte posteriore verso un cimitero che si preannuncia già dall'ingresso vetrato: il riflesso di una filosofia di vita basata sulla quiete e sulla meditazione ■ *This office building blends with the urban fabric thanks to its shape – the long, narrow plan reproduces the lot it stands on – and colour – the green and grey repeat the colours of the trees and pagoda roofs of the old quarter. Its austere exterior broken only by window openings – long slits in the main building and portholes in the smaller one – is matched by an equally sparse interior with wooden floors and concrete walls. The building is closed in on itself, and the rear front faces a cemetery that is already visible through the glazed entry, reflecting a philosophy of life based on peace and meditation.*

A quarant'anni, Philippe Starck non ha bisogno certo di aspettare il 2000 per veder riconosciuto il suo ruolo di interprete spregiudicato dei sogni dell'uomo postindustriale. Artista, designer, "creatore di sorprese fertili", e ora anche architetto, Starck è stato l'insperato oggetto del desiderio di giornalisti e pubblicitari che ne hanno salutato il trionfo di nuovo protagonista del teatro internazionale del design con un tripudio di titoli e di etichette all'insegna della più narcisistica estrosità. Eppure sbaglierebbe chi volesse valutare la portata del suo lavoro alla sola insegna dell'esasperata ricerca del nuovo. Guascone del progetto, Starck sa infatti combinare la logica del gesto visivo a quella funzionale dell'oggetto, con un'intelligenza delle proprietà di scala che implica una riflessione sulla destinazione e sull'uso proprio dell'architettura. Dimostrando ad esempio di aver ben compreso la natura fantasmatica dell'ambiente urbano giapponese, ha provveduto a costruirvi in questi ultimi anni un ragguardevole alfabeto di segni, cui si è aggiunto recentemente l'immobile per uffici di Osaka, fantasiosamente intitolato Le Baron Vert. Trasferendo il gusto surrealista per l'inversione di significati – un Barone "rosso" che per sfida al senso comune diventa "verde"; un edificio per il lavoro affacciato su un cimitero eccetera – alla comprensione del valore simbolico e ideografico dell'edilizia commerciale, Starck ha impaginato un'architettura di confine tra l'eterno riposo della città dei morti e l'eterno turbinio della città dei vivi: un gigantesco *blob* che nasconde dietro lo sberleffo una pesante critica all'indifferenza metropolitana. Oggetto misterioso e praticamente impenetrabile allo sguardo dall'esterno, Le Baron Vert polarizza l'attenzione in virtù della sua oscurità, proponendo a suo modo una drammatizzazione del luogo di lavoro che trasforma l'immagine modernista dell'*open space* nella celebrazione postmodernista dello spazio chiuso.

At forty, Philippe Starck certainly has no need to wait until the year 2000 for his role as unconventional interpreter of post-industrial man's dreams to be acknowledged. As an artist, designer, "creator of fertile surprises", and now architect, Starck has been a godsend to the journalists and ad-men who lauded his triumphant arrival on the international design scene by waxing lyrical over his seemingly narcissistic creativity and deluging him with titles and labels. Yet anyone who believes that the scope of his achievement amounts to an inordinate love of novelty and nothing else would be much mistaken. Starck is a braggart of architecture, skilfully combining the logic of visual gesture with the functional logic of objects, and his command of scale shows he has thought carefully about the purposes and uses of architecture. For example, his profound grasp of the unreality of Japan's urban environment has been demonstrated over the years in a pretty impressive compendium of architectural signs, recently augmented by the Osaka office building which he fancifully christened Le Baron Vert. By working a surrealist fondness for inverted meanings into this symbolic and ideographic interpretation of the commercial building – a "red" Baron defies common sense by becoming "green"; a building designed for work overlooks a cemetery; etc. – Starck has invented an architecture that straddles the borderline between the eternal repose of a city of the dead and the eternal hubbub of a city of the living, a giant blob whose sneering face masks scathing criticism of metropolitan indifference. The Baron Vert is mysterious and visually well-nigh impenetrable from the outside, but this obscurity is precisely what draws your attention to it. In its own way it dramatises the workplace by transforming the modernist image of open-plan space into a postmodern celebration of closed space.

● **Sopra:** il fronte su strada.
Nella pagina a lato: veduta del fronte posteriore che si affaccia sul vecchio quartiere e sul cimitero. Sulla destra è visibile il corpo minore dell'edificio, una struttura di cemento a vista.
● ***Above:*** *the street front.* ***Facing page:*** *view of the rear front facing the old quarter and the cemetery. On the right, the smaller, unfaced concrete building.*

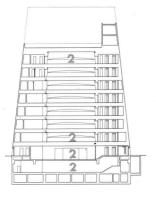

pianta del settimo piano
seventh-floor plan

1. ingresso/*entrance*
2. uffici/*offices*

pianta del piano d'ingresso
entry-level plan

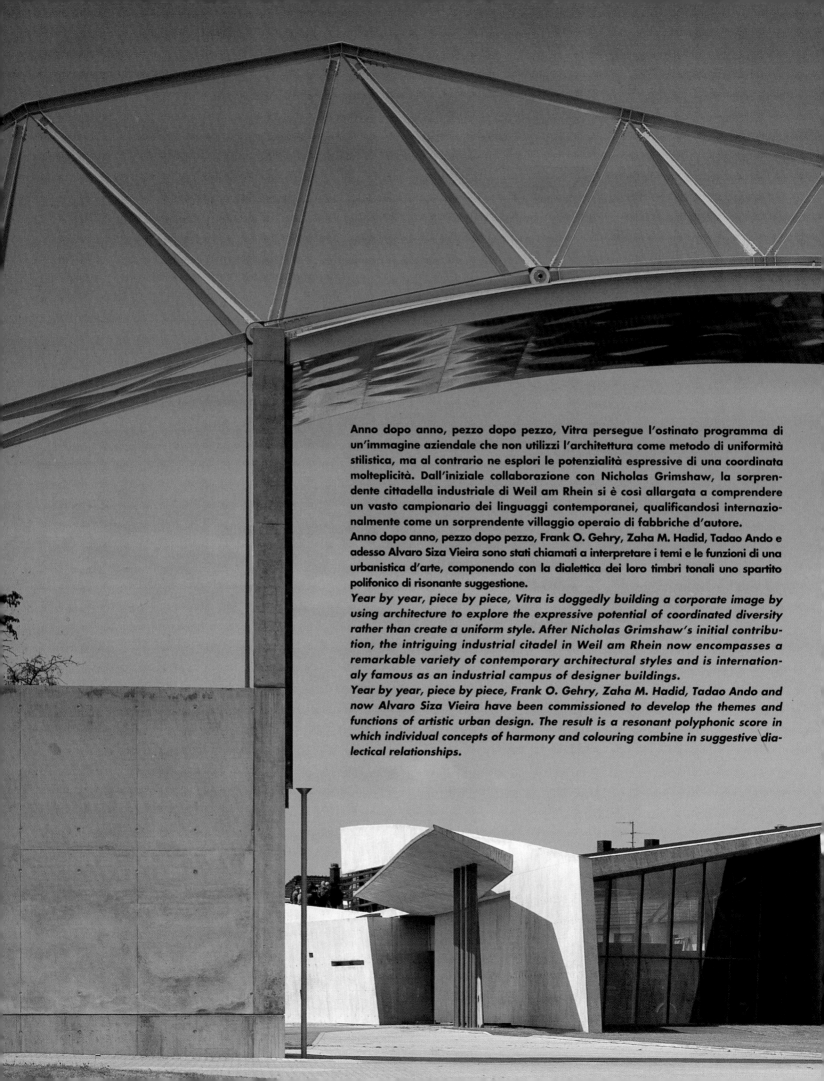

Anno dopo anno, pezzo dopo pezzo, Vitra persegue l'ostinato programma di un'immagine aziendale che non utilizzi l'architettura come metodo di uniformità stilistica, ma al contrario ne esplori le potenzialità espressive di una coordinata molteplicità. Dall'iniziale collaborazione con Nicholas Grimshaw, la sorprendente cittadella industriale di Weil am Rhein si è così allargata a comprendere un vasto campionario dei linguaggi contemporanei, qualificandosi internazionalmente come un sorprendente villaggio operaio di fabbriche d'autore.

Anno dopo anno, pezzo dopo pezzo, Frank O. Gehry, Zaha M. Hadid, Tadao Ando e adesso Alvaro Siza Vieira sono stati chiamati a interpretare i temi e le funzioni di una urbanistica d'arte, componendo con la dialettica dei loro timbri tonali uno spartito polifonico di risonante suggestione.

Year by year, piece by piece, Vitra is doggedly building a corporate image by using architecture to explore the expressive potential of coordinated diversity rather than create a uniform style. After Nicholas Grimshaw's initial contribution, the intriguing industrial citadel in Weil am Rhein now encompasses a remarkable variety of contemporary architectural styles and is internationaly famous as an industrial campus of designer buildings.

Year by year, piece by piece, Frank O. Gehry, Zaha M. Hadid, Tadao Ando and now Alvaro Siza Vieira have been commissioned to develop the themes and functions of artistic urban design. The result is a resonant polyphonic score in which individual concepts of harmony and colouring combine in suggestive dialectical relationships.

An essay on industrial aesthetics

Saggio di estetica industriale

progetto/*project*
Alvaro Siza Vieira con/*with* Günter Pfeifer

STOP

② Vitrashop
Wareneingang   1

● **Sopra:** visione d'insieme. La fabbrica progettata da Alvaro Siza Vieira è l'edificio più grande del complesso e diventa, grazie al suo minimalismo, l'elemento ordinatore tra gli stili completamente diversi tra loro di Gehry (uffici-showroom, 1989, a sinistra,), di Grimshaw (fabbrica, 1982) e di Zaha Hadid (stazione dei pompieri, 1993, sul fondo).

● *Above:* general view. As a minimalist construction, Alvaro Siza Vieira's factory, the largest building in the complex, imposes order on the totally different styles of Frank O. Gehry (showroom and offices, 1989, left), Nicholas Grimshaw (factory, 1982) and Zaha Hadid (fire station, 1993, background).

fronte dell'ingresso e pensilina/*the entrance and arch front*
1. fabbrica/*factory*, Nicholas Grimshaw, 1982; 2. stazione dei pompieri/*fire station*, Zaha Hadid, 1993; 3. nuova fabbrica/new factory, Alvaro Siza Vieira, 1994

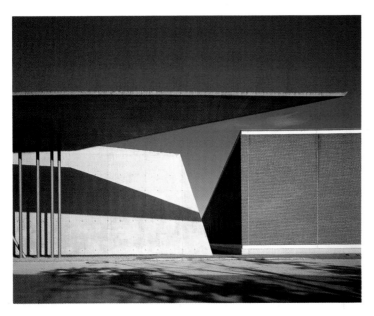

● **Sopra e nella pagina a lato:** la stazione dei pompieri con la grande trave-pensilina sul garage, a sinistra, e la nuova fabbrica. Al cemento a vista del primo edificio si contrappone il rivestimento di klinker con l'alto zoccolo di granito portoghese del secondo, chiaro inserimento di tradizione mediterranea.

● *Above and facing page:* the fire station with its large cantilvered beam over the garage (left) and the new factory. The plain concrete of the fire station contrasts with the klinker cladding and high Portuguese granite plinth of the factory, a clear reference to Mediterranean architecture.

FULVIO IRACE Ultimo tassello di un collage che in un prossimo futuro non mancherà di riservarci ulteriori sorprese, lo stabilimento industriale progettato da Alvaro Siza Vieira in forza del suo minimalismo si ritaglia uno spazio d'attenzione in un contesto immediatamente caratterizzato dalla plastica scultorea di Gehry, dall'*aplomb* tecnologico di Grimshaw, dal gestualismo dinamista di Zaha Hadid.

Destinata alla produzione di componenti metalliche, la grande hall di Siza prende corpo da un programma di rigide restrizioni: interpretandone il "riduzionismo" in termini di poetica espressiva, l'architetto portoghese ha prodotto un elegante saggio d'estetica industriale, fondendovi con apparente naturalezza la tradizione architettonica tedesca – da Schinkel a Mies – con il più morbido elementarismo della tradizione mediterranea. Cui sembra aggiungere una vena di sottile ironia con l'invenzione di quell'incredibile macchina che, come un arco-pensilina, congiunge l'edificio di Grimshaw con il nuovo stabilimento senza alterare la visuale della stazione dei pompieri di Zaha Hadid che fa da fondale alla insolita composizione urbana.

● **Nella pagina precedente:** l'arco-pensilina di metallo, struttura di collegamento tra la nuova fabbrica (a destra) e quella progettata da Nicholas Grimshaw. In caso di pioggia, l'arco viene abbassato a proteggere il passaggio. Sul fondo, la stazione dei pompieri di Zaha Hadid.

● *Previous page:* the metal cantilevered arch joins the new factory (right) to Nicholas Grimshaw's existing building. The arch is lowered in wet weather to keep the walkway dry. In the background, Zaha Hadid's fire station.

An essay on industrial aesthetics

F. I. *Alvaro Siza Vieira's minimalist factory, the latest addition to a collage that undoubtedly has other surprises in store for us in the near future, serves as an eyecatcher in an immediate context characterised by Frank O. Gehry's sculptural plasticity, Nicholas Grimshaw's technological aplomb and Zaha Hadid's gestural dynamism.*

Siza's large hall, which will eventually be a workshop for metal components, is the outcome of severe design constraints: by seeing the "reductionism" implied by these constraints as an opportunity for poetic expressiveness, the Portuguese architect has produced an essay in industrial aesthetics that combines with seeming ease the German tradition from Schinkel to Mies with the softer fundamentals of Mediterranean architecture. With subtle irony, he has also added an amazing mechanistic structure that joins Grimshaw's building to the new factory like a cantilevered arch without compromising the visual effectiveness of Zaha Hadid's fire station that provides the backdrop to this unusual urban composition.

Beyond typological innovation

Oltre l'innovazione tipologica

Un corpo lineare e una grande "villa" scultorea dove tutto è invenzione reinterpretano il mondo dell'ufficio

An innovation-packed linear block and large sculptural "villa" offer a new vision of office design

progetto/project Frank O. Gehry & Associates

FULVIO IRACE. Promuovere l'architettura come strumento di comunicazione non neutrale è il programma che Rolf Felbaum persegue con una curiosità quasi scientifica verso ogni forma di sperimentazione in scala reale. Così, quando si è trattato di pensare all'organica sistemazione in un unico centro di tutte quelle attività d'ufficio che prima venivano svolte in diversi luoghi della città, ha chiesto a Frank O. Gehry una risposta al problema in termini non convenzionali. Situato nella periferia sudest di Birsfelden, tra la rampa d'accesso a un'autostrada e un disordinato amalgama di appartamenti ed edifici industriali, il blocco d'uffici progettato da Gehry presenta più di un'innovazione tipologica e distributiva. Innanzitutto, ruotando a 90 gradi rispetto al filo stradale, si defila dall'ambiente circostante, dismettendo ogni pretesa di carattere rappresentativo. Ispirato a un'idea informale e dinamica della vita di relazione in ambito di lavoro, il Vitra Center propone l'insolita divisione degli spazi d'uffici e di quelli ricreativi e collettivi articolandoli in due distinte sezioni dell'edificio. Gli uffici e la "villa" – il "cuore" relazionale del comples-

continua a pagina 43

F. I. Rolf Felbaum has been promoting architecture as a non-neutral communications tool with almost scientific curiosity in all areas of real-scale architectural experiment. So when a whole range of office activities scattered in various parts of the city had to be organically reorganised in one place, he commissioned Frank O. Gehry to devise an unconventional answer to the problem this presented.Gehry's office block, sited between a motorway access ramp and a muddle of apartment blocks and industrial buildings in the southeastern outskirts of Birsfelden, offers more than innovative typology and layout. Most important is the fact that the building is rotated 90° relative to the road axis, which rather isolates it from the surrounding context and neutralises any representative function it might have. Inspired by a dynamically informal concept of how people relate to each other in working environments, the Vitra Center breaks new ground by separating office space from recreational and collective space in two distinct sections of the building. The office and the "villa" – the relational "heart" of the complex housing reception areas, cafeteria, audiovisual

continued on page 43

● **Nelle pagine precedenti:**
il fronte nord: a sinistra e sul fondo
il corpo operativo degli uffici,
a destra la "villa", cuore
relazionale del complesso.

● *Previous pages: the north front:
on the left, the operational office
block; on the right, the "villa", the
relational heart of the complex.*

● **A lato:** dettaglio della copertura
sul fronte ovest: l'elemento vuoto
diventa il segnale dell'ingresso
alla "villa".

● *Opposite: detail of the roof on
the west front: the unfilled element
marks the entrance to the "villa".*

● **A lato:** il fronte est: a sinistra
il pilastro di sostegno e la grande
vela di copertura, collegamento
tra gli uffici e la "villa".

● *Opposite: the east front: on the
left, the supporting pillar and large
sail structure of the roof that links
the offices and the "villa".*

Beyond typological innovation

so, con le sue aree di ricevimento, la *cafeteria*, le stanze per gli audiovisivi e conferenze eccetera – individuano due blocchi collegati al suolo da un atrio "monumentale", da un tetto imponente all'ultimo livello. Alla scomposizione degli interni corrisponde una analoga destrutturazione degli esterni: la zona uffici, ad esempio, ha due facciate, una con ampi rivestimenti di legno, dal carattere quasi colloquiale e domestico, l'altra plastica e vigorosa con le sequenze di finestre che si ricollegano all'edilizia residenziale circostante. Una piccola rivoluzione distributiva sostituisce alla tipologia fissa del posto di lavoro una varietà di spazi individualmente caratterizzati in funzione di una visione meno tradizionalmente impersonale dell'ufficio, nella speranza che a un'architettura non di *routine* possa corrispondere una qualità dell'impegno più consapevole ed emotiva.

and conference rooms, etc. – form two blocks linked by a "monumental" lobby at ground level and an imposing roof on the top storey. The destructuring of the exterior matches the decomposition of the interior: the office area, for example, has two façades, one with lavish wood cladding that gives it an almost colloquial, domestic appearance, the other with dynamically plastic sequences of windows that establish links with the surrounding residential buildings. Inside, Gehry has achieved a small revolution in layout by replacing fixed workplace typology with a variety of individually characterised spaces reflecting a less conventionally impersonal vision of office design, in the hope that unconventional architecture will generate greater awareness and emotional commitment in the working environment.

● **Dall'alto:** la *cafeteria* della "villa" con i tavoli e le sedie "Louis 20" disegnati da Philippe Starck per Vitra; il corridoio vetrato di distribuzione agli uffici; un ufficio con i tavoli "Metropolis-System", progettati da Mario Bellini per Vitra. **Nella pagina a lato:** le passerelle sull'atrio monumentale, spazio comune tra la parte relazionale e la parte operativa.

● *Top to bottom:* the cafeteria *in the "villa" with "Louis 20° tables and chairs designed by Philippe Starck for Vitra; the glazed corridor linking the offices; an office with Mario Bellini "Metropolis-System" tables for Vitra.* **Facing page:** *catwalks spanning the monumental lobby which links the operational and relational sections of the complex.*

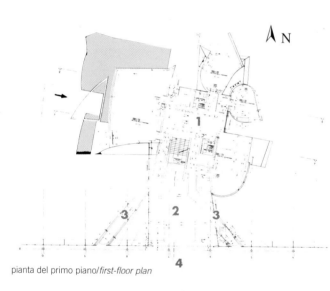

pianta del primo piano/*first-floor plan*

1. "villa"/*the "villa"*; 2. atrio/*lobby*; 3. passerella di collegamento con gli uffici/*catwalk links to the offices*; 4. uffici/*offices*

Beyond typological innovation

NAI (NEDERLANDS ARCHITECTUURINSTITUUT)

JO COENEN IN ROTTERDAM

Come un'arca galleggiante sul lago artificiale del Museumpark, il nuovo Istituto per l'Architettura Olandese ■

The Netherlands Architecture Institute floats like an ark on the Museum Park pond

planimetria del Museumpark
general plan of the Museum Park

A) NAi/*NAi;*

1. archivi/*archives*

2. auditorium/*auditorium;*

3. edificio principale (hall, uffici e biblioteca)/*main building (hall, offices and library);*

4. esposizioni/*exhibitions;*

5. lago artificiale/*pond;*

B) aree di verde a tema/*theme park* (Rem Koolhaas/OMA);

a. corte d'accesso bianca con giardino delle mele/*white forecourt with apple-trees;*

b. piattaforma nera a strisce/*black platform with bands;* c. giardino romantico *romantic garden;*

C) Boymans Museum (Van der Steur, 1928-35; ampliamento/*extension by Hubert-Jan Henket)*

D) Natuurmuseum (ampliamento/*extension by Mecanoo);*

E) Kunsthal (Rem Koolhaas/OMA)

progetto/*project* Jo Coenen

FULVIO IRACE. Firmato da un giovanissimo esponente della nuova generazione, il quarantenne Jo Coenen, la nuova sede del Nederlands Architectuurinstituut conclude felicemente un processo ideativo e realizzativo d'esemplare trasparenza gestionale. Nel 1982, tre importanti fondazioni culturali – lo Stichting Wonen, lo Stichting Architectuur Museum e il Nederlands Documentatiecentrum voor de Bouwkunst – cominciano a discutere la possibilità di unire le loro forze nell'impresa di un nuovo museo d'architettura. L'anno successivo è la volta del governo che, attraverso il Ministero della Cultura e degli Affari Sociali (WVC), annuncia di volere contribuire sostanziosamente alla realizzazione del progetto: dall'accordo tra le varie parti nasce il cosiddetto "White Paper", un documento congiunto d'intenti per la fondazione di un Istituto olandese per l'architettura e lo sviluppo urbano, da insediarsi nella Borsa di Berlage messa a disposizione della città di Amsterdam. Scatta subito la competizione: e la municipalità di Rotterdam chiede a Rem Koolhaas di preparare uno studio di fattibilità per l'utilizzo in tal senso dell'ex biblioteca pubblica. La richiesta viene alla fine appoggiata dal governo e ratificata dal Parlamento sulla base di un programma di decentramento culturale che assicuri la consistente presenza di istituzioni di livello nazionale nelle principali città olandesi. Nel 1986 si arriva alla ratifica dell'accordo, avallato da un cospicuo investimento di fondi governativi: si vara la sigla della nuova istituzione – Netherlands Architecture Institute (NAi) –, se ne stabilisce la localizzazione nell'area nord del Museumpark, ceduta gratuitamente dalla città, si costituisce una commissione per lo studio del bando di concorso per il nuovo edificio. Nel 1988 vengono invitati a sottoporre i loro progetti Jan Benthem/Mels Crouwel, Jo Coenen, Ralph Erskine, Hubert-Jan Henket, Rem Koolhaas/OMA, Wim Quist e Luigi Snozzi. Sin dall'inizio lo scontro si polarizza attorno ai progetti di Coenen e di Koolhaas, ma la vittoria del primo conduce a una accorta distribuzione delle risorse progettuali destinata a tradursi nell'incarico a Koolhaas per la
continua a pagina 50

● **Nella pagina a lato:** vista del NAi sul lago artificiale. La slanciata struttura metallica, denominata *pergula*, diventa un forte segno di riconoscimento urbano. Il corpo basso dell'auditorium è sovrastato dal corpo vetrato degli uffici; a destra si staglia l'edificio per esposizioni. **Nelle pagine successive:** il NAi visto in direzione del Museumpark. A sinistra la grande curva degli archivi, al centro l'auditorium sovrastato dagli uffici.

● *Facing page: view of the NAi on the Museum Park pond. The slender metal structure, or pergula, provides the city with a new landmark. The glazed office block rises above the low auditorium building, with the exhibition building on the right.* **Following pages:** *view of NAi towards the Museum Park. On the left, the large curve of the archives building; in the centre, the auditorium with offices above.*

FULVIO IRACE. *Designed by forty-year-old Jo Coenen, a youthful representative of the new generation of Dutch architects, the Nederlands Architectuurinstituut's new headquarters is the strikingly successful outcome of a design and planning process that has been handled with exemplary transparency. In 1982, three important cultural foundations – the Stichting Wonen, Stichting Architectuur Museum and Nederlands Documentatiecentrum voor de Bouwkunst– began discussing the possibility of joining forces to create a new archi-*

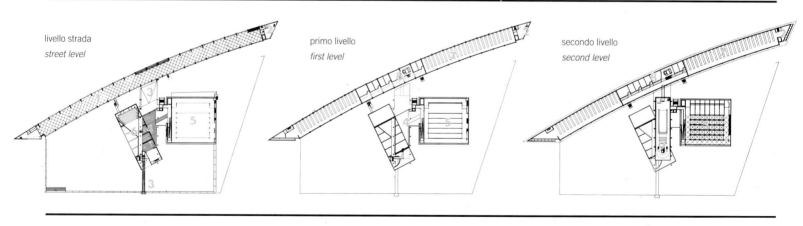

livello strada
street level

primo livello
first level

secondo livello
second level

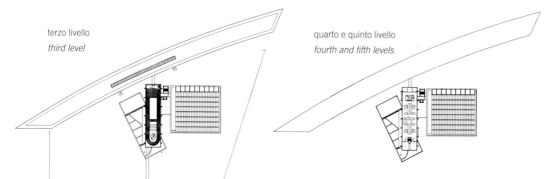

terzo livello
third level

quarto e quinto livello
fourth and fifth levels

1. portico/*portico*; 2. rivista *Archis*/*Archis magazine*; 3. ingresso alla hall/*hall entrance* 4. hall e rampa di accesso alle esposizioni/*hall and ramp to exhibitions*; 5. esposizioni; l'edificio si sviluppa su tre livelli/*three-level exhibition building*; 6. auditorium e ristorante/*auditorium and restaurant*; 7. archivi/*archives*; 8. uffici per l'archivio/*archive offices*; 9. biblioteca/*library* 10. uffici/*offices*

tecture museum. The following year the government showed willing by announcing through its Ministry of Cultural and Social Affairs (WVC) that it wished to contribute substantially to the realisation of the project. Agreement between the parties concerned resulted in the so-called "White Paper", a joint policy document for the founding of a Dutch Institute of Architecture and Urban Development to be housed in the Berlage Exchange the city of Rotterdam would make available for the purpose. A competition was immediately announced and the municipality of Amsterdam asked Rem Koolhaas to prepare a feasibility study for the conversion of the former public library to meet its new role. The request eventually won government support and was ratified by parliament as part of a cultural decentralisation programme designed to ensure that the major Dutch cities would have their fair share of significant national institutions. The agreement itself was ratified in 1986 and received lavish government funding. The new institution was given an official name – Netherlands Architecture Institute (NAI) – and a site donated free of charge by the city of Amsterdam was allocated in the northern area of the Museum Park. Finally, a committee was set up to organise the competition for the new building.

In 1988, projects were invited from Jan Benthem/Mels Crouwel, Jo Coenen, Ralph Erskine, Hubert-Jan Henket, Rem Koolhaas/OMA, Wim Quist and Luigi Snozzi. Right from the start, Coenen and Koolhaas emerged as the major contenders, but Coenen's eventual victory produced a shrewd distribution of planning resources in which Koolhaas was allocated the Kunsthal

and, with Yves Brunier, the refurbishment of the park, and Hubert-Jan Henket was given the extension of the nearby Boymans Museum and the extension of the Natuurmuseum based on existing Mecanoo plans.

Jo Coenen demonstrated his grasp of the real issues at stake by designing a building of extraordinary complexity that links and coordinates two separate parts of the city – the busy Rochussenstraat thoroughfare on one side, and the approach to the cultural and recreational facilities of the park and museums on the other. The result is a fluent architectural ensemble of seemingly dislocated members: along the road, there is the sweep of the archive block that develops into a curved porticoed at pavement level; opposite the park stand the choral array of the "box" for temporary exhibitions, the base line of the auditorium, the restaurant on the right and the vibrant top note of the transparent office tower, a spasmodic though well tempered solo rendering of technological expressionism à la Foster or Nouvel. Coenen's new building is the exact opposite of the analytical, though ultimately tedious composure of Ungers' corresponding Architecture Museum in Frankfurt: his desire to convey the communicative potential of modern art and architecture is quite extraordinary, even if this involves special effects and trickery that take delight in blending individual architectural dissonances. Shouldn't the fact that this work – seemingly intended for the specialist tastes of architects and recondite enthusiasms of historians – is proving a popular attraction in the city give food for thought to the doom merchants who perhaps over-hastily prophesy a black architectural future for our modern metropolises?

NAI

(NEDERLANDS ARCHITECTUURINSTITUUT)

da pagina 47

Kunsthal e la sistemazione (con Yves Brunier) del parco, nell'affidamento a Hubert-Jan Henket dell'ampliamento del vicino Boymans Museum e nell'estensione del Natuurmuseum secondo i piani dello studio Mecanoo.

Jo Coenen da parte sua ha mostrato di interpretare efficacemente questo nodo di significati, disegnando un edificio di notevole complessità urbanistica, che si propone il raccordo e il coordinamento tra due parti di città: da un lato il trafficato asse della Rochussenstraat, dall'altro l'introduzione al polo culturale-ricreativo del parco e dei musei. Ha dunque immaginato un'architettura fatta di membra disarticolate e scattanti: lungo la strada, il gesto distensivo del blocco degli archivi che determinano al livello della quota pedonale un asse porticato in curva; di fronte al parco, la pantomima a più voci della "scatola" espositiva per le mostre temporanee, il contrappunto basso dell'auditorium e del ristorante sulla destra, l'acuto vibrante della trasparente torre degli uffici, spasmodico, ma ben temperato, assolo sul tema dell'espressionismo tecnologico alla Foster o alla Nouvel. Anche qui, il gioco delle citazioni può divertire gli specialisti e stimolare esercizi di filologia comparata. Nessuno, però, crediamo, potrebbe onestamente liquidare con sufficienza le sue intrinseche qualità espressive, evocando a sproposito l'immagine di una pretenziosa "Versailles dell'architettura". Alla analitica (ma, al fine, tediosa) compostezza della proposta ungersiana per l'analogo Museo d'Architettura di Francoforte, l'edificio di Coenen oppone il suo esatto contrario: una clamorosa volontà, vale a dire, di testimoniare sulle potenzialità comunicative dell'architettura e dell'arte d'oggi, ricorrendo anche ai trucchi e agli effetti speciali di una *fusion* che si diverte a mescolare le dissonanze degli strumenti. Che un'opera destinata ai godimenti specialistici degli architetti o ai delibati furori dei cultori di storia possa qualificarsi come un attrattivo magnete per la città, non è forse punto che dovrebbe far riflettere gli avventati liquidatori dell'architettura dai neri destini delle metropoli nostrane?

NAI
(NEDERLANDS ARCHITECTUURINSTITUUT)

● **In questa pagina, in alto:** a livello strada, la passerella in salita collega il portico alla hall. Al primo livello, la galleria vetrata mette in comunicazione il corpo archivio con il blocco uffici; a sinistra, il blocco scale vetrato.
In basso: il portico sulla Ruchessenstraat del corpo curvo degli archivi. L'installazione luminosa di Peter Struycken è caratterizzata da variazioni di colore secondo un programma computerizzato. **Nella pagina a lato:** vista verso il Boymans Museum sulla zona della hall a doppia altezza (nel corpo che ospita biblioteca e uffici) con la grande vetrata tecnologica.

● *This page, top: at street level the ascending footbridge links the portico to the hall. On the first level, the glazed gallery connects the archives building with the office block; on the left, the glazed stairway block.*
Bottom: the Ruchessenstraat portico of the curved archives building. Peter Struycken's lighting installation features computer-generated colour variations. Facing page: view of the double-height hall area (in the library and office block) with its large technological glazed wall towards the Boymans Museum.

GROUND FLOOR, VICOLO CALUSCA

Vicolo Calusca piano terra

Una ristrutturazione "affettiva e tecnica" per lo studio di una figlia d'arte ■ *Sentimental and technical renovationin in studio of a designer born to her trade*

progetto/*project* Federica Zanuso

a cura di/*edited by* Cristiana Menghi

"Relazione affettiva". Ho ristrutturato questo spazio insieme a mio padre. La poltroncina rossa in fondo alla campata centrale è un prototipo disegnato da lui negli anni Sessanta ed è un segnale: un filo rosso che lega il lavoro che faccio nel mio studio con le cose che ho imparato nel suo. Ho imparato che cercare la semplicità e riuscire a comunicarne la forza espressiva è una operazione ricca e complessa e tutt'altro che semplice. Ho anche imparato che si disegna la forma dello spazio tra i muri: che in realtà si disegna l'aria, le sue proporzioni, i suoi valori di luce e ombra e non i muri. Penso soprattutto di avere imparato "dal Zanuso" come si fa a fare bene il nostro difficile e bel mestiere.

"The emotional report". *I renovated this space with my father. The red armchair at the back of the central bay is a prototype he did in the seventies, and it's been a guiding principle for me, the thread that links the work I do here in my own studio with the things I learnt in his. I've learnt that looking for simplicity, successfully conveying the force of an emotion, is a complex and rewarding task, but by no means easy. I've also learnt that what you really design is the shape of space between walls; you design air, its proportions, its ratio of shadow and light, not the walls themselves. I think the most important thing I've learnt from "the" Zanuso is how to master our rewarding but difficult craft.*

● **Sopra:** l'ingresso allo studio; sul fondo le postazioni di lavoro gemelle. **Nella pagina a lato:** libreria metallica di separazione e prototipo di una poltrona disegnata da Marco Zanuso negli anni Sessanta.
● ***Above:*** *the entrance to the studio; in the background, the separate twin work stations.* ***Facing page:*** *a metal bookshelf divider and a sixties armchair prototype by Marco Zanuso.*

GROUND FLOOR, VICOLO CALUSCA

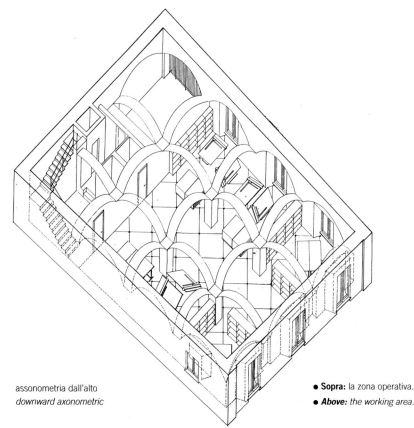

assonometria dall'alto
downward axonometric

● **Sopra:** la zona operativa.
● ***Above:*** *the working area.*

"Relazione tecnica". I pilastri monolitici di granito sostengono archi e volte a vela ribassata. Il pulvino di ceppo lombardo inserito tra l'arco e il pilastro con la funzione di assorbire assestamenti strutturali è stato liberato dall'intonaco mettendone in evidenza la grana e i valori cromatici e creando una fascia di stacco tra pilastri e archi. I pavimenti sono rivestiti di pvc tagliato a grandi riquadri sigillati a caldo.
Pareti e volte sono intonacate a civile. I serramenti sono di tubolare quadro di ferro verniciato a fuoco. Arredamento: scaffalature e cassettiere metalliche verniciate a fuoco identificano e separano due postazioni gemelle dalla zona operativa dei tavoli da disegno.
F.Z.

"The technical report". *The monolithic granite pillars support arches and lowered sail vaults. The Lombard wood dosseret inserted between the arch and the pillar to compensate for structural settling was stripped of its plaster to reveal the natural grain and colour and visually separate the pillars and arches. The floors are covered in large heat-sealed PVC squares. The walls and vaults are rough plastered. The window and door frames are made from stove-enamelled square-section tubing. The furnishings: stove-enamelled metal shelving and drawers identify and separate the twin work stations from the operational area with the drawing boards.* F.Z.

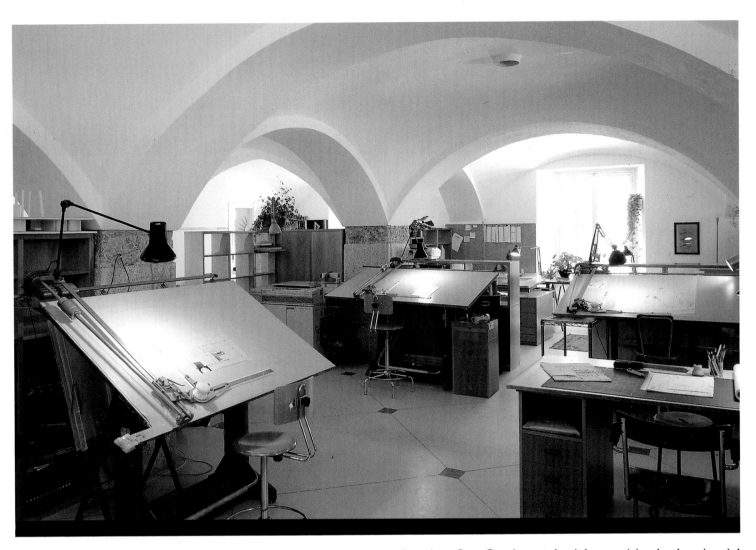

D. PUPPA AND F. RAGGI IN MILAN
FIRST FLOOR, VICOLO CALUSCA

Vicolo Calusca primo piano

Era un granaio... ora è un granaio dove si progetta in una dimensione domestica ■ *Once a barn, always a barn... but also a design studio with a domestic ambience*

progetto/*project* **Daniela Puppa and Franco Raggi**
progetto di ristrutturazione/*renovation project* **Federica Zanuso**

*a cura di/***edited by** **Cristiana Menghi**

D.P. e *F.R.* Il problema di un *open space* è, secondo noi, che non sia troppo *open* né troppo *closed*, ma rimanga un buono *space*. La qualità notevole di questo luogo, con la fuga di volte basse e i solidi pilastri di granito, ci ha spinto a creare delle partizioni ad altezza 160 centimetri che permettessero un parziale passaggio di luce ma creassero delle isole di lavoro sufficientemente separate e racchiuse. Non potendo utilizzare le scarse pareti abbiamo fatto delle librerie-armadi modulari, alcune con schienale altre senza. Lo spazio quadrato (m 14x14) a maglia quadrata (m 4,50x4,50) viene così suddiviso in isole passanti con possibilità di collegamenti su ogni lato attraverso stretti passaggi. Sulle teste delle librerie si possono "accatastare" nel tempo materiali vari (modelli, prototipi eccetera) ma anche e soprattutto una raccolta di verdure. A discre-

→

D.P. and F.R. *We think the problem with open-plan space is that it should be neither too open nor too closed, just a good space. This is a remarkable place, with its series of low ceilings and solid granite pillars, so we decided to build 160 cm partitions that would let some light in but also create isolated work areas that would feel separate and enclosed enough. Since we couldn't use what little wall space there was, we made modular shelving cabinets with and without backs. These divide the square 14x14 m space with its grid of 4.50x4.50 m squares into interconnecting islands that can be linked on any side by narrow passageways. The tops of the bookcases can be stacked with things like models or prototypes, but they serve mainly as a place to keep plants.*
People choose their own rugs to tone down the "office effect". Each island is in-

→

● **Sopra:** la zona operativa. ● ***Above:*** *the working area.*

FIRST FLOOR, VICOLO CALUSCA

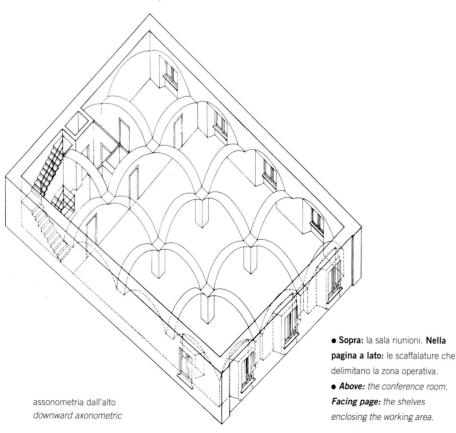

assonometria dall'alto
downward axonometric

● **Sopra:** la sala riunioni. **Nella pagina a lato:** le scaffalature che delimitano la zona operativa.
● ***Above:*** *the conference room.*
Facing page: *the shelves enclosing the working area.*

←
zione di ognuno la scelta di piccoli tappeti per sdrammatizzare l'effetto ufficio. L'illuminazione è individuale per ogni isola e realizzata con lampade da terra alogene che sfruttano le volte come parabola riflettente naturale. Tutti gli arredi sono di faggio evaporato. Nell'unico spazio separato è collocata la sala riunioni che contiene, come un piccolo museo *in progress*, cimeli, pezzi unici, quadri e testimonianze delle nostre storie professionali che dovrebbero "impressionare con discrezione" i rari clienti. Il secondo bagno è stato trasformato in piccola cucina così la stanza riunioni diventa nell'intervallo di mezzogiorno una provvidenziale saletta da pranzo. Malgrado una notevole dotazione di telefoni intercomunicanti alla fine, come in molti *open space*, le comunicazioni interne si fanno alla voce. Il che trasforma lo studio in una classica "bottega".

←
dividually lit with halogen floor lamps that exploit the natural parabolic reflectors of the vaults. All the furniture is made from artificially seasoned beech. We converted the only separate space into a conference room containing our little museum-in-progress of curios, one-off pieces, paintings and career documentation, which we hope will "discreetly impress" our rare clients. The second bathroom was converted into a small kitchen, so at lunchtime the conference room doubles as a handy dining-room. There are plenty of internal phones, but as in many open-plan environments, people usually just raise their voices. This gives the studio the feel of a real "workshop".
D.P. and F.R.

IN PLAZA REAL

Su Plaza Real

Due piani per un grande studio di architettura dove lavorare in una dimensione quasi domestica ■ *A large two-storey architecture studio feels like home to the people who work there*

A Barcellona, in un palazzo della metà dell'Ottocento affacciato su Plaza Real, in uno dei quartieri ricostruiti in stile tardo-neoclassico sull'antica città medievale e oggi in via di risanamento, lo studio di architettura dislocato su due dei tre piani restaurati dagli stessi architetti. Gli spazi originali con gli alti soffitti e la struttura razionale – residenza della media e alta borghesia nel secolo scorso e albergo di bassa categoria nei più recenti anni Sessanta – sono stati facilmente adattati alla nuova funzione. Al piano terreno intorno alla "elle" formata dall'ingresso-reception-sala di attesa si articolano, oltre a un patio interno, tanti piccoli studi e la grande sala riunioni. Al piano superiore, a cui si accede solamente attraverso un ascensore di vetro o dalla scala comune dell'edificio, la preferenza è per l'*open space*.

This architecture studio occupies two floors (renovated by the architects themselves) of a three-storey mid-nineteenth century building in Barcelona's Plaza Real, in one of the areas currently under redevelopment that were rebuilt in late neoclassical style over the old medieval city. The high-ceilinged rooms – middle and upper class apartments in the last century, converted into cheap hotel accommodation in the 1960s – were rationally laid out and adapted easily to their new use. An inner patio, numerous small studios and a large conference room are grouped round the L-shaped entrance-reception-waiting area on the ground floor. The upper floor, accessible only by a glass lift or the building's communal staircase, has been converted into open-plan space.

progetto/*project*
MBM Arquitectes,
Josep Martorell,
Oriol Bohigas,
David Mackay,
Albert Puigdomènech

● **Sopra, a sinistra:** l'arrivo della scala e l'ingresso al secondo piano. I due livelli dello studio, primo e secondo piano, non sono collegati internamente ma solo attraverso la scala e l'ascensore, ai quali si accede dall'androne del palazzo. **Sopra, a destra:** la piazza vista dalla sala riunioni. **Nella foto piccola:** dai portici della piazza il portone d'ingresso blu e l'ascensore con pareti di vetro che permettono di godere, al piano terreno, della vista su Plaza Real. **Nella pagina a lato:** la sala d'attesa al primo piano.
● ***Above, left:*** *the second-floor stairhead and entrance. The two levels of the studio (on the first and second floors) are not linked internally: access to the upper floor is by the lifts and stairs off the main entrance to the building.* ***Above, right:*** *the view of the plaza from the conference room.* ***Small photo:*** *the blue entrance door and glass-walled lift seen from the porticoes in the plaza outside. Plaza Real is visible through the glass walls of the lift at ground level.* ***Facing page:*** *the first-floor waiting room.*

IN PLAZA REAL

● **Sopra:** la hall con la reception sulla destra e la porta di ingresso: rigore e linearità caratterizzano l'intervento. **A lato:** il patio crea una dimensione domestica all'interno degli spazi di lavoro.

● **Above:** *the hall with reception (right) and the main door: the design is simple and linear.*
Opposite: *the patio brings a domestic ambience to the workspaces.*

pianta del primo piano
first-floor plan

pianta del secondo piano
second-floor plan

1. ingresso/*entrance*; **2.** hall; **3.** reception; **4.** sala d'attesa/*waiting room*;
5. patio; **6.** sala riunioni/*conference room*; **7.** cucina/*kitchen*;
8. studio e zona operativa/*studio and work area*

in colore la zona corrispondente ai portici e all'androne di ingresso al piano terreno
in colour, the area corresponding to the ground-floor porticoes and entrance hall

● **Sopra:** anche la sala riunioni ha un carattere più vicino a quello di un'abitazione che a quello di un luogo di lavoro; solo il sistema di lampade fluorescenti ne ricorda la funzione. **A sinistra:** uno degli uffici al primo piano. **A destra:** l'*open space* del secondo piano.

● *Above:* the conference room also seems more like a room in a private home than a workplace; only the fluorescent lighting betrays its real function.
Left: one of the first-floor offices.
Right: the open-plan space on the second floor.

CAMBRIDGE, NY: STEPHEN AND SABINA ALCORN

Cambridge, NY: Stephen e Sabina Alcorn

In un bosco dello stato di New York una grande proprietà di fine Settecento ritorna a vivere come casa e laboratorio-museo ■ *A spacious late eighteenth-century property in upstate New York lives again as a home and workshop museum*

● **In questa pagina, sopra:** la proprietà, un ettaro di bosco, comprende quattro edifici di cui i principali sono l'abitazione del 1778, tipico esempio di casa "center hall Colonial" e, in primo piano, l'ex scuderia trasformata in studio, stamperia e galleria. **Sotto:** aperta al pubblico, la galleria occupa metà del piano inferiore e si distingue per il carattere rustico e nel contempo elegante, memoria di una stanza Shaker dell'Ottocento. **Nella pagina a lato:** lo studio, al primo piano dell'ex scuderia, nonostante le varie alterazioni avvenute nei secoli, ha mantenuto la semplicità funzionale e l'integrità stilistica originali.

● *This page, above: the estate (one hectare of woodland) comprises four buildings, of which the most important are the home itself, a typical center hall Colonial house dating from 1778, and (in the foreground) the former carriage house now converted into a study, printing works and gallery. Right: the gallery, which is open to the public, occupies half of the lower level and has the rustic elegance charm of a nineteenth-century Shaker room. Facing page: despite many changes over the centuries, the study on the upper floor of the former carriage house has retained the functional simplicity and stylistic integrity of the original building.*

GABRIELE DI MATTEO. Cosa fa il giovane Alcorn mentre i suoi coetanei sognano di entrare nelle classifiche di *Forbes* e filano lungo le *highways* attaccati ai cellulari come flebo telematiche alimentate dal tramonto?
Stephen se ne sta nella sua casa di Cambridge, N.Y. 12816, a lavorare *linocut printing*. Arte che ha imparato nei primi anni Settanta a Firenze, nel bel Paese dove suo padre John lavorò, dopo l'esperienza del Push Pin Club, come illustratore famoso per Rizzoli Libri e Longanesi.

→

G. D. M. *What does young Stephen Alcorn do while his contemporaries cruise the highways, drip-feeding on sunset-powered mobile phones as they dream of making the next* Forbes *listing?*
He stays home in Cambridge, N.Y. 12816 and works at linocut printing, an art he learnt in the early seventies in Florence, Italy, the country his father John worked in (after his time with Push Pin Club) as a well-known illustrator for Rizzoli Libri and Longanesi.
Or he wanders through the spacious rooms of his

→

Il giovane Stephen percorre le ampie stanze della sua casa o gli spazi dell'attiguo laboratorio-museo posando lo sguardo su uno degli infiniti oggetti-*madelaine*. Gli appartiene, forse, quella "religiosità" alquanto laica che ha creato geni giovinetti come George Lucas, il re degli effetti speciali (anche Lucas ama la solitudine del suo *ranch* dove si parla solo a bassa voce). Le opere manuali di Stephen Alcorn hanno la forza delle migliori incisioni, sfiorano Doré, strizzano l'occhio alle festanti folle parigine cantate da Laforgue o schizzate da Toulouse-Lautrec, ma sono sempre profondamente sue. Ecco lo sguardo triste e proverbioso di Eduardo, i baffi pettinati di Giuseppe Verdi, la barba (spettinata) del gigantesco Whitman che Allen Ginsberg ci ha raccontato "piena di farfalle".

Abraham Lincoln in His Own Words, *ed. Milton Meltrer,*
Harcourt Brace & Co., 1993.

←

*house and the adjoining workshop-museum, resting his eyes on one of the many objets-*madelaine *it contains. Perhaps he partakes of the same secular religiosity that spawned young geniuses like special-effects wizzard George Lucas, who also enjoys the solitude of his ranch where people speak only in undertones. Stephen Alcorn has the power of the great engravers. His technique places him almost on par with Doré and recalls the festive Parisian crowds of Laforgue poems and Toulouse-Lautrec sketches, but his style is profoundly original and instantly recognisable. You see it in Eduardo De Filippo's sorrowful, epigrammatic expression, Giuseppe Verdi's well-combed moustache and the (unkempt) beard of the gigantic Walt Whitman, which to Allen Ginsberg seemed "full of butter- flies".*

● Nella pagina a lato, sopra: nell'abitazione, uno dei due salotti che testimonia gli interventi successivi all'epoca coloniale, come la colonna scanalata di legno smaltato di bianco. Gli abbellimenti successivi, avvenuti intorno al 1875, consistono in prevalenza nell'applicazione di controsoffitti molto ornati di acciaio smaltato, fra gli esempi migliori dell'epoca. **Sotto:** un particolare degli interni che per la scelta degli arredi, in gran parte italiani, delle immagini alle pareti (qui copie di dipinti antichi eseguiti da Stephen Alcorn da studente) e degli oggetti d'arte costituiscono di per sé una galleria.

Al centro e in questa pagina: alcune incisioni su linoleum di Stephen Alcorn.

● *Facing page, above: the gloss white fluted wooden columns in one of the home's two living-rooms testify to the changes made since the Colonial period. The most important subsequent embellishments (around 1875) are the highly ornate enamelled steel false ceilings, among the finest examples of their period. **Below:** detail of an interior; the furnishings (mostly Italian), wall hangings (here, copies of old paintings made by Stephen Alcorn as a student) and objets d'art make these rooms galleries in their own right. **Centre and this page:** Stephen Alcorn linocuts.*

Walt Whitman

Abraham Lincoln

Ulysses S. Grant

DANIEL DEFOE

MOLL FLANDERS

MODERN LIBRARY

The Happy Reaper

CAMBRIDGE, NY: STEPHEN AND SABINA ALCORN

Eduardo De Filippo

Hermann Hesse

Honoré de Balzac

● **A sinistra:** altri lavori di Stephen Alcorn. **Sotto:** ancora due immagini degli interni dove predominano presenze e "citazioni" italiane, come la madia emiliana e la vetrinetta toscana ottocentesche e gli infissi smaltati con un colore grigio neutro a ricordo della pietra serena fiorentina. Questi elementi si mescolano alla tipica estetica regionale, come le sedie Shaker, creando un ambiente in grado di stimolare una serie di ricordi e di legami con il presente.

● *Left: other works by Stephen Alcorn. **Below:** two more interior views dominated by Italian "quotations" like the nineteenth-century Emilian sideboard, the Tuscan cabinet and the neutral grey gloss painted frames reminiscent of Florentine serena stone. These elements blend stylistically with local vernacular features like the Shaker chairs, creating an ambience that draws on the past while relating to the present.*

CAMBRIDGE, NY: STEPHEN AND SABINA ALCORN

LONDON: DAVID AND SUE GENTLEMAN

Londra: David e Sue Gentleman

Due case per una vita d'arte: cinque stanze e cinque piani nella casa-studio di città, tante stanze l'una dentro l'altra nella casa di campagna
Two homes for a life of art: five rooms and five floors for a studio home in the city, and rooms within rooms for a home in the country

GABRIELE DI MATTEO. Mr Gentleman di professione scrive e, soprattutto, illustra libri-guida bellissimi: libri molto lievi, poetici e precisi. Ogni pagina un dipinto, ogni riga un'ora vissuta. Per raccontare un nuovo Paese, David va a viverci. Per mesi, pensando alla sua casa, alla scrivania in cui lo aspetta, irsuto e impaziente, un bosco di pennelli.
La casa che David e Sue Gentleman hanno organizzato onorando la poesia di Rainer Maria Rilke ("Vedi, / gli alberi *sono*, le case / che abitiamo reggono. Noi soli / passiamo via da tutto, aria che si cambia") si trova a Camden Town, la zona "nera", miserrima, brulicante e fascinosa di Londra che si interrompe in un magico Crescent neoclassico. David e Sue hanno lavorato con una gioia metafisica (e anche razionale) intorno al loro ambiente domestico tanto più caro a chi viaggia per tanti mesi l'anno.
La cucina è scavata nel *basement*, compressa tra gli umidi aromi della terra inglese. Lo studio (lassù in alto) vive una gotica ricerca della luce diurna, e tra queste due estremità un "bozzolo" di saporiti archivi e una parete in cui David ha impaginato le illustrazioni sull'India vista attraverso gli occhi trasparenti dei suoi acquerelli.

G. D. M. *Mr Gentleman is a writer by profession, but his speciality is illustrating beautiful guidebooks: pleasing, poetic, informative productions in which every page paints a picture and every line tells a story. When he wants to write about a new country, he goes and lives there for a few months, thinking all the while of home and his desk where a bristling forest*

→

● **Sopra:** un dettaglio della libreria dello studio della casa di Londra.
A destra: uno schizzo di Gloucester Crescent, nel quartiere londinese di Camden Town, su cui si affaccia la casa a tre piani di David e Sue Gentleman. Il disegno è tratto da *David Gentleman's London*, Weindenfeld & Nicolson, Londra 1985.
● ***Above:*** *a detail of the bookcase in the studio of the London home.* ***Right:*** *a sketch of Gloucester Crescent in London's Camden Town district which David and Sue Gentleman's three-storey house faces. The drawing is from* David Gentleman's London, *Weindenfeld & Nicolson, London 1985.*

| STUDIO |
| CHILDREN |
| BEDROOM + TELEVISION |
| SITTING ROOM / OFFICE |
| KITCHEN |

←

of paint brushes impatiently awaits his return.

The home David and Sue Gentleman have designed as a tribute to Rainer Maria Rilke's poetry ("Behold, / the trees exist, the houses / we live in resist. We alone / pass away, like the air that comes and goes") is in Camden Town, that teeming, poverty-striken though also fascinating area of London which at a certain point opens out into a magical Neoclassical crescent. David and Sue laboured with metaphysical (though also rational) joy on their home, which they appreciate all the more for spending so many months of the year away from it.

The kitchen is down in the basement amid the moist, earthy smells of the English soil, while the upstairs study is a Gothic essay in daylight experience. Between the two extremes is a cocoon of well-seasoned travel archives and a wall which David has papered with his limpid watercolour illustrations of India.

LONDON:
DAVID AND SUE GENTLEMAN

● **Nella pagina a lato, sopra:** il soggiorno-ufficio. **Sotto:** acquerello della facciata dell'abitazione dei Gentleman e schema della distribuzione dei piani (dal basso: cucina, soggiorno-ufficio, camera da letto + sala TV, zona figli, studio). **In questa pagina:** la cucina-pranzo al piano inferiore segnata dalla grande parete vetrata con l'ingresso di servizio.

● *Facing page, above: the sitting-room/office. **Below:** a watercolour of the front of the Gentlemans' home and a diagram of the various floors (from bottom to top: kitchen, sittng-room-office, bedroom + TV room, children's room, studio). **This page:** the basement dining-room/kitchen with a large glazed wall and service entrance.*

LONDON: DAVID AND SUE GENTLEMAN

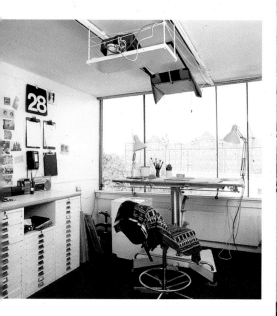

● **Sopra e a destra:** lo studio collocato all'ultimo piano. Alla parete una sequenza di acquerelli di David Gentleman per un libro sull'India. **Sotto:** tre acquerelli tratti da *David Gentleman's Paris*, Hodder & Stoughton, Londra, 1991.

● ***Above and right:*** *the top-floor studio. On the wall, a sequence of watercolours Gentleman painted for a book on India.* ***Below:*** *three watercolours from* David Gentleman's Paris, *Hodder & Stoughton, London 1991.*

Rue du Château

Rue des Francs-Bourgeois

Rue Raymond Losserand

157

● **In questa pagina:** un'altra immagine di Londra tratta da *David Gentleman's London*, Weindenfeld & Nicolson, Londra 1985.

● **This page:** *another view of London from* David Gentleman's London, *Weindenfeld & Nicolson, London 1985.*

CAR PARK

Cannon Street Station

LONDON: ALAN KITCHING

Londra: Alan Kitching

Il laboratorio di un graphic designer, artista entomologo della tipografia
The studio of a graphic designer, artist and printing entomologist

GABRIELE DI MATTEO Tra i fiocchi della prima nebbia due signori in pastrano nero hanno bussato alla porta dello studio di Alan Kitching. Sono due esuli gravi e dignitosi, Nikolaj Lenin e Giuseppe Mazzini.

Allucinazioni perdonabili dovuti alla zona: siamo a Clerkenwell, a due passi dalla City livida di affari, dove i due grandi esiliati vissero e lavorarono.

Succede, nella Londra dei secoli spalmati uno sull'altro, di ritrovarsi improvvisamente con gli occhi formicolanti davanti a un vecchio torchio da tipografia sul quale sta dipinta, in caratteri d'oro, la scritta "Improved Albion Press".

È qui che lavora Alan Kitching, graphic designer già collaboratore del Pentagram, ora artigiano finissimo e collezionista salvatore di caratteri di legno e piombo. Simboli, segnali, memorie che nei giorni della trasmissione satellitare e del cyberspazio, "pesano" come pianeti di un'era fortunatamente manuale.

G. D. M. *Wrapped in early wreathes of mist, two gentlemen in black overcoats knock on the door of Alan Kitching's studio. The two grave, dignified figures are none other than the exiled Nikolaj Lenin and Giuseppe Mazzini.*

Hallucinations like this are understandable in an area like Clerkenwell, a stone's throw from the infamous City of London, where the celebrated exiles lived and worked.

In London, where centuries spread over centuries, you suddenly find yourself looking with curious eyes at an old printing press bearing the legend "Improved Albion Press" painted in gold letters.

This is the workplace of graphic designer Alan Kitching, formerly of Pentagram and now an expert craftsman and missionary collector of old wood and lead type threatened with extinction. In an age of cyberspace and satellite broadcasting, these symbols, signs and memories have the gravitational weight of planets in that happy time when people did things by hand.

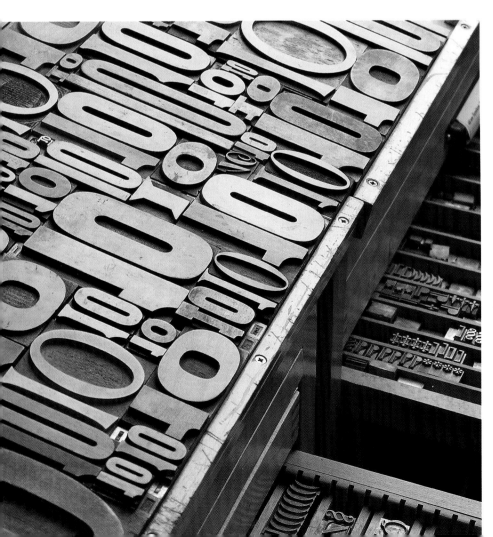

PIERLUIGI CERRI. Il gusto per le acrobazie tipografiche fiorisce nei testi delle avanguardie letterarie e visive fra le due guerre. Si pensi a Zwart, a Werkmann, a El Lissitzkij, al Theo van Doesburg di Mecano, a Tristan Tzara e al Kurt Schwitters di Dada. In quegli anni la tipografia si trasforma profondamente e trova una unità ottica mai prima conosciuta. L'ordine degli scomparti della cassa dei caratteri di piombo che prevedeva un rigoroso processo di composizione a mano fu sconvolto dalla nuova sperimentazione. Il lavoro di Alan Kitching potrebbe richiamare quell'epoca con comprensibile nostalgia, se non emergessero valori e qualità del tutto opposti. La composizione della pagina è sicuramente articolata e disinvolta, ma vi traspare un quieto amore per la cassa dei caratteri e una tenera nostalgia degli impianti classici e moderni. Frammenti bodoniani, ideogrammi di Werkmann e tipografia povera si ricompongono sulla pagina in modo colto e poetico.

P.C. *Typographical virtuosity came into its own in the works of interwar avant-garde writers and artists. Names like Zwart, Werkmann, El Lissitzkij, Theo van Doesburg of Mecano, Tristan Tzara and Kurt Schwitters of Dada speak for themselves. Typography changed radically in that period, achieving unprecedented visual coherence and unity. The new experiments wrought havoc with the rigorous type-setting process implied by the way the lead type was arrayed in its box. Alan Kitching's work might seem just an understandable exercise in nostalgia were it not for all the other qualities and features that seem to run counter to it. The page layout is certainly rhythmical and relaxed, but it also conveys an affectionate love of the type box and a nostalgic yearning for classic and modern styles. In Kitching's hands, Bodon fragments, Werkmann ideograms and workaday typography recombine on the page in cultured, poetic ways.*

LONDON: ALAN KITCHING

Clerkenwell, London ECI *c.*1700 ¶ Wells, Springs, *Waters, Trees, Gardens,* Orchards, Fields, *Bowl-ing* greens. ¶ *Jewellery,* Horology, *Bookbinding* & Printing. ¶ **the typography workshop** 1992. Alan Kitching *will show and talk about his work:* 10.30 am on Thursday, 7 May 1992 at Brighton Polytechnic, Dept. of Graphic Art & Design.

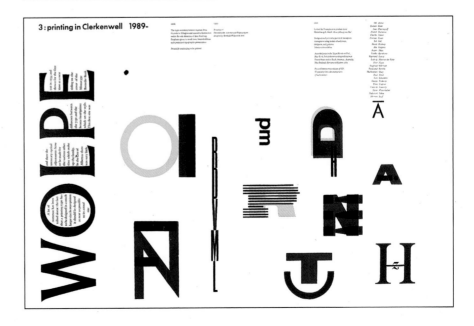

3 : printing in Clerkenwell 1989-

DESIGN

The prehistoric office

L'ufficio preistorico

Una singolare collezione di antiche macchine per ufficio: dalla "Hammond" al primo dittafono di Edison

A unusual collection of old office equipment ranging from the "Hammond" to the first Edison dictaphone

STEFANO CASCIANI. Per chi è obbligato ormai alla piacevole condanna della scrittura elettronica, da cui non è più possibile liberarsi neanche nella pace domestica, la singolare raccolta di antiche macchine per ufficio acquistata negli Stati Uniti da Italo e Andrea Dondena ed esposta nella loro galleria Unique Antiques ha più o meno l'effetto di una ben condotta trasmissione televisiva sui dinosauri. A prima vista è difficile riconoscere in questi complicati congegni gli antenati del *note-book*, eppure è proprio così. Alcuni possono perfino apparire comici, come le macchine per scrivere a un solo tasto (che in effetti non avevano applicazione tanto negli uffici, quanto come alternativa alla calligrafia), oppure quelle dove non erano visibili direttamente i segni impressi sul foglio di carta, per cui era necessario ogni tanto sollevare il rullo gommato per controllare l'esatta battitura...

→

S. C. *For anyone now enslaved to the word processor – a pleasant enough fate you can't escape even at home – visiting this remarkable collection of old office machinery purchased in the US by Italo and Andrea Dondena and now on show in their Unique Antiques gallery is rather like watching a well-made TV documentary on dinosaurs.*

It's difficult at first glance to see these complicated contraptions as the forerunners of today's electronic

continued on page 80

The prehistoric office

● **Nella pagina precedente:** la "Hammond n. 1" del 1881,
una delle prime macchine per scrivere prodotte
industrialmente negli Stati Uniti. Come tutti gli altri oggetti
pubblicati, questo modello (del 1883) fa parte
della collezione Unique Antiques di Besana Brianza.

● *Previous page: the "Hammond no. 1" (1881), one
of the first typewriters to be manufactured industrially
in the US. Like all the other items illustrated here,
this model (manufactured in 1883) belongs to the Unique
Antiques collection, Besana Brianza.*

Certamente anche qui si danno casi di singolari
mutazioni genetiche. È il caso della "Hammond
n. 1", del 1883, autentico oggetto di elegantissimo
design, sia per la scelta dei materiali (tasti e carrozzeria di legno), sia per la originale disposizione
dei tasti. Desta ancora più ammirazione sapere
che l'idea di questa macchina non è di un progettista o di un industriale, ma di un vero giornalista:
quel J.B. Hammond, corrispondente nella Guerra
di Secessione, che ebbe la geniale intuizione di
fabbricare da sé e per sé la macchina ideale; salvo
poi diventare miliardario, facendo della sua prima
intuizione un'autentica industria.
Confrontate a molti tristi e grigi computer, con la
loro intatta bellezza la "Hammond" e altre di
queste storiche macchine testimoniano come
l'evoluzione, anche in campo progettuale, non sia
sempre positiva: e che perfino nella preistoria
degli oggetti moderni possono apparire forme
senza tempo, suggerimenti buoni anche per i
progettisti d'oggi.

● **In queste pagine:** tre macchine compilatrici per assegni "Todd Protectograph" prodotte tra il 1913 e il 1923. Gli importi venivano stampati in due colori, diversi per le cifre e per le lettere. **Nel riquadro:** quattro modelli di temperamatite meccanici prodotti tra il 1890 e il 1920: quello al centro, di legno, diversamente dagli altri, funziona facendo scorrere la matita lungo una striscia di carta vetrata.

● *These pages: three "Todd Protectograph" cheque-filling machines made from 1913 to 1923. The amounts are printed in two colours, one for figures, the other for words.* **Inset:** *four mechanical pencil sharpeners made from 1890 to 1920: unlike the others, the wooden one in the centre works by rubbing the pencil on a sandpaper strip.*

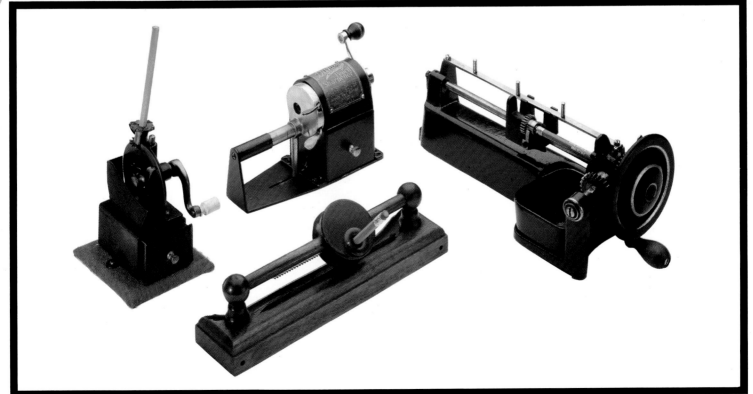

The prehistoric office

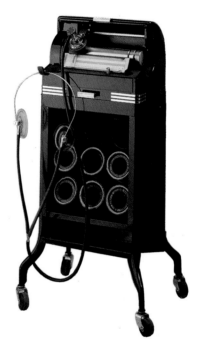

continued from page 77

notebooks, but that's precisely what they are. Some may even seem comical, like the one-key typewriters (not really designed for office use, but as an alternative to handwriting), or the ones that don't allow you to see what's being typed on the page, so you have to keep lifting the rubber roller to check for mistakes. But even here, evolution seems to have resulted in unusual cases of genetic mutation. One example is the "Hammond no. 1" (1883), a genuinely elegant piece of design in both materials (wooden keys and body) and its novel keyboard layout. Even more surprising is the fact that the idea for this kind typewriter came not from a designer but a journalist, J.B. Hammond, a correspondent during the War of Secession who had the brilliant idea of manufacturing the ideal machine himself and for himself, and became a millionaire in the process

● **Sopra:** la "Master Shaver", macchina per dettare inventata da Thomas Alva Edison e prodotta dalla sua Ediphone intorno al 1920. Da sinistra: la macchina per incidere i messaggi su cilindri di cera, quella per cancellare e riutilizzare i cilindri stessi e quella per ascoltare i messaggi. I mobiletti contenitori sono interamente di metallo. **A lato:** la "Rem-Blick" prodotta dalla Remington, una piccola e popolare portatile del 1928; curiosamente, è priva di carrozzeria.

when he put his brainwave into mass production. Compared with many of today's anonymous grey computers, the undiminished beauty of the "Hammond" and other historic office machines is proof that evolution – design included – is not always for the best. Today's designers would do well to realise that even the prehistoric age of modern object design was capable of producing what now seem timeless forms.

● **Above:** *the "Master Shaver" dictating machine invented by Thomas Alva Edison and manufactured by his own Ediphone company around 1920. Left to right: machines to record messages on wax cylinders, erase and reuse the cylinders and listen to messages. The cabinets housing the machines are metal.* **Opposite:** *the Remington "Rem-Blick", a popular small portable typewriter dating from 1928; oddly, it has no body.*

● **Sopra:** la "Bennett", portatile piccolissima (è larga circa 25 cm) inventata da Charles Bennett nel 1907 e prodotta dalla Elliot-Fisher (dal 1910); è interamente di alluminio. **Sotto:** la "Oliver", inventata nel 1894 dal reverendo Thomas Oliver (questo modello è del 1913). Si distingue per la forma "a orecchie" del cestello: ebbe scarso successo e la società produttrice fallì nel 1923.

● **Above:** *the "Bennett", a minuscule all-aluminium portable typewriter (just 25 cm wide) invented by Charles Bennett in 1907 and manufactured by Elliot-Fisher from 1910 onwards. **Below:** the "Oliver" invented in 1894 by Rev. Thomas Oliver (this model dates from 1913) with its distinctive "ear-shaped" type-bar fan: it proved a flop and the manufacturers went bankrupt in 1923.*

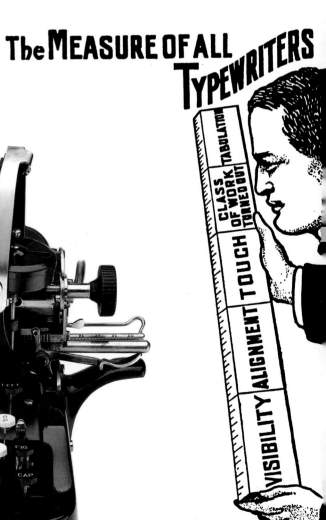

DESIGN

FABRICS AND CARPETS (WITH INGRES)

Tessuti e tappeti (con Ingres)

←◀◀◀

Parà:
Collezione Terra,
Sahara 5040/30
Tessuto stampato di cotone
sanforizzato.
Printed cotton fabric.

←◀◀◀

Giesse:
Collezione Volubilis,
art. 2210-1023

Velluto goffrato di cotone 40%
poliestere 17%, microfibra acrilica
26%, dodici varianti di colore.
40% cotton, 17% polyester, 26%
acrylic microfibre embossed
velvet, twelve colour choices.

Madame Marcotte
de Sainte-Marie,
particolare/detail, 1826

■ La mostra "Il ritorno a Roma di Monsieur Ingres", a cura di Georges Vigne, è stata organizzata nel mese di aprile 1994 dalla Accademia di Francia a Roma, dalla città di Montauban e dalla Fondation Electricité de France. I disegni e gli studi preparatori sono tratti dal catalogo *Il ritorno a Roma di Monsieur Ingres*, edito da Fratelli Palombi Editori.

■ *The "Il ritorno a Roma di Monsieur Ingres" exhibition, curated by Georges Vigne, was organised in April 1994 by the Academy of France in Rome, the city of Montauban and Fondation Electricité de France. The drawings and preparatory studies are taken from the catalogue,* Il ritorno a Roma di Monsieur Ingres *(Monsieur Ingres Returns to Rome), published by Fratelli Palombi Editori.*

a cura di/edited by
Diana Sung e Mia Pizzi

FABRICS AND CARPETS (WITH INGRES)

← ⋘

Decortex: Collezione Castalia, Iadi 1360/2

Jacquard di cotone e lino
Cotton and linen jacquard.

← ⋘

Torri Lana: Sorial design Jole Gandolini

Ciniglia di cotone, trentacinque varianti di colore.
Cotton chenille, thirty-five colour choices.

. . . .

Studio per/study for Madame Moitessier, 1856.

⋙ →

Alcantara: Master

Alcantara in tinta unita, quarantotto varianti di colore e colori speciali su richiesta.
Plain alcantara, forty-eight colour choices and special colours on request.

⋙ →

Luciano Marcato: Collezione Gli Stucchi, Cà D'Oro

Damasco di cotone e fiocco di viscosa trentadue varianti di colore.
Cotton and tuft viscose damask, thirty-two colour choices.

. . . .

Jean-Baptiste Desdéban, 1810.

FABRICS AND CARPETS (WITH INGRES)

Imatex:
Zeus

Tessuto in tinta unita fiammata di cotone e poliestere, quindici varianti di colore.
Cotton and polyester plain shot fabric, fifteen colour choices.

Rapsel Editions:
Cape

Tessuto a quadri di cotone e acrilico, cinque varianti di colore.
Cotton and acrylic check cotton fabric, five colour choices.

Madame Cavé, 1844.

Haas:
Meudon

Damasco con disegni tono su tono di cotone e seta, sei varianti di colore.
Cotton and silk damask with one-colour patterns, six colour choices.

Fischbacher:
Milord

Damasco di cotone e seta, altezza cm 140, quattro varianti di colore.
Cotton and silk damask, four colour choices.

Il voto di Luigi XIII, particolare del Velo intorno al capo della Vergine
The Vow of Louis XIII, detail from The Veil Around the Virgin's Head, 1822-24.

FABRICS AND CARPETS (WITH INGRES)

← ≪

Renata Bonfanti:
Algeria

A sinistra, tappeto di lana, lino e Meraklon, tessuto a mano.
Left, hand-woven wool, linen and Meraklon carpet, 196x230 cm.

← ≪

Ruckstuhl:
Jaipur Onix

Tappeto di sisal e bordura *optical* applicata a mano di cotone e poliammide.
Hemp carpet with cotton, polyamide hand-applied optical border.

← ≪

Edizioni De Padova:

Tappeto con trama di spago di carta e ordito di cotone.
Carpet with cotton warp and paper twine weft.

Grande Odalisca,
particolare/detail,
1825.

≫→

Texi:
Kaliffo
A sinistra, tappeto di cotone.
Left, cotton carpet.

≫→

Dedar:
Collezione Armenia, Sirnak
Tappeto annodato a mano di lana.
Hand-knotted wool carpet.

Studio di mani e piedi,
Study for hands
and feet, 1825 circa.

FABRICS AND CARPETS (WITH INGRES)

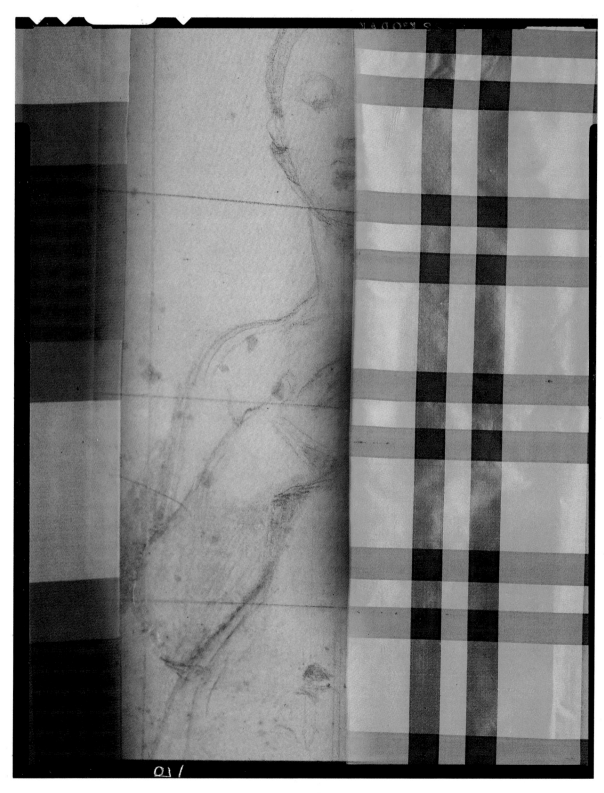

◄◄◄

Designers Guild:
Collezione Jalapuri,
Nazarbad

Taffetas di seta,
sei varianti di colore.
Silk taffeta, six colour choices.

◄◄◄

Designers Guild:
Collezione Jalapuri, Tipu

Taffetas di seta, cinque varianti di
colore.
Silk taffeta, five colour choices.

Studio per la Vergine,
Study for the Virgin,
1864.

►►►

Mitsubishi:
Glore-Valcana

Microfibra acrilica di poliestere,
acrilico, poliuretano
cento varianti di colore.
Polyester acrylic, acrylic,
polyurethane microfibre one
hundred colour choices.

►►►

Rubelli:
Fruits Terrestres

Tessuto stampato di cotone,
quattro varianti di colore.
Cotton printed fabric,
four colour choices.

Bagnante,
detta Bagnante
di Valpinçon,
The Bather,
or La Baigneuse
de Valpinçon,
particolare/detail, 1808.

SHOWROOMS AND SHOPS

THE PLACES OF FASHION

I luoghi della moda

RENATA MOLHO. Damaschi e velluti rossi per pensieri barocchi, plastica e acciaio per meditazioni sintetiche e tecnologiche, lane secche e iuta per le astrazioni? In qualche misura sì. Dietro alla proposta dello stilista c'è tutto il suo universo. È proprio attraverso il linguaggio della moda che si identificano le diverse scuole di pensiero, e i luoghi in cui le si rappresentano diventano altrettanti templi laici. Infinite voci formano un coro confuso, che comprende tutte le modulazioni e le frequenze. Tra conformismi e omogeneità estetiche diffuse, spesso si incontrano spazi pieni di umori, di sapori, di atmosfera. E gli abiti che vi si trovano non sono più i protagonisti assoluti, prendono vita dal luogo, si crea una simbiosi indivisibile tra territorio e tessuto, evocazione e forma. Un certo tipo di moda, di progetto, se slegato dal contesto, perde addirittura parte del suo fascino. Scegliendo uno stilista spesso si compie un atto simile all'accettazione di un dogma. Tutto è vero e tutto è il contrario di tutto. La moda deve rispondere a esigenze sempre più sofisticate e inafferrabili, il significato della rappresentazione che scegliamo per confrontarci con gli altri trascende quello estetico o di pura comodità, ma sconfina frequentemente con delle necessità intime che spesso non identifichiamo. Ma le riconosciamo in un luogo allestito per noi da qualcun altro, e questo è rassicurante.

R. M. *Damask and red velvet for Baroque brooding? Plastic and steel for synthetic, technological contemplation? Dry wool and jute for abstraction? To an extent, yes. Behind a fashion designer's creations there extends an entire universe of his own making. The language of fashion enables us to identify schools of thought, and the places that enshrine them become so many secular temples. The babel of voices forms a chorus embracing all modulations and pitches. Often, amid all the stylistic conformity and standardisation, you suddenly come across spaces packed with mood, colour and atmosphere, and the garments you find there are no longer the stars of the show. They draw life from their habitats through a kind of symbiosis that renders inseparable milieu and material, evocation and form. When divorced from context, certain types of fashion and design actually lose some of their appeal. Choosing a stylist is often like accepting a dogma: it's all true, and it's all the opposite of something else. Fashion has to meet increasingly sophisticated, elusive demands. How we choose to present ourselves transcends matters of style and comfort: the significance of clothing is often an indirect response to intimate needs we can't always articulate. But we recognise them in places other people have designed for us, and that's reassuring.*

C A M I L L A   S A N T I

MILAN: PAGANINI SHOWROOM – STUDIO CAMILLA SANTI

R.M. Lontano dal triangolo d'oro milanese, un po' defilato e segreto, lo showroom Paganini ha un'aria familiare e semplice, luminosa e lineare. I dettagli, le sfumature improvvise, la cucina all'ingresso e un'atmosfera sospesa e pratica allo stesso tempo, danno il senso di contemporaneità e forza. Esattamente come i vestiti che abitano in questa grande stanza. Tanti angoli per tanti sapori diversi. Nello spazio di Camilla Santi convivono tra le altre cose le borse e gli arazzi di Pietro Saporito e la declinazione della maglietta secondo Kamla Denicolai, i colori acidi e il bianco puro, la giacca grigia di plastica o serpente, viscosa e acetato, ma anche il tubino anni Sessanta "optical in movimento" di colore azzurro-rosso o nero stampato su trasparente. I giovani stilisti ospitati sono uniti dal desiderio di dividere esperienze, sogni, economie. Si rivolgono tutti a un pubblico già consapevole, ricercato e stanco di rumori inutili.

R.M. *The Paganini showroom stands secretly apart from Milan's golden triangle of fashion houses. Its simple, homely appearance is the result of good lighting and linear design: the details, the unexpected subtleties and the kitchen at the entrance create an atmosphere at once timeless and practical, a feeling of relevance and commitment. This is also the impression you get from the garments displayed in the large room: there are many of them, and each has its own unique identity. Camilla Santi's space provides a habitat not just for Pietro Saporito bags and wall hangings, but also Kamla Denicolai acid-coloured or pure white knits, grey viscose and acetate silk plastic or snakeskin jackets, blue-red or printed black-on-transparent "optical movement" sixties sheath dresses. The young stylists on display are united by a desire to share experiences, dreams and economies, and they design for a targeted, well-informed clientele fed up with fashion hullabaloo.*

progetto/project Camilla Santi

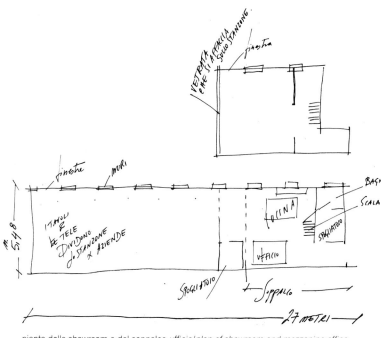

pianta dello showroom e del soppalco-ufficio/*plan of showroom and mezzanine office*

94

● Lo showroom è rimasto inalterato nella sua struttura originale di ex magazzino: un lungo vano abbassato, in corrispondenza dell'ingresso, dal soppalco-ufficio. Lo spazio è stato allestito per collezioni secondo un illusionistico schema scenografico: le diverse aree espositive, come quella per la collezione invernale di Demetra **(sotto)**, sono definite da tende di bambù e da tele da pittore, queste ultime sospese dal soffitto anche orizzontalmente **(a lato)**.

● *The showroom's original warehouse structure – a long hall reduced in height by the mezzanine-office floor at the entrance – has been preserved. Scenic trompe l'oeil effects are used to display the collections: the various exhibition areas, including the Demetra winter collection* **(below)**, *are marked off with bamboo screens and artist canvases suspended from the ceiling, some horizontally* **(opposite)**.

MILAN: PAGANINI SHOWROOM
STUDIO CAMILLA SANTI

● **Nel disegno, sopra:** schizzo di progetto del sistema per appendere le collezioni, formato da tubi forati sostenuti da ganci imbullonati a loro volta a delle U di acciaio poste a 80 cm una dall'altra e ancorate al soffitto. I tubi sono filettati in modo che infilandoli uno nell'altro si può ottenere una barra continua; a loro volta le barre possono essere posizionate parallelamente o perpendicolarmente rispetto ai profilati di acciaio. **A sinistra e a destra:** due vedute dello showroom dall'ingresso: la cucina e la zona di lavoro; dietro la scrivania, nella parete sono state ricavate delle piccole finestre passanti che contribuiscono al gioco illusionistico. **Sotto:** l'angolo-cucina impreziosito dalle decorazioni a stucco sopra il lavello e il piano cottura.
Nel disegno, sotto: schizzo degli interventi funzionali e di abbellimento dell'angolo-cucina.

● *Drawing, top: design sketch of the system for hanging the collections: perforated tubes are supported by hooks bolted onto U-shaped steel elements anchored 80 cm apart in the ceiling. The tubes are threaded so they can be screwed together to form continuous bars, which in turn can be positioned either parallel with or at right angles to the steel sections.*
Above, left and right: *two views of the showroom from the entrance: the kitchen and work area. Small interior windows were inserted in the wall behind the writing desk to enhance the* trompe l'oeil *effect.* **Left:** *the kitchenette with stucco decorations above the sink and hob.* **Right:** *sketch of some of the kitchenette's functional decorative features.*

● **In questa pagina:** alcune delle collezioni esposte nello showroom: quella di magliette di jersey di cotone
di Kamla Denicolai allestita nell'angolo-cucina e quella di Morgan Puett.

● ***This page:*** *some of the collections displayed in the showroom: Kamla Denicolai's cotton jersey T-shirts in the kitchenette*
and the Morgan Puett collection.

MILAN: ETRO

progetto/*project* Eugenio Gerli

R.M. I marmi, la scala liberty, la collezione di scialli antichi, di quadri d'epoca, di arte moderna, il batik indonesiano e un sapore vittoriano convivono e trasportano chi entra nelle due palazzine che ospitano gli uffici e lo showroom, in un mondo soffuso e pieno di calore da ricche e antiche case, lo stesso che si ritrova in tutti i negozi Etro, caratterizzati sempre da vetrine scenografiche. Borse, pelletteria, accessori per la casa, tessuti per arredamento, profumi, abbigliamento, ogni singolo prodotto rispecchia la personalità di Gimmo Etro. La più solida tradizione rivista e aggiornata continuamente, senza mai scendere a compromessi, quasi con intransigenza. Tutto prodotto in Italia, con gusto classico e tensione continua alla qualità. Il tempo, il concetto di moda, di contemporaneità, l'ansia di stupire di questi nostri anni concitati rimangono in distanza, arrivano come un eco, ma non ne intaccano lo spirito.

R.M. The combination of marble, an Art Nouveau staircàse, a collection of old shawls, period paintings, modern art, Indonesian batik and a Victorian ambience transports visitors to the two office and showroom buildings into the suffused, accommodating atmosphere of wealthy, old-world residences you find in all Etro shops with their consistently theatrical window displays. Every single product – bags, leather goods, home accessories, furnishing fabrics, perfumes, garments – reflects the personality of Gimmo Etro. Consolidated tradition is continually – almost intransigently – updated and reinterpreted: there is never any stooping to compromise. Everything is made in Italy: the taste is classical, the quality matchless. The fashion concepts, topicality, anxiousness to amaze and sheer pace of our hectic times have no relevance here: distant echoes reverberate, but the spirit of the place is never impaired.

● **In questa pagina:** le piante e alcuni interni della nuova sede della Etro situata in un'ex tipografia degli anni Venti. **Da sinistra:** la reception; l'androne di ingresso verso il cortile, su cui si affacciano i magazzini e gli uffici; il salone per le sfilate al primo piano. Il progetto ha ridisegnato completamente la distribuzione interna e accentuato la continuità tra l'androne e il cortile. **Nella pagina a lato e nelle seguenti:** alcuni interni della prima sede della Etro situata in una palazzina prospiciente quella nuova; fra questi la biblioteca con una preziosa raccolta di libri e volumi di campioni e disegni di stoffe antiche e recenti.

1. **androne di ingresso/*entrance hallway***
2. **reception/*reception***
3. **showroom/*showroom***
4. **cortile/*courtyard***
5. **salone sfilate/*fashion showroom***

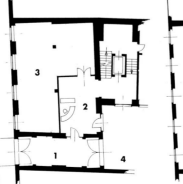

pianta del piano terra/*ground-floor plan*

pianta del primo piano/*first-floor plan*

● *This page: plans and views of the new Etro headquarters in an old 20's printing works.* **Left to right:** *the reception; the entrance hallway viewed towards the courtyard flanked by storerooms and offices; the fashion showroom on the first floor.* **Facing page and following pages:** *interior views of the original Etro headquarters in a building opposite the new premises. Here, a detail of the Etro library with a precious collections of books and sample books of ancient and modern fabric designs.*

● Gli interni della prima sede alternano spazi moderni ad ambienti d'epoca, ristrutturati e decorati con arredi spesso comprati alle aste londinesi, come ad esempio le porte a vetri di Biba. Anche qui, come nell'altra sede, Gimmo Etro interviene nelle scelte delle decorazioni, degli arredi e dei pezzi d'arte. **Dall'alto, a sinistra:** la biblioteca; lo studio dei creativi di tessuti; lo studio del figlio Kean, viaggiatore-collezionista; **a destra:** l'anticamera e lo studio di Gimmo Etro; lo showroom della valigeria e sul fondo quello dei profumi. **Nella pagina a lato:** un'altra immagine della biblioteca.

MILAN: ETRO

● Modern spaces alternate with renovated period rooms in the original headquarters. Many of the furnishings, like the Biba glass doors, were bought in London auctions. Here, as in the new premises, Gimmo Etro was personally involved in choosing decorations, furnishings and art works. **Left, top to bottom:** the library; the fabric designers' studio; Gimmo Etro's traveller-collector son Kean's studio; **right, top to bottom:** Gimmo Etro's vestibule and studio; the leather goods showroom with the perfumery behind. **Facing page:** another view of the library.

TOKIO: MIYAKE DESIGN STUDIO

progetto/*project* Shigeru Ban   corrispondenza di/*correspondence by* Vanessa Viganò

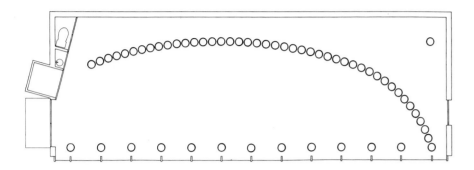

R.M. Una cattedrale astratta, come solo pensata. Lo spazio vuoto per parlare di lavori di giovani artisti e designer. Sembra che per Issey Miyake l'assenza descriva meglio una presenza, che non la presenza stessa. I concetti filosofici e religiosi trasposti negli abiti e negli oggetti. Il materiale stesso di cui sono fatte le cinquantasette colonne, la struttura della galleria MDS, oltre ai tavoli e alle sedie, sembrano parlare di non-materia, di metafisica. Miyake fin dalle sue prime collezioni continua a esplorare nuove dimensioni, a scoprire nuove geometrie e nuove forme. Grande conoscitore di tessuti, gioca con i volumi, la luce, la caduta e la rigidità, come nessun altro. Per questo stilista giapponese il corpo umano rimane il centro, ma è anche solo il punto di partenza per dar forma a sogni ineguagliabili e insospettabili, per materializzare l'immateriale.

● **In queste pagine:** pianta e vedute esterne della galleria: la grande parete vetrata annulla la divisione tra interno ed esterno facendo del progetto una continuazione ideale della piazza circostante, quasi un palcoscenico urbano.

● ***These pages:*** *plan and exterior views of the gallery: the large glazed wall does away with the distinction between interior and exterior, making the design a conceptual continuation of the square outside, a kind of city stage.*

R.M. *An abstract cathedral, more a thought than a physical reality. An empty space to accommodate the work of young artists and designers. For Issey Miyake, absence seems to describe something better than its physical presence. Philosophical and religious concepts transposed into clothing and objects, the structure of the MDS gallery, the tables and chairs and even the material of which the fifty-seven columns are made, all seem to speak of non-matter, of purely metaphysical presence. Since his first collections, Miyake has continued to explore new dimensions in search of new geometries and forms. As a fabrics expert, he has an unparalleled instinct for volume, light, drapery and rigidity. For the Japanese stylist, the human body itself remains the central focus, though it serves only as a physical starting point for unexpected, unimaginable dreams, for materialisations of the immaterial.*

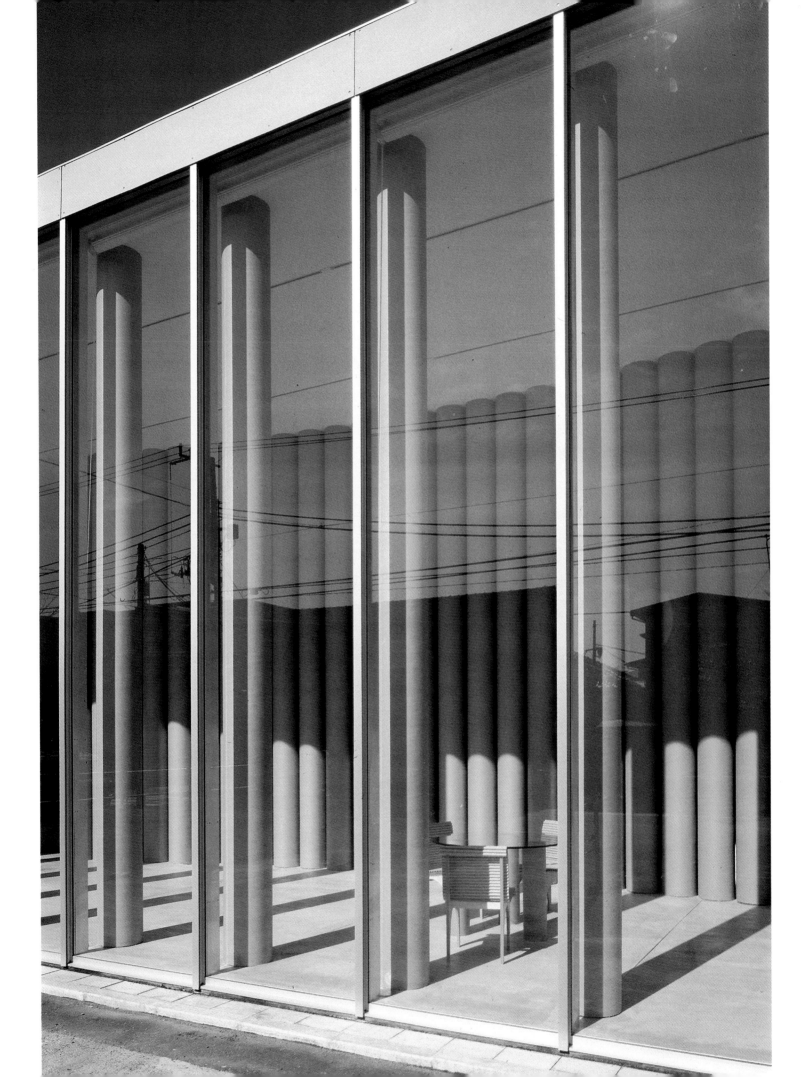

VANESSA VIGANÒ. Il Miyake Design Studio di Tokio è, più che un negozio, una galleria in cui esibire il lavoro dei giovani artisti locali non esclusivamente legati al campo della moda. Concepito in base al principio che il "consumo" di uno spazio espositivo nel Giappone di fine millennio avviene mediamente ogni cinque anni e alla conseguente necessità di utilizzare materiali economici, Shigeru Ban riattinge nell'occasione alle sue ricerche sull'utilizzo della carta nella costruzione, allestendo lo spazio di circa 120 mq con cinquantasette colonne di carta pressata e riciclata qui utilizzate con una lunghezza di 5 m per 33 cm di diametro e 15 mm di spessore. Contrapposto alle grandi vetrate dai serramenti di alluminio e a un semplice pavimento di cemento, la carta dell'allestimento, utilizzata anche per tavoli e sedie, diviene un materiale caldo come il legno e ancor più adatto, in quanto sostanzialmente monocromatico, a fare da sfondo alle diverse ricerche artistiche. La ricerca che Shigeru Ban ha sviluppato a partire dal 1989 sulla colonna di carta come materiale strutturale, e che lo ha per altro portato a ottenere un brevetto esclusivo dal governo giapponese, è già stata utilizzata in diversi progetti fra cui il padiglione-biblioteca di Zushi.

V.V. *Rather than a shop, the Miyake Design Studio in Tokyo is a gallery for displays of work by young local artists whose interests extend beyond fashion alone. Applying the principle that economic materials have to be used in a country like Japan where exhibition spaces are "consumed" on average every five years, Shigeru Ban has transferred his research into uses of paper as a building material to the design of the approximately 120 square metre space with fifty-seven columns of compressed recycled paper 5 metres high, 15 mm thick and 33 cm in diameter. When juxtaposed with the large aluminium-framed windows and plain concrete floor, the paper (which is also used for the tables and chairs) acquires the natural warmth of wood and, as a monochromatic material, is even more suitable as a backdrop for art displays. Shigeru Ban's studies of the use of paper columns as structural materials began in 1989 and have since won him an exclusive patent from the Japanese government. The columns have already been used in a variety of projects, including the Zushi library pavilion.*

TOKIO: MIYAKE DESIGN STUDIO

● In queste pagine: l'interno è formato da un ampio e lungo spazio semicircolare, adibito a galleria, racchiuso visivamente tra due colonnati di cui quello sul lato curvo forma una parete vera e propria, oltre la quale si trovano gli uffici. L'intervento è caratterizzato dal dialogo e dai giochi di luci e ombre delle colonne di carta pressata e riciclata, materiale impiegato anche per le basi dei tavolini e delle sedie, unici arredi ed elementi decorativi.

● *These pages: the interior consists of a long, large semi-circular gallery space visually enclosed between two colonnades; the one on the curved side forms a true wall with the offices behind. Major features of the design are dialogue and the light-and-shadow effects created by the recycled, pressed paper columns. The tables and chairs, the showroom's only furnishings and decoration, also have paper frames.*

sezione trasversale/*cross-section*

NEW YORK: J. MORGAN PUETT

progetto/*project* Claire Weiss e J. Morgan Puett

R.M. È impossibile parlare della moda di J. Morgan Puett senza tenere conto del suo senso del tempo. Le collezioni che disegna sono sempre l'integrazione della collezione precedente: nessun capo va eliminato dal guardaroba, ma deve portare il segno del tempo e va integrato con altri capi che registrano solo l'evoluzione creativa della stilista. I tessuti sono assolutamente naturali, fin nei minimi dettagli. I bottoni possono essere battuti a mano uno per uno con il martello, dando un senso di pezzo unico a ogni singolo vestito. Nel suo spazio si respira un'atmosfera speciale. Opere di giovani artisti, vecchi tessuti, tende di seta, ferro battuto, ruggine e legno. Tutto, le forme e i materiali stessi che utilizza per i suoi abiti, parlano della storia delle cose. La consunzione come valore estetico, la rielaborazione del vecchio, del degrado, ma non in termini *punk*, rétro o nichilisti, come si potrebbe facilmente pensare, ma come nobilitazione della materia che si trasforma.

R.M. You can't talk about J. Morgan Puett's concept of fashion without taking her sense of time into account. The collections she designs are always fusions of some previous collection. No item is ever removed from her wardrobe so that, by betraying their age, they take their place alongside other garments that simply testify to the creative development of the stylist herself. The fabrics are all totally natural, right down to the last detail. Buttons may be individually hammered by hand to give each and every garment an aura of uniqueness. Puett's showroom of old fabrics, works by young artists, silk curtains, wrought iron, rust and wood has a very special atmosphere. Everything, including the designs and even the materials she uses for her garments, speaks of the history of things. Consumption becomes aesthetic, a reprocessing of deterioration and decay, though not as punk, rétro or nihilism as might easily be thought. Puett ennobles materials by transforming them.

● **Nella pagina a lato**: il negozio, ricavato nello spazio di un ex parcheggio è segnato dal carattere "non finito" del progetto: pareti rivestite da pannelli di acciaio arrugginiti, impianti a vista, arredi inventati con oggetti e pezzi raccolti dalla stessa J. Morgan Puett nella campagna della Pennsylvania. **In questa pagina**: un dettaglio di uno dei piani di lavoro; in tutto l'ambiente e nelle collezioni, realizzate in fibre naturali tinte artigianalmente, predominano attenzione e sensibilità verso la materia cruda e il naturale, sensibilità derivata da ricordi di vita rurale.

● *Facing page: the shop on the site of a former parking lot has a characteristic "unfinished" feel: rusted steel plate walls, exposed installations, furnishings made using objects collected by J. Morgan Puett herself in the Pennsylvania countryside. **This page:** a detail of one of the worktops; both the whole environment and the hand-dyed, natural-fibre collections display a sensitivity to and concern for raw, natural materials deriving from Puett's rural childhood.*

NEW YORK:
J. MORGAN PUETT

● **In queste pagine:** articolato su vari livelli, lo spazio si presenta come un ambiente particolarmente versatile e dinamico, una sorta di *work in progress*. Pareti di feltro intelaiato vengono impiegate come divisori delle varie zone di lavoro oppure racchiudono una struttura metallica formando camerini che, come macchine sceniche, si sollevano e abbassano con funi e carrucole.

● ***These pages:*** *the multi-level space is unusually flexible and dynamic, a kind of work in progress. Moveable felt partitions separate the various working areas and cover a metal frame to create changing rooms that can be raised and lowered with ropes and pulleys like theatre scenery.*

NEW YORK: STAFF USA INC.

progetto/*project* Flavio Albanese con/*with* Giovanni Giaconi e/*and* Richard Allon

R.M. Cinque piani per parlare di eleganza e di stile. Senza clamori né spettacolarità. Le collezioni di Alberto Biani, quella omonima e New York, uomo e donna, le creazioni di Vivienne Westwood e di Laura Urbinati, tutto parla di una moda colta, qualche volta provocatoria, ma sempre in termini estremamente raffinati. In ogni stanza una collezione diversa, per non confondersi e non perdersi nella quantità, per mantenere separati i pensieri e le suggestioni. I mobili trovati nei mercatini delle pulci danno un sapore intimo e rilassante oltre che una dimensione atemporale a tutta la casa. Ogni dettaglio è personale e unico. La stratificazione della storia della moda ridotta e interpretata in termini dinamici e moderni. A Stella Ishii è affidato il compito di castellana di questo palazzo del buon gusto.

R.M. *Five floors of elegance and style with none of the fashion world's usual razzmatazz, where Alberto Biani's own-label and New York men's and women's collections and the creations of Vivienne Westwood and Laura Urbinati present a cultivated image of fashion that is occasionally provocative but always uncommonly sophisticated. Each room houses a single collection to keep concepts and images separate and prevent visitors from being disoriented by the sheer number of exhibits. Flea-market furnishings create a relaxed, intimate atmosphere and confer a certain timelessness on the entire building and its collections. Every detail is personal and unique, and the stratifications of fashion history are clarified and given a modern, didactic slant. Stella Ishii performs the role of chatelaine in this citadel of impeccable taste.*

● **In questa pagina:** lo showroom è stato allestito per collezioni, ciascuna presentata in uno dei locali dei cinque piani dell'edificio costruito nel 1891 dall'architetto John Duncan (1855-1929), noto per i suoi eleganti edifici residenziali e per alcuni monumenti celebrativi a New York. **Nella pagina a lato:** dal pianerottolo d'ingresso del piano terreno verso uno dei saloni rimasto inalterato nella struttura e nelle decorazioni originali in stile neorinascimentale.

● ***This page:*** *the showroom has been organised to display collections individually in each of the rooms on the five floors of the 1891 building designed by architect John Duncan (1855-1929), well known for his elegant residential buildings and commemorative monuments in New York.* ***Facing page:*** *a view from the ground-floor entrance landing towards one of the rooms whose original Renaissance Revival style and decoration has been retained.*

• **Sopra:** la stanza di una delle collezioni. Le sedie di cartone sono di Joel Stern, un designer di Los Angeles specializzato in pezzi e oggetti di questo materiale. **A destra e nella pagina a lato:** altri interni dello showroom – un salottino, lo studio del presidente e coordinatrice Stella Ishii, una sala d'attesa. Oltre a mantenere inalterati la forza e il carattere dell'edificio di fine Ottocento, gli ambienti privilegiano scelte di funzionalità senza alcuna pretesa di design: gli arredi, scelti con il progettista dalla stessa Ishii e dai suoi collaboratori, provengono dai mercatini delle pulci e dalle strade di New York.

NEW YORK:
STAFF USA INC.

● **Facing page, above:** the room housing one of the collections. The cardboard chairs are by Los Angeles designer Joel Stern, who specialises in furniture and objects made from this material. **Below and this page:** other showroom interiors – a sitting-room, president and managing director Stella Ishii's office and a waiting-room. As well as preserving the distinctive character of the late nineteenth-century building, the interiors are oriented towards functionality rather than design as such: the furnishings, chosen by Ishii herself and her staff with the architect, were picked up in flea markets and off the streets in New York.

MILAN: THE ART OF SELLING

MILANO: L'ARTE DELLA VENDITA

Dove stanno andando le industrie italiane dell'arredamento e dove le loro strategie di vendita, quelle che hanno portato nel mondo l'immagine del *made in Italy*? Di fronte a un mercato sconvolto da una crisi (non solo economica) senza precedenti, molte posizioni acquisite vacillano sotto il peso di una memoria troppo forte e dell'incapacità di rinnovarsi, di comprendere i nuovi fenomeni della cultura del consumo. Aziende che spariscono, marchi che passano di mano in mano senza trovare un'autentica possibilità di sopravvivenza; ma anche imprese che si orientano verso un prodotto meno effimero, più duraturo e soprattutto più accessibile: sono i segni di una diversa maturità raggiunta dalla produzione italiana.

Where are Italy's furniture and furnishings manufacturers – and their sales strategies that have made Italian products famous the world over – heading now? In a market hamstrung by unprecedented problems (economic and otherwise), much of what has been achieved in the past is now threatened by rampant nostalgia and a general failure to keep abreast with the times and respond to changes in consumer culture. Some firms have gone out of business and brand-names have changed hands without acquiring any real guarantee of survival in the process, while other manufacturers have switched to less ephemeral and, above all, more affordable products: clear indications of a new awareness in the Italian industry as a whole.

DADRIADE

STEFANO CASCIANI. Partita negli anni Sessanta con un deciso orientamento verso un pubblico giovane e colto, Driade ha sposato negli anni Settanta la causa dei "sistemi", un modello abitativo di razionalità e rigore geometrico, perfettamente rappresentato dall'Oikos di Antonia Astori, a cui si è a lungo affiancato Enzo Mari, in una sorta di grande esperimento di normalizzazione. Negli anni Ottanta, fidando sulla stabilità garantita proprio dai sistemi (peraltro continuamente rinnovati e arricchiti di soluzioni differenziate, come gli arredi per cucina Driade Chef), l'azienda si è potuta impegnare in un grande progetto di ricerca e sperimentazione, sotto la guida di Enrico Astori. Basandosi fondamentalmente su gusti e intuizioni personali, questo architetto imprenditore è riuscito a comporre una ricca collezione di mobili e oggetti: eclettica certamente, ma proprio per questo molto rappresentativa di una fase di transizione del design internazionale. Progettisti come Starck, Sipek, Palterer, Tusquets hanno visto salire vertiginosamente le proprie quotazioni, in buona parte grazie alla collaborazione con Astori che ha consentito loro di sperimentare soluzioni, materiali e tecniche le più diverse, nella creazione di una nuova idea di arredamento, supportata e comunicata dall'intenso lavoro sull'immagine coordinata sviluppato da Adelaide Acerbi.

progetto/*project* Antonia Astori con/with William Bertocco and Vittorio Locatelli (Galleria del Design/Design Gallery) and Ingo Maurer (piano della luce/lighting design)

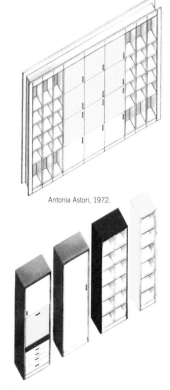

Antonia Astori, 1972.

S. C. Driade started in the sixties with products very much geared to young, sophisticated buyers. Later, in the seventies it championed the rational, geometrically rigorous home-design "systems" epitomised by Antonia Astori's "Oikos", a sort of large-scale experiment in standardisation which Enzo Mari has been involved with on and off for years. Thanks to the continuing success of these systems (they have been regularly updated and extended: one recent innovation is the Driade Chef kitchen range), the firm was able to embark in the eighties on a major research and development project headed by architect-entrepreneur Enrico Astori. Relying mostly on his personal taste and intuition, Astori assembled a plentiful collection of furniture and objects that was undeniably eclectic, but for that reason all the more representative of a transitional phase in international design. Designers like Starck, Sipek, Palterer and Tusquets rocketed to stardom largely thanks to their work with Astori, who enabled them to experiment with a wide range of methods, materials and techniques and create a new interior design concept that was subsequently packaged and marketed by Adelaide Acerbi's systematic image coordination. Now, midway through the nineties, Driade has changed identity yet again. While remaining faithful to its pioneering research traditions, it has re-

→

→

● "la Galleria" con una raccolta dei mobili di Philippe Starck per la collezione Aleph. Nella grande parete *wunderkammer* oggetti della collezione Follies. Le lampade e l'illuminazione sono state ideate da Ingo Maurer.
● *The "Gallery" with a display of Philippe Starck furniture for the Aleph collection. On the large wunderkammer wall, objects from the Follies collection. Ingo Maurer designed the lamps and all the other lighting.*

Enzo Mari, 1972.

Antonia Astori, 1985.

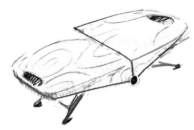

Ron Arad, 1994.

UBIK

Philippe Starck, 1985.

Borek Sipek, 1987.

←

Oggi, alla metà degli anni Novanta, è ormai maturata un'altra identità dell'azienda: sensibile al fenomeno di "popolarizzazione" del design, senza rinnegare la propria tradizione di ricerca, Driade si orienta su una strada forse più difficile ma non meno interessante: la creazione di una serie di mobili che siano al tempo stesso soluzioni progettuali innovative ma anche, a tutti gli effetti, prodotti seriali, commercializzati a costi "accessibili": un primo segno lo ha dato l'anno scorso la sedia "Lord Yo" di Starck per Aleph. Un'intera nuova linea, chiamata Atlantide, che verrà presentata in aprile, è dedicata proprio a concretizzare questa intenzione autenticamente industriale.

Lo spazio a Milano denominato dadriade ha una funzione fondamentale nella nuova strategia: per questo è stato pensato non solo come luogo di vendita ma anche come una sorta di "Galleria del design", un centro dove trovare oggetti – non solo mobili, non solo prodotti di Driade – che in qualche modo fanno parte di una stessa idea di arredamento: colta ma non elitaria, "popolare" ma non volgare. Il luogo sembra piuttosto orientato ad attrarre il pubblico invece che a respingerlo, come solo la freddezza di certi negozi-templi del design ha potuto fare in passato. La lunga parete a vani incassati ideata da Bertocco e Locatelli diventa il segno più evidente di questa intenzione, una specie di *wunderkammer* verticale dove trovare di tutto, dai cristalli di Boemia di Sipek alle radio di plastica di Starck, davanti a cui soffermarsi, osservare e perfino toccare i piccoli feticci del quotidiano. Al termine del lungo, articolato succedersi di stanze intorno al piccolo patio attende il visitatore un luogo conviviale, dove potrà fermarsi, anche solo per conversare. L'idea sembra ispirata dai negozi orientali, dove viene sempre offerto al cliente qualcosa, fosse solo una tazza di tè: e l'Oriente, quello estremo, è uno dei luoghi che ricorrono nelle intenzioni e nei discorsi degli Astori; poeticamente, ma anche concretamente. Il prossimo "negozio" Driade si aprirà a Hong Kong.

● **Nella pagina a lato:** l'allestimento di Natale per "la Galleria". In primo piano, vasi di cristallo e vetro soffiato di Borek Sipek per Follies. I supporti autoilluminanti sono stati ideati da Bertocco e Locatelli. Nella parete di fondo, oggetti d'uso scelti da altre produzioni, come Alessi, Danese, Owo, Thomson.
● *Facing page: the "Gallery" Christmas display. In the foreground, crystal and blown-glass vases by Borek Sipek for Follies. The self-illuminating stands were designed by Bertocco and Locatelli. On the back wall, selected everyday objects by other makers like Alessi, Danese, Owo and Thomson.*

←

sponded to the current "popularising" of design by embarking on a possibly more difficult though no less exciting venture: the creation of a truly innovative furniture range that can also be mass produced and marketed at "affordable" prices. Starck's "Lord Yo" chair launched last year by Aleph was an early indication of the trend, and the new "Atlantide" range scheduled for next April will consolidate Driade's genuinely industrial strategy.

The dadriade showroom in Milan is fundamental to its new thinking. Designed less as a sales point and more as a kind of "design gallery", it exhibits objects – not just furniture, and not just Driade products either – that in some way share a similar interior design concept: sophisticated but not elitist, "popular" without looking cheap. The showroom seems designed to attract customers rather than deter them with the chilly haughtiness some big-name design stores have cultivated in the past. Bertocco and Locatelli's long, alcoved wall – a kind of vertical *wunderkammer displaying everything from Boris Sipek Bohemian crystal to Philippe Starck plastic radios – is the most obvious manifestation of the new approach, which encourages people to stop, look at and even touch these harmless everyday fetishes. The long sequence of rooms leads visitors round a small patio to an attractive lounge where they can sit down and relax or just stop for a moment and talk, very much in the manner of Oriental stores, where customers are always offered something, if only a cup of tea. Significantly, the Far East features practically as well as poetically in Astori's current plans and thinking: Driade's next "store" is to open in Hong Kong.*

● **Sopra:** nel disegno in pianta sono individuate le diverse zone dello spazio dadriade. **Nella pagina a lato:** "la Piazza" vista verso "la Galleria". Tappeto di Luciano Bartolini; tavolo "Cafè" e carrello "Betsy" di Elliott Littmann per Eidos; divano "Canoviano" di Flavio Albanese per Driade Soft; tavolini sovrapponibili e libreria "Columnata" di Oscar Tusquets per Aleph; libreria "Kaos" di Antonia Astori per Oikos; tavolino con piano circolare di cristallo di Enzo Mari; lampadari "Birds, Birds, Birds" di Ingo Maurer.

● *Above:* the plan shows the layout the dadriade shop. *Facing page:* a view of the "Piazza" towards the "Gallery". A Luciano Bartolini rug, an Elliott Littmann "Cafè" table and "Betsy" trolley for Eidos, a Flavio Albanese "Canoviano" sofa for Driade Soft, an Oscar Tusquets nest of tables and "Columnata" bookcase for Aleph, an Antonia Astori "Kaos" shelving unit for Oikos, an Enzo Mari round-topped crystal table and Ingo Maurer "Birds, Birds, Birds" chandeliers.

● **Sopra:** tavolo rotondo apparecchiato con tovaglia di plastica di Claudio La Viola per Zani e Zani e servizio di piatti "Guermantes" di Boris Sipek per Follies. **A lato:** sul tavolo ovale, "Albertine", un altro servizio di piatti di Borek Sipek per Follies.
● *Above:* round table laid with a Claudio La Viola plastic cloth for Zani e Zani and a "Guermantes" dinner service by Borek Sipek for Follies. *Opposite:* on the oval table, "Albertine", another dinner service by Borek Sipek for Follies.

DADRIADE

● **Sopra:** "l'Officina", allestita con una zona office (Driade Chef). Contenitori del sistema Oikos; tavolo "Affusoalato" di Adolfo Natalini per Periplo; sedie "Abanica", di metallo e midollino, di Oscar Tusquets per Aleph. **A sinistra:** una stanza de "la Piazza" verso la corte interna; poltrona "Arianna" di Rodolfo Dordoni per Driade Soft e paravento "Bagatelle" di Dan Friedman per Follies. **Nella pagina a lato:** "la Veranda", vista dal piccolo patio. Poltroncine "Lord Yo" e tavolino "Clown" di Philippe Starck; i vasi di cristallo e vetro di Sipek poggiano sulle colonne "Kora" di Elliott Littmann. Sulla parete di fondo, tra le colonne, la libreria "Columnata" di Oscar Tusquets.

● **Above:** the "Worshop" with an office area (Driade Chef). Oikos storage units and Adolfo Natalini "Affusoalato" table for Periplo; Oscar Tusquets "Abanica" metal and wicker chairs for Aleph. **Left:** a view of a "Piazza" room towards the inner courtyard; a Rodolfo Dordoni "Arianna" armchair for Driade Soft and a Dan Friedman "Bagatelle" screen for Follies. **Facing page:** the "Verandah" seen from the small patio. Philippe Starck "Lord Yo" easy chairs and a "Clown" table; the Sipek crystal and glass vases are displayed on Elliott Littmann "Kora" columns. On the back wall between the columns, an Oscar Tusquets "Columnata" bookcase.

MAGAZZINI CAPPELLINI

STEFANO CASCIANI. Se c'è un'azienda che dalla fine degli anni Ottanta ha creato un nuovo modo di presentare il prodotto d'arredamento, questa è sicuramente la Cappellini: indimenticabili sono i suoi effimeri allestimenti *fauve* collegati a luoghi e immagini della moda, dal primo loft di Romeo Gigli alla Fabbrica del Vapore, sorta di percorsi allucinatori tra *world music* e nebbie lombarde.

Tanto straordinari sono stati questi showroom ambulanti, quanto "normale" (e perciò straordinaria, in un'epoca dove l'anormalità è la regola) era la produzione in essa presentata. In un esperimento pressoché unico nella storia recentissima del design, le collezioni Cappellini (International, Mondo, Dal Mondo, Progetto Oggetto) sono state infatti il tentativo riuscito di coniugare eclettismo e *streetwisdom*; quel non-stile di impronta internazionale, sempre in bilico tra semplicità ed eccentricità, che nasce sostanzialmente nel clima spietato delle metropoli, da cui però nascono effetti di struggente poesia: dall'ebbrezza dei contenitori di Shiro Kuramata alla solitudine della "Thinkingman's Chair" di Jasper Morrison.

Anche questo va riconosciuto a Cappellini: aver scoperto (se non inventato) alcuni dei più famosi giovani designer internazionali, da Morrison a Dixon, da Newson a Grcic e Cabeza, senza per questo negare spazio all'intervento dei loro coetanei italiani.

Tutta questa complessità e contraddizione si è espressa in mobili, per quanto singolari, comunque dotati di una producibilità e di una funzionalità vicine a quelle di veri manufatti industriali. Sembrava logico quindi che a fronte della crisi peggiore di questo dopoguerra, davanti al ritrarsi del pubblico dalle costose bizzarrie postmoderne di massello di noce, questi mobili emergessero come prototipi di un nuovo *industrial design*.

Per fare il salto decisivo nella realtà essi richiedevano però anche una formula distributiva diversa, meno snobistica e più aperta. Da qui l'un-

→

progetto/*project* Jasper Morrison

Shiro Kuramata, 1970.

Konstantin Grcic, 1994.

S. C. *If any firm has created a new way of presenting furnishing products since the late eighties, it is certainly Cappellini. Its evanescent, Fauvist designs linked to fashion showrooms and related events – they range from Romeo Gigli's first loft to the Steam Factory, a hallucinatory orchestration of world music and Lombard fog – have been truly memorable.*

These travelling showrooms were as "extraordinary" as the merchandise presented in them was "ordinary", with the paradoxical result that the products themselves seemed "abnormal" because abnormality was the rule at the time. In an experiment almost without precedent in recent design history, the Cappellini collections (International, Mondo, Dal Mondo, Progetto Oggetto) successfully combined eclecticism with street wisdom to produce an international non-style – a cross between simplicity and eccentricity – that was mainly a reflection of hard-nosed big-city living, although Shiro Kuramata's rapturous containers and Jasper Morrison's lonely-looking "Thinkingman's Chair" showed that it had a poetical side as well.

Cappellini must also take the credit for discovering (or even inventing) some of the world's most celebrated young designers like Morrison, Newson, Dixon, Grcic and Cabeza, though not to the exclusion of their Italian contemporaries.

All this complexity and incongruity found its expression in Cappellini furniture that was certainly unusual, but in the end no less functional or more difficult to manufacture than genuine mass-produced articles. So when the world's worst postwar recession began to bite and buyers became disenchanted with costly solid-walnut postmodern extravaganzas, it seemed only logical that Cappellini would discover it already had the prototypes for a new kind industrial design.

And yet they couldn't make their break into the real world until a new distribution formula – something less off-putting, less snobbish – had

→

Marc Newson, 1993.

Jasper Morrison, 1988.

←

been devised. The name of the first new "shop" to pioneer the concept – the magazzini in Magazzini Cappellini "means "warehouse" or "store" – was already reassuringly understated, and although it opened in Milan's exclusive Via Monte Napoleone, the shop projected the provocative image of an industrial emporium that could sell you anything from ordinary towels and ultra-minimalist Andreas Brandolini ashtrays to Marc Newson sculpture-sunbeds and Alessandro Mendini "Proust" confetti-bomb armchairs.

The obvious discrepancy between the luminous tranquillity of its new design shopping centre (like the dadriade showroom, it offers an excellent alternative to presumptuous contemporary design museum-stores) and the scenic installations that relieved the gloom of long après-Furniture-Show evenings, doesn't seem to worry Cappellini. Criticism from apprehensive devotees of the old-style Cappellini who fear a hardening of the firm's creative arteries is best dealt with by pointing to widespread interest in opening more sales points based on the Magazzini formula.

Mini-Maximal franchising is another of the unexpected novelties people will have to get used to as the century draws to a close.

←

derstatement, già nel nome, del primo "negozio" dedicato a questa formula: quei Magazzini Cappellini che, aperti nella sfarzosa Monte Napoleone, mostrano provocatoriamente la tranquilla immagine di un emporio industriale dove trovare in vendita quasi tutto, dagli asciugamani alle sdraio-sculture di plastica di Marc Newson, dai posacenere ultraminimalista di Andreas Brandolini a quell'autentica bomba a coriandoli che è la poltrona "Proust" di Alessandro Mendini.

La differenza tra la luminosa quiete di questo Design-Shopping Centre (che, come lo spazio dadriade, sostituisce benissimo i presuntuosi musei del design contemporaneo) e le scenografiche installazioni che hanno rischiarato le tristi notti del Salone del Mobile non sembra preoccupare Cappellini. La migliore risposta alla perplessità dei fan storici, che temono forse un irrigidimento creativo dell'azienda, sono le diverse richieste di poter aprire un po' ovunque altri punti vendita basati sulla formula dei Magazzini.

Il franchising dell'oggetto Mini-Maximal è un'altra delle imprevedibili novità di questa fine secolo a cui bisognerà abituarsi.

Rodolfo Dordoni, 1984.

Giulio Cappellini e Rodolfo Dordoni, 1981.

● **Nella pagina a lato:** dal cortile
d'ingresso verso il negozio; sul fondo
la scala alle gallerie del piano superiore,
in primo piano "B.B. Bookcase" di Jasper
Morrison. **In questa pagina:** l'allestimento
al piano terreno; candele e vasi
di terracotta per Magazzini Cappellini,
chaise-longue di Marc Newson e sedia
"S. Chair" di Tom Dixon.

● *Facing page: a view from the entrance
courtyard towards the shop with the stairs
to the upper floor; in the foreground,
a Jasper Morrison "B.B. Bookcase".*
This page: *the entrance-level exhibit:
Magazzini Cappellini candles and vases,
a Marc Newson chaise-longue and a
Tom Dixon "S. Chair".*

● Il piano terra del negozio che dà sul cortile interno di via Monte Napoleone; in primo piano, tavolo e vasi per Mondo.
● *The ground floor of the shop flanking the internal courtyard in Via Monte Napoleone; in the foreground, a Mondo table and vases.*

MAGAZZINI CAPPELLINI

● **Sopra:** una veduta del primo piano verso il soppalco che è interamente dedicato alla zona notte. **Sotto:** il corridoio al piano superiore; a destra, divano "Three Sofa Regular" di Jasper Morrison, sistema Windows dello Studio Cappellini e contenitori da muro per medicinali "9208" di Thomas Eriksson per Progetto Oggetto.

● **Above:** *a view of the first floor towards the mezzanine area entirely devoted to bedroom furnishings.* **Below:** *the upper-floor corridor; on the right, a Jasper Morrison "Three Sofa Regular", Studio Cappellini's Windows system and Thomas Eriksson "9208" medicine cabinets for Progetto Oggetto.*

● **Sopra:** in vetrina: da sinistra, poltrona "Bird" e due varianti della sedia "S. Chair" di Tom Dixon, mobile Windows e, in secondo piano, sedia "1949" di Ico Parisi e libreria "ABC Aluminium Bookcase" di Alberto Meda. **Sotto:** in primo piano, sedie "Basic" dello Studio Cappellini nel corridoio espositivo al piano superiore.

● *Above:* the window: from left to right, a Tom Dixon "Bird" armchair and two versions of his "S. Chair", a Windows unit and, further back, an Ico Parisi "1949" chair and Alberto Meda "ABC Aluminium Bookcase". ***Below:*** in the foreground, Studio Cappellini "Basic" chairs in the upper-floor exhibition corridor.

I materiali del classicismo modernista riproposti originalmente in uno showroom messicano ■ *Classic modernist materials take on a new slant in a Mexican showroom*

● **In queste pagine:** il negozio si presenta come una scatola trasparente a tre piani segnata su due lati dalle ortogonali della struttura di acciaio. L'ampia vetrina permette di spaziare visivamente tra le collezioni di classici del design, come le sedute di Mies van der Rohe, Le Corbusier e Breuer prodotte da Knoll, in primo piano.

● *These pages: the shop is a three-storey transparent cube with the orthogonal grid of its steel structure visible on two sides. The spacious window offers ample room for displays of design classics like (in the foreground) Mies van der Rohe, Le Corbusier and Breuer chairs produced by Knoll.*

MODA IN CASA

STEFANO CASCIANI Se per opera di un mago questa scatola vetrata venisse proiettata intatta, con tutto il suo contenuto, all'interno di uno dei tanti sonnacchiosi musei di arti decorative sparsi per l'Occidente, sarebbe un bel colpo; verrebbero così risolte velocemente le diatribe tra museo vivo e museo morto, tra passività e interattività del visitatore, tra ansie dei curatori e ambizioni dei produttori di arredo, desiderosi di poter mettere su un'apposita etichetta la menzione "Collezione Museo di...". Evidentemente nell'intenzione del committente Moda in Casa c'era la volontà di permettere a chiunque di vedere o rivedere i più bei mobili contemporanei dentro un'architettura altrettanto attuale, come in un museo ma senza pagare il biglietto. Il gesto progettuale compiuto dai TEN Arquitectos col brillante negozio di Avenida de las Palmas è inequivocabile. Dall'incrocio tra secchi piani di cemento e una maglia ortogonale di pilastri di acciaio risulta una gigantesca vetrina su

→

progetto/project TEN Arquitectos, Enrique Norten and Bernardo Gomez Pimienta

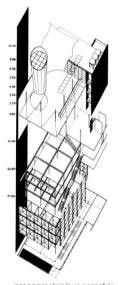

assonometria/axonometric

S. C. *How marvellous it would be if a magician could somehow beam this glass cube and its contents into one of the West's sleepy decorative arts museums! How speedily this would settle all the arguments about living and dead museums, the bickering over passive and interactive visitors, the conflicting claims of concerned curators and ambitious manufacturers who dream of "Museum of X Collection" furniture labels! Obviously, one major priority of the client, Moda in Casa, was to give everyone a chance to see, or see again, the best in contemporary furniture in an equally relevant architectural setting, like a museum where you don't have to pay to enter. The architectural message of TEN Arquitectos' brilliant Avenida de las Palmas store certainly come across loud and clear. Plain concrete floors and an orthogonal mesh of steel pillars combine to form a huge, three-storey showcase displaying a choice selection of design classics whose modernity is evident to even*

→

● **Sopra:** uno degli spazi espositivi al secondo piano, allestito con pezzi di serie di produzione Knoll; le sedie in tubo curvato sono di Mies van der Rohe. **A destra e nella pagina a lato:** il negozio è un grande spazio aperto sia in pianta che verticalmente; la sua verticalità è accentuata dalla trasparenza dei pavimenti a griglia delle gallerie ai vari piani.

● **Above:** one of the second-floor exhibition areas with a display of Knoll mass-produced furniture; the curved tubolar steel chairs are by Mies van der Rohe. **Left and facing page:** horizontally and vertically, the shop is a large single space; its vertical reach is accentuated by the transparent floor grids of the galleries on the various floors.

←
tre livelli, per l'esposizione di una scelta collezione di classici del design, che lancia anche al passante e all'automobilista più distratto il messaggio della modernità. Per quanto ripetuto e da questa ripetizione reso quasi obsoleto, quel messaggio trova qui una veste sorprendentemente nuova: si è portati a riguardare le più note "macchine per sedersi", dalla chaise-longue di Le Corbusier a quella veramente principesca di Mies van der Rohe, con occhio diverso, a riconsiderarne la ricchezza formale e materica e a ripensarne la possibilità d'uso negli ambienti contemporanei.

MODA IN CASA

←
the most inattentive motorist or person in the street. Though now so often repeated as to be virtually obsolete, the message comes across here with a surprising fresh-ness that encourages you to reappraise the formal and physical excellence of celebrated "sitting machines" like Le Corbusier's magnificent chaise-longue or Mies van der Rohe's truly noble chair and rethink how they might be used in today's interiors.   S.C.

UNIVERSITIES AND LIBRARIES

School of Education

Scuola superiore di educazione

La più recente opera dell'architetto portoghese può considerarsi un commentario critico sulla natura e un atto di fiducia nelle capacità trasfiguranti del progetto.

The Portuguese architect's most recent work can be seen as a critical commentary on nature and a declaration of faith in the transforming power of architecture.

progetto/*project* Álvaro Siza
collaboratori/*collaborators* J.P. dos Santos, J.N. Monteiro, J.P. Xavier, T. Faria, H. Torgo, P. de Weck, A. Graf

FULVIO IRACE Nell'ultima edizione (1993) della sua fortunata *Storia dell'Architettura Moderna* Kenneth Frampton ha indicato nel nuovo edificio di Álvaro Siza per la Facoltà di Architettura di Porto (1991) un "manifesto" ideologico e culturale da mettere sullo stesso piano della Bauhaus di Dessau e della Hochschule für Gestaltung di Ulm.
Conoscendo di Siza la natura schiva e poco propensa all'astrazione teorizzante, esiteremmo alquanto ad attribuire a questo suo recente edificio universitario lo stesso valore programmatico dell'opera di Porto: esso tuttavia si inserisce nello stesso solco della Scuola di Architettura, a partire innanzitutto dalla caratteristica configurazione a 'U' che, secondo Siza, consente agli edifici isolati di captare maggiormente dall'esterno il paesaggio e la luce.
Come quasi tutta la sua architettura, infatti, anche questa Scuola di Setubal può considerarsi un commentario critico sulla natura e un atto di fiducia nelle capacità trasfiguranti del progetto. Compiendo uno straordinario esercizio di complessità nella semplicità, l'architetto portoghese propone un lavoro di mi-

continua a pagina 140

F. I. *In the latest edition (1993) of his popular* History of Modern Architecture, *Kenneth Frampton points to Álvaro Siza's new Faculty of Architecture building in Porto (1991) as an ideological and cultural manifesto that ranks with the Bauhaus in Dessau and the Hochschule für Gestaltung in Ulm.*
Knowing Siza's natural reserve and aversion to abstraction, I would hesitate to attribute the same programmatic significance to his recent building in Setubal, although with its characteristic U-shaped layout, which according to Siza allows isolated buildings to capture more external landscape and light, it is very much in the same mould as the Faculty of Architecture.
Like almost all Siza's architecture, the School of Education in Setubal can be seen as a critical commentary on nature and a declaration of faith in transforming power of architecture, an extraordinary essay on the complexity of simplicity which has resulted in a buildling that makes only slight modifications to the accepted concept of regular layout and variable section. "One essential element in understanding the layout of the School," says Siza, "is the striking difference in size between the large spaces (gyms, great hall, etc.) and the sequence

continued on page 142

● **Nella pagina a lato:** vista del portico a doppia altezza; sulla sinistra l'elemento che segnala l'inizio della rampa d'accesso al ballatoio.
● *Facing page: view of the double-height portico; on the left, the signpost for the access ramp to the balcony.*

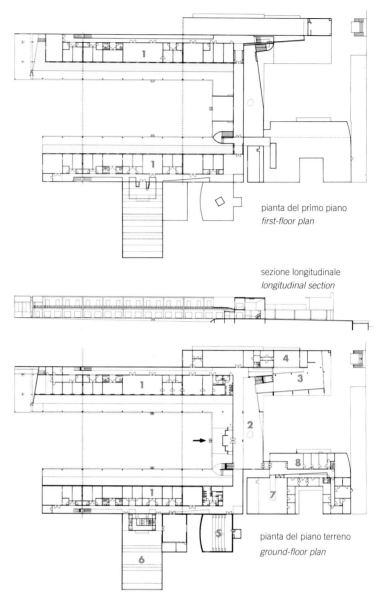

pianta del primo piano
first-floor plan

sezione longitudinale
longitudinal section

pianta del piano terreno
ground-floor plan

1. aule e laboratori/*classrooms and laboratories*; **2.** sala esposizioni/*exhibition room*; **3.** mensa/*dining hall*; **4.** cucina/*kitchen*; **5.** auditorium; **6.** palestra/*gym*; **7.** biblioteca/*library*; **8.** sale di studio/*study rooms*
in colore il ballatoio/*in colour the balcony*

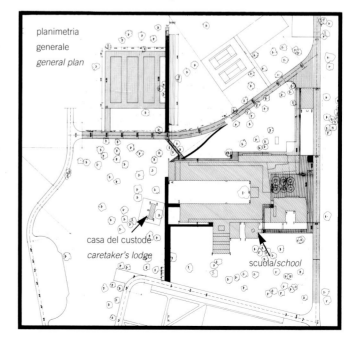

planimetria generale
general plan

casa del custode
caretaker's lodge

scuola/*school*

School of Education

● **Sopra:** vista del patio centrale;
ai lati: dettagli del portico
caratterizzato dalla singolare
sezione ovoidale dei pilastri.
● ***Above:*** *view of the central
patio;* ***left and right:*** *details
of the portico with its unusually
oval-section columns.*

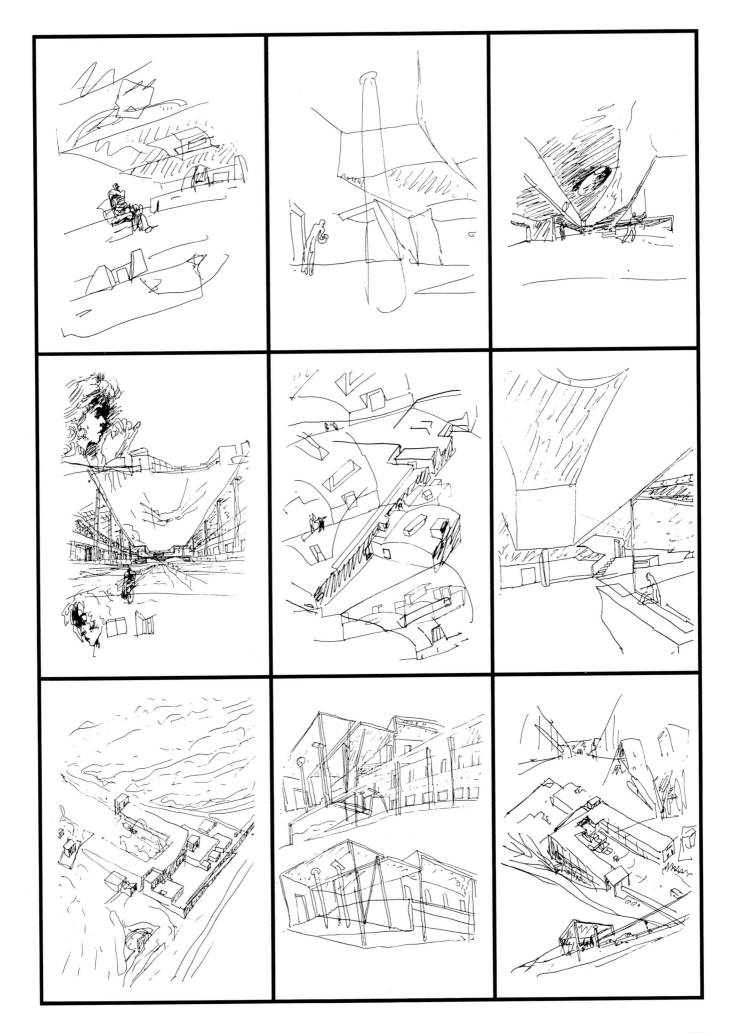

da pagina 136

nime modificazioni sul tema della pianta regolare e su quello delle sezioni variabili: "Un elemento determinante per comprendere l'impianto della scuola", dice Siza, "è la notevole diversità dimensionale tra le grandi sale (palestre, aula magna eccetera) e una serie di aule piccolissime di cui era composto il programma. Scegliere una tipologia a patio significava rendere palese tale diversità. Ho posto i grandi volumi al di fuori dello schema generale a doppia 'U' per poter manipolare le loro dimensioni, l'altezza e la diversità dei volumi in una forma molto libera".

Nella costante ricerca di quell'essenzialità che egli attribuisce a tutti gli impianti distributivi complessi, Siza riesce dunque a reiterare la sua straordinaria capacità di far lievitare dalla semplicità un paesaggio di sottili distorsioni: senza declamazioni retoriche, introduce nella scansione regolare della pianta impercettibili disassamenti prospettici, lievi inclinazioni dei volumi secondari, infinitesime rotazioni di elementi accessori, come le scale, per modo che ne risulti al costruito quella poetica articolazione di slittamenti che rendono le sue architetture tanto difficili da sintetizzare nella restituzione fotografica.

Isolata in aperta campagna, a completamento di un'area già occupata da altri edifici universitari, la Scuola risente oggi dello stravolgimento dei sistemi d'accesso studiati da Siza, per via di un recente tracciato autostradale che divide il complesso dall'area naturale. Non ne risultano intaccate però l'eleganza dell'esecuzione e la disinvolta scioltezza degli spazi sapientemente intersecati da morbidi tagli di luce: permeabile alle vibrazioni dell'atmosfera, il gioco delle "scatole" traforate e dei lunghi bracci porticati caratterizza il villaggio degli studi come l'ennesima invenzione di un paesaggio fatto di natura e di un po' di architettura.

School of Education

● **Sopra:** particolare della scala che dall'ingresso si proietta all'esterno; **a destra:** il fianco della palestra con i volumi aggettanti per consentire una migliore illuminazione. **Nella pagina a lato:** l'ingresso principale.

● **Above:** detail of the staircase that rises outwards from the entrance; **right:** the flank of the gym with jutting volumes to allow more light in. **Facing page:** the main entrance.

from page 136

of tiny rooms specified by the brief. I placed the large volumes outside the general U-shaped scheme so that I could manipulate their size, height and variety of volume in a very free way."

Thus, in his ceaseless endeavour to achieve the simplicity he claims to find in all complex building layout, Siza has demonstrated once again his extraordinary ability to conjure from simplicity a landscape of subtle distortions. With no rhetorical fuss whatever, he has taken a regular ground plan and introduced imperceptible shifts of axis, slight tilts in secondary volumes and minuscule rotations of accessory fittings like stairs to produce a poetics of off-centredness that is extremely difficult to convey in photographs.

The School stands alone in open countryside and was intended to complement an existing area of university buildings, but a motorway that now runs between the complex and its natural site has made a mess of Siza's original system of access roads. Fortunately, this has not impaired the fascination of his stylishly executed, effortlessly fluent spaces skilfully dissected by unobtrusive cuts that let through light. His integrated assembly of pierced boxes and long porticoed wings absorbs vibrations from the atmosphere, making this university community the latest in a long line of landscape inventions based on nature and just a little architecture.

School of Education

● **Sopra:** la sala mensa affacciata verso il cortile secondario; **a destra:** veduta della palestra illuminata naturalmente e artificialmente dall'alto.

● ***Above:*** *the dining hall flanking the smaller courtyard;* ***right:*** *view of the gym with combined natural and artificial overhead lighting.*

Student housing

Alloggi per studenti

progetto/*project* Jeremy Dixon ed/*and* Edward Jones

A.C. Di fronte alla bellezza di questo paesaggio sulla Dee, due erano le opzioni possibili per i progettisti: procedere con cautela, proteggendo il luogo dalla loro personalità espressiva, o con audacia, come si è fatto, mostrando senza infingimenti l'intervento.

Tutto ha origine dall'idea di torre, una tipologia affascinante, ma abusata, che nel campus Garthdee della Robert Gordon University, poteva riscattarsi, dato il felice accordo che si instaurava fra tipo, contesto, destinazione, e anche tradizione: la casa a torre è nella storia delle Grampian Mountains scozzesi. Poi la scelta del luogo, dove potessero essere visti meglio i due nuovi *residence* studenteschi.

Viene infine la forma: un parallelepipedo e un cilindro. Il primo serve a nascondere la brutta propaggine cementizia del teatro del *campus*, anteponendovisi sul prato digradante verso il fiume e facendo eco alle forme tradizionali della Scott Sutherland House sullo sfondo; il secondo, invece, è isolato in mezzo al verde, ma sovrastante gli alberi. Questo è il luogo della poesia; l'altro, il regno della convivialità.

Affermazione/negazione e novità/tradizione si alternano nell'ambiguità. C'è desiderio di fare ma, insieme, di riposare nel *genius loci*: l'architettura è nuova, ma anche antica e quasi autoctona: è un restauro o una costruzione? L'eroismo della volontà sembra stemperarsi in un *cupio dissolvi*.

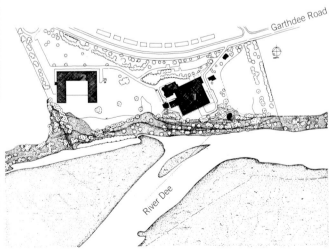

planimetria generale/*general plan*

1. Scott Sutherland School of Architecture; 2. Gray's School of Art;
3. torre quadrata/*square tower*; 4. torre rotonda/*round tower*

● Gli alloggi per studenti sono inseriti in due torri – quadrata l'una, a nascondere la brutta propaggine del teatro del *campus*, rotonda l'altra, isolata tra gli alberi sulle rive del fiume Dee – che reinterpretano una tipologia storica delle Grampian Mountains scozzesi.

● *Student housing is located in two towers that repeat a historical typology in the Grampian Mountains of Scotland – one is square, hiding the ugly mass of the campus theatre; the other is round, and stands alone among the trees on the banks of the River Dee.*

A. C. *The beautiful site on the River Dee presented the architects with two options: either to proceed with caution and keep personal statement to a minimum, or (as they decided to do) seize courage with both hands and make no bones about the intervention they were making.*

Their basic inspiration was the concept of the tower, a fascinating though much abused typology which in Garthdee is redeemed from mundanity by a fortunate coincidence type, context, use and also tradition – the tower house is a historical feature of Scotland's Grampian Mountains.

Then the right site had to be found to show the two new student residences to best advantage. Finally, there was form: a parallelepiped and a cylinder. The first, on the lawn sloping down to the river, masks the ugly concrete huddle of the campus theatre behind it and echoes the traditional outline of Scott Sutherland House in the background; the second stands isolated in the fields but rises above the trees. Thus, the cylinder is a place of poetry, while the parallelepiped belongs to the realm of conviviality. Statement and negation, innovation and tradition alternate in a weave of ambiguity: there is a desire both to create and come to rest in the genius loci. The architecture is new, but it also seems ancient and almost autochthonous: is this restoration or construction? The heroism of will seems to disperse in a cupio dissolvi.

● **Nella pagina a lato:** la torre rotonda ospita trenta alloggi. All'interno, il blocco ingresso-cucina-piccolo soggiorno fronteggia le scale e l'ascensore, posti in volumi aggettanti; il corridoio circolare collega il blocco centrale dei servizi alle camere da letto. All'ultimo piano, il grande soggiorno comune si affaccia sul terrazzo panoramico. **A destra:** la torre quadrata ospita venti alloggi. La distribuzione interna è analoga a quella della torre rotonda. Gli spazi comuni sono concentrati all'ultimo piano e si affacciano sul terrazzo; ogni piano riunisce cinque camere da letto, una cucina, un piccolo soggiorno e il blocco servizi.

● *Facing page: the square tower contains twenty student rooms. The interior layout of this and the other round tower are the same. The common rooms are on the top floor opening onto the terrace; each floor has five bedrooms, a kitchen, a small common room and a services block. Left: the round tower contains thirty student rooms. Inside, the entrance-kitchen-small common room block faces the stairs and lift in the jutting volumes; the circular corridor links the central services block to the student bedrooms. On the top floor, the large common room opens onto the panoramic terrace.*

Darwin Study Centre

Centro Studi Darwin

progetto/*project* Jeremy Dixon ed Edward Jones

A.C. Il Centro Studi Darwin a Cambridge è un piccolo edificio come lo sono gli ambienti inglesi tradizionali, raccolti, protettivi e confortevoli. D'altronde lo spazio a disposizione non è grande: una striscia rettangolare tra Silver Street e il fiume Cam. L'obiettivo di progetto era di fornire un luogo attrezzato e gradevole in cui gli studenti *postgraduate* potessero studiare al meglio. Si è così evitata ogni rigida specializzazione funzionale, moltiplicando al contrario il numero di ambienti formali e informali dove si potesse lavorare isolati o in gruppo, ritrovarsi o riposare. Si respira ovunque un forte senso di libertà e comfort quasi familiare.

Protetto verso la strada da un muro dal profilo concavo, aperto solo sotto gronda da un nastro finestrato, il basso edificio si apre verso il fiume su due livelli sopra lo zoccolo murario della sala dei computer. La tessitura dei pannelli vetrati è di ridotte dimensioni. I materiali edilizi hanno un ruolo di primo piano nel creare questa particolare atmosfera. Vi domina il legno di quercia per le strutture a vista, i rivestimenti, le finestre, i pavimenti, gli scaffali per i libri e i diversi arredi, mentre le parti murarie sono di cotto. Il luogo appare antico e solo rinnovato con l'aggiunta di interventi che all'esterno sembrano informali e quasi provvisori, come la balconata sul fiume, sospesa su esili puntoni diagonali. Naturalmente, l'"arretramento" dei progettisti è solo apparente; eppure il loro "gioco" pare funzioni, se non altro perché il comfort interno e le libertà degli studenti sono certamente assicurati.

A. C. The Darwin College Study Centre in Cambridge is a small building – cosy, protective and easy to live with, like all traditional English environments – and the site, a rectangular strip between Silver Street and the River Cam, is small anyway. The aim of the project was to provide a place where postgraduate students could study in comfortable, well equipped surroundings, so all feeling of functional specialisation has been carefully avoided. On the contrary, the building provides a wide variety of formal and informal environments where students can work alone or in groups, socialise or relax. The result is a pervasive feeling of freedom and almost domestic comfort.

Protected from the street by a concave wall, and windowless except for a glazed strip just under the eaves, the low building opens towards the river on two levels above the masonry plinth of the computer room. The mosaic of glazed panels is small, and materials play a central role in creating the special atmosphere – oak has been used for exposed structures, internal claddings, windows, floors, bookshelves and other furnishings, and the masonry walls are brick. The building looks old, as if refurbished with additions that from the outside seem informal and almost temporary, like the river balcony suspended on slender diagonal struts. Naturally, the architects' "reticence" is apparent rather than real, but their "game" seems to work, if only because it undoubtedly gives students the indoor comforts and freedom it was designed to achieve.

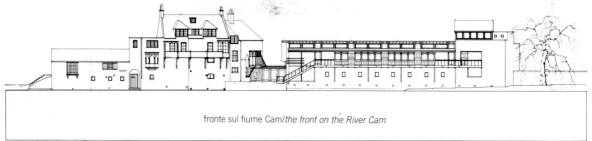

fronte sul fiume Cam/*the front on the River Cam*

● Nelle foto: l'inserimento del Centro Studi lungo il fiume Cam. Al di sopra dello zoccolo murario corrispondente alle sale dei computer, l'edificio si articola su due livelli di ambienti vetrati dove lavorare in gruppo, dominati dalla sala di lettura a doppia altezza; il cotto e il legno di quercia delle pareti e della balconata, sospesa su esili puntoni di sostegno, lo ricollegano agli edifici circostanti.

● Photos: the siting of the Study Centre on the River Cam. Above the masonry plinth housing the computer rooms there are two glazed group-work levels dominated by the double-height reading room. The brick and oak of the walls and the balcony suspended on slender supporting struts provide a link with the surrounding buildings.

Cambridge

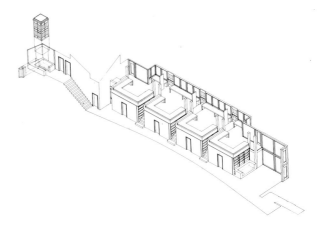

spaccato assonometrico visto da Silver Street/*split axonometric from Silver Street*

● Verso la strada l'edificio è protetto da un muro dal profilo concavo, aperto solo sotto gronda da un nastro finestrato, che genera all'interno il corridoio di distribuzione alle sale dei computer a piano terra, alle sale di studio ai piani superiori e alla sala di lettura a doppia altezza. Una struttura di travi di quercia a vista caratterizza la copertura interna.
A sinistra, sopra: il corridoio di distribuzione con le librerie di quercia addossate alla parete curva; **sotto:** il fronte su Silver Street. **Sopra:** gli ambienti di lavoro affacciati sul fiume Cam. Le strutture a vista e gli arredi sono di quercia.

● *The building is protected from the road by a concave wall, windowless except for a strip under the eaves that creates the internal circulation corridor linking the ground-floor computer rooms, the study rooms on the upper floors and the double-height reading room. The ceiling has an exposed oak beam frame.*
Left, above: *the circulation corridor with oak bookshelves lining the curved wall;* ***below:*** *the front on Silver Street.* ***Above:*** *work areas overlooking the River Cam. The furnishings and exposed beams are all in oak.*

University of East Anglia: student housing

University of East Anglia: alloggi per studenti

progetto/*project* Rick Mather Architects

A.C. Pochi *campus* universitari possono vantare una concentrazione così alta di buona architettura entro un chiaro impianto urbanistico, come quello dell'Università dell'East Anglia (UEA) vicino a Norwich, affacciato sullo Yare: il "Teaching Wall" di Denys Lasdun, del '62-68; il Sainsbury Centre for the Visual Arts di Foster Associates, del '78; l'OPT Building di John Miller & Partners, appena ultimato; e infine gli interventi della Rick Mather Architects di Londra, sollecitati da Norman Foster agli inizi degli anni Ottanta, che stanno completando il programma d'insieme. Il *campus* è una testimonianza di tre decenni di architettura inglese all'insegna del razionalismo, che da Lasdun, attraverso l'*high-tech* di Foster, giunge all'*ecologismo* di Mather. Questo approccio non è ideologia per l'architetto. È piuttosto rispondenza agli obiettivi di progetto. Si è voluto realizzare un'architettura a basso consumo energetico (la più grande d'Inghilterra), che per opportunità di contesto o di tecnologia assume la forma di serpentina nella Constable Terrace e di spezzata attorno a uno spazio quadrangolare nella Nelson Court. Gli echi di Aalto e Meier, o del Palazzo dei Soviets di Le Corbusier, sono esiti di quelle scelte, piuttosto che a priori di progetto. Il razionalismo di Rick Mather indica la strada di un neo-umanesimo concreto, saldamente ancorato al presente economico, tecnologico e sociale di oggi.

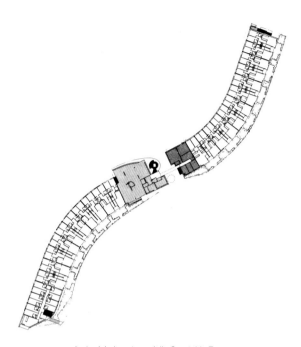

pianta del piano terra della Constable Terrace
ground-floor plan of Constable Terrace

A. C. *Few university campuses can boast so much good architecture on a single well defined urban grid as the University of East Anglia on the River Yare near Norwich: Denys Lasdun's "Teaching Wall" (1962-68), Norman Foster Associates' Sainsbury Centre for the Visual Arts (1978), John Miller & Partners' recently finished OPT Building and, finally, the work called for by Norman Foster in the early eighties to complete the overall scheme, now being carried out by London-based Rick Mather Architects. The campus bears witness to three generations of rationalist British architecture, from Lasdun through Foster's high-tech to the ecology of Rick Mather. However, this is no ideological stance on Mather's part, but a response to the brief itself, which called for energy-saving architecture (the current project is the largest of its type in Britain). Technological or siting requirements have so far produced the distinctively different shapes of the serpentine Constable Terrace, and the fragmentary Nelson Court laid out around a rectangular central space. The echoes of Aalto, Meier and Le Corbusier's Palace of the Soviets result from these topographical or technological requirements rather than from a priori design assumptions. Rick Mather's rationalism points the way towards a practical neo-Humanism firmly rooted in the economic, social and technological realities of today.*

● **Nella foto:** veduta aerea del *campus* dell'Università della East Anglia (UEA).
● **Photo:** *aerial view of the University of East Anglia campus (UEA).*

1. **Constable Terrace: alloggi per studenti/*student housing* (Rick Mather, 1994)**
2. **Sainsbury Centre for the Visual Arts (Foster Associates, 1978)**
3. **OPT Building (John Miller & Partners, 1993)**
4. **Teaching Wall (Denys Lasdun, 1962-68)**
5. **Nelson Court: alloggi per studenti/*student housing* (Rick Mather, 1994)**

● I due edifici degli alloggi per studenti (complessivamente 800 camere distribuite su tre piani) rispondono a criteri di architettura a basso consumo energetico e la loro conformazione – la serpentina della Constable Terrace e la linea spezzata della Nelson Court – deriva dal rispetto del contesto e della tecnologia, più che da aprioristiche scelte di progetto. **A sinistra e sotto:** l'edificio della Nelson Court. **A destra e nella pagina a lato:** alcuni aspetti della Constable Terrace.

Norwich

fronte della Constable Terrace/*front of Constable Terrace*

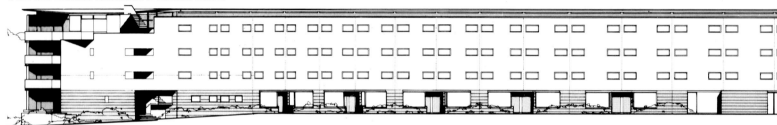

● *The configuration of the two energy-saving student residences – the serpentine Constable Terrace and the broken line of Nelson Court, a total of 800 rooms on three floors – was determined more by the site itself and technological considerations than by a priori design assumptions.* **Facing page, above left and below:** *Nelson Court.* **Facing page, above right and this page:** *views of Constable Terrace.*

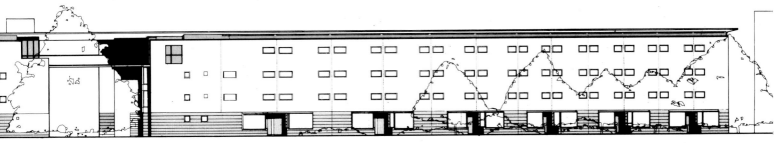

Wallenberg Conference Centre

Centro Conferenze Wallenberg

progetto/*project* Carl Eric Wikner, Arkiteklaget

● Il Centro Conferenze amplia il preesistente edificio del ristorante dell'università, sulla collina Medicinarberget. L'articolazione volumetrica e l'uso del mattone, espressivamente mosso dalla decorazione grafica di mattoni ceramicati, caratterizzano l'esterno. **A sinistra:** il fronte sud con l'ingresso principale posto a connessione con il ristorante. **Nella pagina a lato:** l'ingresso, sul fronte nord, sottostante la balconata. La parete azzurra delimita l'auditorium.

● *The Conference Centre enlarges the existing restaurant building of the university on the Medicinarberget hill. The exterior has a distinctive arrangement of volumes and brick cladding with an attractive glazed-brick decorative design.* **Left:** *the south front with the main entrance providing a link to the restaurant.* **Facing page:** *the entrance below the balcony on the north front. The pale blue wall encloses the auditorium.*

A.C. Segnalare il nuovo in un contesto fortemente caratterizzato è uno dei problemi ricorrenti che ci si trova ad affrontare in un intervento architettonico. Nel Centro Conferenze Wallenberg di Göteborg – un edificio connesso al ristorante preesistente e offerto alla città dall'ateneo in occasione del giubileo nel '91 – Carl Eric Wikner ha utilizzato, oltre al tradizionale strumento dell'articolazione volumetrica, anche quello della comunicazione grafica. Lo schema funzionale è abbastanza semplice: una sala conferenze per 350 persone, oltre quattro più piccole, una coppia di aule e un grande *foyer* con attrezzature espositive, collegato all'edificio preesistente. Anche la risposta progettuale è stata altrettanto semplice: volumi elementari assemblati ai margini del *foyer* a pianta libera che funge da stanza di interconnessione tra i diversi luoghi autonomi in cui si articola l'insieme. Ne risulta all'esterno un basso fronte principale, gradonato e architettonicamente disarticolato, su cui si erge, arretrato, il parallelepipedo del grande auditorium. La linea spezzata del fronte si sviluppa in controtendenza rispetto all'andamento stradale e l'ingresso è posto a cerniera tra il vecchio e il nuovo edificio, nel punto di maggiore distanza rispetto alla via. L'insieme avrebbe avuto forse a soffrirne in termini di riconoscibilità immediata se non si fosse unificato il tutto sotto una forte decorazione grafica sul paramento murario esterno di mattoni con un motivo continuo a zigzag, tradizionale della cultura nordica, che corre lungo il fronte intero.

A. C. *One of the problems architects are constantly faced with is how to mark the presence of new buildings in contexts that already have a distinctive identity of their own. To achieve this with Gothenburg's Wallenberg Hall – a conference centre with adjoining restaurant donated to the city by the university to mark its jubilee in 1991 – Carl Eric Wikner resorted to both traditional differentiation of volume and the use of graphics. Functionally speaking, the layout is fairly simple – a 350-seat main conference hall and four smaller ones, two classrooms, and a large foyer with exhibition facilities linked to the existing building. The design concept is equally straightforward – simple volumes scattered freely around the edges of the foyer to link the various independent focuses of the ensemble. Outside, the result is a low, terraced, architecturally disjointed main front with the parallelepiped of the large auditorium rising above it to the rear. The broken line of the front runs counter to the line of the road, and the entrance serves as a hinge between the old and new buildings at the furthest distance from the road. The ensemble might perhaps have lacked an instantly recognisable identity were it not for the unifying effect of the bold decoration – a traditional Nordic zig-zag motif – running the entire length of the front along the external brick cladding.*

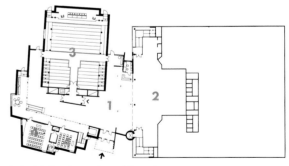

pianta del primo piano/first-floor plan

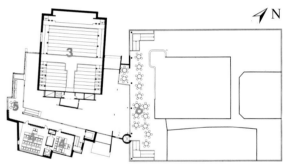

pianta del piano terreno/ground-floor plan

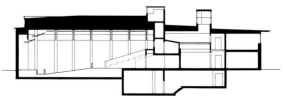

sezione trasversale sull'auditorium/*cross-section on the auditorium*

1. foyer; 2. ingresso al ristorante/*restaurant entrance*; 3. auditorium;

4. sala conferenze/*conference room*; 5. balconata/*balcony*;

6. caffè/*cafeteria*

● Lo schema funzionale è abbastanza semplice: volumi elementari assemblati attorno al *foyer* a pianta libera, sottolineati dall'uso del colore. **A destra:** dettaglio dell'auditorium per 350 persone. **Sotto:** una vista della balconata verso il blocco che evidenzia l'ingresso all'auditorium con parete azzurra.

● *The distribution of functions is fairly straightforward: simple volumes in distinctive colours laid out around an open-plan foyer. **Above:** a detail of the 350-seat auditorium. **Right:** a view of the balcony towards the block showing the pale blue auditorium wall.*

Göteborg

Tokyo University of Art and Design

progetto/*project* Arata Isozaki & Associates

A.C. L'acquerello di Isozaki sull'impianto planimetrico della nuova Università di Arte e Design di Tokio, a Hachioji, con i suoi rapidi segni pittografici da alfabeto *katakana* esprime con grande efficacia la filosofia dell'intervento: un villaggio disperso, come nella tradizione giapponese, dedicato allo studio delle arti e alla loro conservazione museale, immerso in una densa vegetazione collinare.

Tre nuclei autonomi, collegati da sentieri nascosti nel verde, articolano il *campus*, la cui visione d'insieme è possibile solo dall'alto d'un aereo: un gruppo principale di edifici raccolti attorno a una corte trapezoidale con un singolare corpo d'ingresso ad arco ribassato, che ricorda alcuni esempi dell'architettura viennese d'inizio secolo o l'ultimo Wright di Marine County, e il Museo Manzù di Seiichi Shirai sul lato minore, collegato da due ali inclinate di aule con i corpi giustapposti dell'auditorio e della biblioteca; il gruppo degli studi, caratterizzato da una serpentina su curve di livello (è curiosa l'attuale fortuna che riscontra questo tipo in tutto il mondo); e infine il gruppo degli atelier con edifici a pettine per accogliere la massima illuminazione.

La sintassi giapponese con lessico europeo di questo intervento pròduce stridore, ma l'invadente presenza della vegetazione entro un teatro orografico complesso sopraffà ogni altra sensazione. L'eterno contrasto tra architettura e contesto, qui si cela sotto una spessa coltre di verde.

1. **ingresso e amministrazione/*entrance and administration*; 2. corte trapezoidale/*trapezoidal courtyard*;**
3. **aule e sale per conferenze/*classrooms and lecture rooms*; 4. auditorium (Kuwasawa Memorial Hall);**
5. **Museo Manzù (progetto Seiichi Shirai)/*Manzù Museum (designed by Seiichi Shirai)*; 6. biblioteca/*library*;**
7. **laboratori di design/*design workshops*; 8. caffetteria/*cafeteria*; 9. laboratori di scultura**
e pittura/*painting and sculpture workshops*

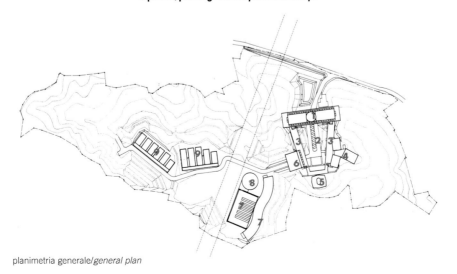

planimetria generale/*general plan*

A. C. *The rapid brushstrokes of Isozaki's watercolour of the plan for Tokyo's new University of Art and Design are like* katakana *ideograms, and convey the philosophy of the project extremely well: as in the Japanese tradition, a scattered village immersed in hillside forest and vegetation, entirely devoted to the study and museum preservation of the arts.*

The campus, whose total layout is visible only from an aeroplane, consists of three separate nuclei joined by paths hidden in the greenery. The first is the main group of buildings around a trapezoidal courtyard with an unusual camber-arched entrance building recalling early-century Viennese architecture and Frank Lloyd Wright's later Marine County buildings, and, on the shorter side of the courtyard, Seiichi Shirai's Manzù Museum linked by the two sloping classroom wings with the juxtaposed auditorium and library buildings. The second is the serpentine group of study rooms that follows the contours of the slope (curiously, this typology now seems popular everywhere in the world). Finally, there are the painting studios laid out like a comb for maximum daylight.

This combination of Japanese syntax and European lexis is somewhat jarring, but the abundant greenery of the complex mountain setting is paramount and silences criticism. The eternal opposition between architecture and context is masked here by a thick layer of greenery.

◀◀◀

● L'impostazione urbanistica del campus si riconduce al villaggio giapponese tradizionale: tre nuclei autonomi ma collegati sono immersi nella densa vegetazione collinare e si adattano alla conformazione orografica. **Nella pagina precedente:** semplici tratti acquarellati, quasi segni pittografici da alfabeto, sintetizzano la composizione urbanistica.

● **A lato:** il fronte dell'edificio a serpentina dei laboratori di design che si adatta all'andamento collinare del terreno. **Sotto:** la corte trapezoidale del blocco principale. Sul fondo il Museo Manzù progettato da Seiichi Shirai; ai lati le due ali delle aule e delle sale per conferenze.
Nella pagina a lato: dalla strada, l'ingresso ad arco ribassato, ricavato nell'edificio dell'amministrazione, introduce alla corte trapezoidale.

pianta del primo piano del nucleo laboratori e caffetteria/*first-floor plan of the workshops and cafeteria nucleus*

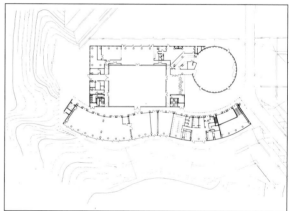

sezione longitudinale dell'edificio dell'amministrazione/*longitudinal section of the administration building*

Tokio

◀◀◀

● *The layout of the campus resembles a traditional Japanese village: the three independent though interconnected nuclei in lush hillside greenery are well suited to the mountain setting. **Previous page:** Isozaki's sparing watercolour brushstrokes like katakana ideograms convey the essence of the plan extremely well.*

● ***Above:*** *the front of the serpentine design workshop building follows the contours of the hillside. **Opposite:** the trapezoidal courtyard of the main block. in the background, the Manzù Museum designed by Seiichi Shirai; on either side, the two classroom and lecture room wings. **Facing page:** the camber-arched entrance of the administration building leads from the road to the trapezoidal courtyard.*

Centre for Technological Innovation on the campus

Nel campus: Centro per l'Innovazione Tecnologica

progetto/*project* Julia Bolles Wilson e/*and* Peter Wilson, Bolles-Wilson

A.C. La ricerca di unità è senza dubbio meritoria, ma, quando si fa pretestuosa, tanto vale accettare la diversità. Julia Bolles di Münster e Peter Wilson di Melbourne, associatisi nel 1987 a Londra in uno studio con sede in Inghilterra e in Germania, hanno fatto questa riflessione nel progettare il Technologie-Hof di Münster.

Lo scenario è il *campus* universitario della città tedesca: grandi edifici isolati tra ampi spazi aperti con interventi più minuti e una diffusa residenza intorno. Nessuna logica né architettonica né urbanistica, insomma. D'altra parte il nuovo intervento chiedeva qualcosa di nuovo per essere riconoscibile nel disordine. Si trattava di realizzare un complesso, voluto e gestito da una società comunale, al fine di collegare più strettamente l'università al mondo della produzione, fornendo in affitto laboratori e spazi per uffici a giovani imprese di innovazione tecnologica. Per questo programma è vitale la riconoscibilità formale del centro propulsore dell'iniziativa.

Risulta chiara la scelta operata dai progettisti: autonomia dell'edificio; reiterazione di tre oggetti architettonici pressoché uguali, collegati tra di loro; alterazione parziale della regolarità volumetrica, per ottenere una immediata riconoscibilità.

Una pelle di alluminio riveste i tre corpi di fabbrica. Un'enfasi maggiore sull'espressione high-tech avrebbe forse creato solo "rumore", diminuendo l'efficacia del messaggio visivo, che si gioca tutto attorno a singole rotture e variazioni che fanno da contrappunto al rigore dominante, come la copertura triangolare al terzo piano con il *winter garden* che risalta la linearità degli spazi di lavoro sottostanti, o le scale di sicurezza e i *brise-soleil* sulle piatte pareti verticali.

planimetria generale/*general plan* in colore il Centro per l'Innovazione Tecnologica/*in colour the Technology Innovation Centre*

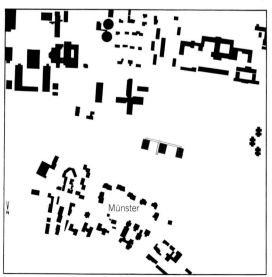

Münster

A. C. *The search for unity is undoubtedly laudable, but when it becomes a mere pretext, diversity is equally acceptable. Julia Bolles from Münster and Peter Wilson from Melbourne, who joined forces in London in 1987, opening a practice with offices in Britain and Germany, made this the* raison d'être *of their project for Münster's new Technologie-Hof.*

The setting was the German city's existing university campus of large buildings isolated in open space, interwoven with smaller units and surrounded by a sprawl of student residences – in other words, no logic, no architecture and no urban design.

The brief was to establish closer links between the university and manufacturing industry by building a complex of rented workshops and offices (commissioned and run by a municipal agency) for young, technologically innovative companies.

Obviously, the powerhouse of the scheme, the new Technologie-Hof, had to have a distinctive architectural identity.

The architects' approach was clear and straightforward: an independent building comprising three repeated, virtually identical interconnected blocks with slight variations in volume for instant identity.

The three blocks have an aluminium skin: heavier-handed high-tech emphasis might perhaps have generated "noise" and little else, compromising the effectiveness of a visual message based on individual discrepancies and variations – the triangular third-floor roof and winter garden contrasting with the four-square working areas below, the emergency stairs and sun-screens on the flat vertical walls – that offset the dominant impression of austerity.

● L'edificio si articola in tre corpi autonomi pressoché uguali collegati sul fronte esterno al *campus* dal volume rettilineo del passaggio coperto. La compattezza degli edifici, rivestiti di alluminio, si interrompe al terzo piano nella copertura triangolare che termina in due *winter garden*. **Nella pagina a lato:** veduta del complesso verso la strada. L'edificio centrale ospita gli uffici e le sale conferenze, i due terminali, i laboratori di ricerca bio-sensoriale e delle telecomunicazioni.
In questa pagina: l'edificio centrale e il passaggio coperto visti dalla strada.

● The building consists of three separate, virtually identical blocks linked on the campus side by the rectilinear volume of the covered walkway. The compactness of the aluminium-clad buildings is relieved on the third floor by the triangular roof terminating in two winter gardens. **Facing page:** view of the complex towards the road. The central building houses the offices and lecture rooms, and the two end blocks the bio-sensory and telecommunications laboratories. **This page:** the central building and the covered walkway seen from the road.

Münster

schizzo prospettico/*perspective sketch*

● **Sopra:** l'edificio centrale è affiancato dal volume più basso dei volumi tecnologici. **Sotto, da sinistra:** veduta interna ed esterna del collegamento coperto.

● ***Above:*** *the central building is flanked by the lower technology blocks.* ***Below, left to right:*** *interior and exterior views of the covered walkway.*

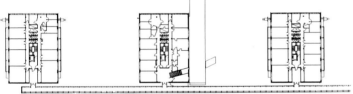

pianta del primo piano con gli accessi dal collegamento coperto/first-floor plan with access areas from the covered walkway

● **Sopra:** vista del complesso dalla strada. **Sotto, a sinistra:** dettaglio di una scala interna.
A destra: vista del complesso dal *campus*.
● ***Above:*** *view of the complex from the road.* ***Below, left:*** *detail of an internal staircase.*
Right: *view of the complex from the campus.*

Universidad de Girona: main building

Universidad de Girona: sede centrale

progetto/*project* Josep Fuses e Joan Maria Viader

A.C. Non tutti approvano la disinvoltura di tanta architettura spagnola nel maneggiare le testimonianze del passato. Si vorrebbe più cautela, che ha scarso senso, però, quando l'incuria ci consegna solo ruderi. Certo, anche essi posseggono un fascino, ma, a meno di riproporre l'ipotesi di Wright per Venezia, sembra difficile coniugare le esigenze della vita contemporanea con un museo o ancor più con un parco archeologico. Ferma restando la prudenza doverosa, è meglio in molti casi accettare la sfida del presente e la goethiana chiusura del passato sotto sette sigilli. Del "Les Aligues" di Gerona, l'edificio pubblico del Cinquecento più importante della città, già utilizzato come università e altro ancora prima del definitivo abbandono,

non restava di abbastanza conservato che la facciata su piazza S. Domenico e quella della cappella retrostante. Ben poco, insomma, per un luogo appena a ridosso delle mura romane e quindi troppo centrale per poter essere abbandonato ai ricordi o all'insopportabile *memento mori* che sprigiona da qualunque architettura diroccata. Il progetto di riutilizzo universitario, realizzato tra il 1987 e il 1993, è consistito nel recupero e rifacimento dell'antico corpo a L, adibito a sede di rappresentanza dell'amministrazione universitaria; nella trasformazione della cappella come centro d'informazione per gli studenti, inserendo all'interno degli antichi muri perimetrali (realizzati *ex novo* sul retro) una costruzione cubica autonoma, illuminata da un atti-

→

162

● L'università riutilizza l'edificio cinquecentesco "Les Aligues", molto danneggiato, e lo reinterpreta. **Nella foto:**
il fronte sul futuro giardino. **A destra:** la planimetria del centro storico di Gerona, chiuso dalle mura romane.
In colore: il complesso universitario qui illustrato, il giardino che sarà realizzato lungo le mura romane e
la scalinata di collegamento con il futuro nucleo dell'università.

● *The university re-uses and re-interprets the largely derelict sixteenth-century "Les Aligues" building.* **Photo:**
the front facing the future garden. **Right:** *plan of the historical centre of Girona encircled by Roman walls.*
In colour: the university complex illustrated here, the future garden laid out along the Roman walls, and the stairs
leading to the future nucleus of the university.

piazza San Domenico

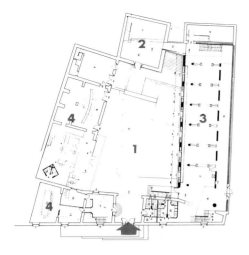

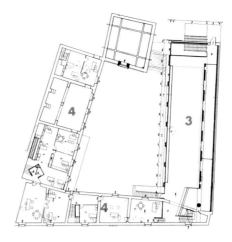

pianta del piano terra/*ground-floor plan*   pianta del primo piano/*first-floor plan*

←

co vetrato sotto un tetto di cemento; e infine nella costruzione di una nuova ala, di cemento a vista e di acciaio, a chiusura della corte interna quadrilatera, destinata a biblioteca. Il risultato è quello di una costruzione nuova che sa di antico. Si è voluto visivamente minimizzare la differenza tra gli inserti e il preesistente, ma, a parte talune integrazioni, non ci sono inganni: tutto è riconoscibile a un'analisi appena attenta. Si è conservato cioè l'aura del tempo, pur utilizzando negli esterni, così come negli interni, materiali d'oggi a vista, senza infingimenti, lasciando intatto il quasi pittoresco disordine d'insieme e attrezzandolo solo alle esigenze attuali. La corte, quasi chiusa alla città, si apre sul retro dove si stende un grande giardino circondato dalle mura romane. Qui sorgeranno i nuovi edifici a completamento del *campus*, raggiungibili attraverso un complesso e scenografico sistema di scalinate e rampe.

A. C. *Not everyone approves of the casual way so many Spanish architects have handled the past. More caution is needed, they say, but that doesn't seem to make much sense when only ruins are left to show for the past's neglect of the past. Ruins do have their own charm, of course, but short of adopting Wright's proposal for Venice, it seems unlikely that the needs of modern society could ever be met with a museum, still less an archaeological park. While giving caution its due, it seems better in many cases to take up the challenge of the present and, like Goethe, close the door to the past with seven seals. Of "Les Aligues" in Girona, the*

→

● **Nella pagina a lato:** la cappella adibita a centro informazioni per gli studenti e il passaggio verso il futuro giardino. Lasciata integra la facciata, all'interno è stata realizzata una costruzione cubica autonoma, illuminata da un attico vetrato sotto un tetto di cemento. **In questa pagina, sopra:** l'ingresso all'università ricavato nel corpo a L, recuperato e completato, che ospita la sede di rappresentanza amministrativa. **A lato:** l'accesso dalla piazza San Domenico alla nuova ala della biblioteca.

● *Facing page: the chapel converted into a student information centre, and the walkway to the future garden. The façade is intact on the outside; an independent cube structure has been fitted in behind it lighted by a glazed loft under a concrete roof.* **This page, above:** *the university entrance in the L-shaped building, now salvaged and refurbished, that houses official reception and administration.* **Opposite:** *access from Plaza San Domenico to the new library wing.*

Gerona

city's most important six-teenth-century public build-ing which had already been used as a university and much else previously before its finally abandonment, the only parts left in any decent state of preservation were the façades in Plaza S. Domeni-co and of the chapel behind. Not much for a site right on the Roman walls, and there-fore too central to be aban-doned to memory or the kind of unbearable memento mori that any piece of dilapidated architecture exudes. The uni-versity conversion project (1987-93) entailed salvaging and restoring the old L-shaped building as the university's official adminis-trative headquarters, convert-ing the chapel into a student information centre by insert-ing an independent cube (lighted by a glazed loft un-der a concrete roof) into the old perimeter walls (which had to be rebuilt at the back), and finally, the construction of a new glass and unfaced concrete library wing to close off the internal quad. The re-sult is something new that reeks pleasantly of the old. Every effort was made to minimise visually the differ-ence between the new inser-tions and the existing ruins but, apart from one or two de-liberate integrations, there has been no sleight of hand: everything can be recognised immediately, even at a curso-ry glance. The aura of time has been preserved, even though modern materials have been left "artlessly" on view both inside and outside to retain the almost pictu-resque untidiness of the en-semble. Minimum furnishings have been added purely to meet modern requirements of use. The courtyard, virtually closed off from the city at the front, opens at the rear onto a large garden enclosed by the Roman walls where the new campus buildings, accessed by a scenically complex sys-tem of ramps and stairs, are sited.

Gerona

● Sia all'esterno che all'interno i nuovi interventi, pur conferendo all'insieme un sapore di antico, sono volutamente riconoscibili: cemento a vista, acciaio, vetro e molto legno ne caratterizzano l'autenticità. **In questa pagina:** alcuni dettagli interni.

● *Both inside and outside, the newness of the refurbishing and additions is deliberately highlighted without compromising the aura of age and time: plain concrete, steel, glass and abundant wood give a feeling of authenticity.* **This page:** *interior details.*

BOOKS AND THE CITY

I libri e la città

... ciò che è certo è che la biblioteca del futuro sarà solo in parte il progetto dell'architetto: dovrà essere infatti lo specchio delle trasformazioni, delle aspirazioni e delle angosce della futura società...

... what is certain is that the library of the future will be an architecture project only in part: it will also have to mirror the transformations, aspirations and anxieties of our future society ...

FULVIO IRACE. Insidiata dal fantasma dell'informatizzazione, l'immagine della biblioteca come sacrale luogo del sapere resiste ormai solo nell'immaginario di qualche poeta: come Borges, ad esempio, che l'aveva eletta a tema del suo racconto più inquietante e conosciuto – *La Biblioteca di Babele* – facendola simbolo della condizione umana nella eterna ricerca dell'autorità e della verità.

Più forte della lusinga dei fruscii della carta sotto le dita, la realtà virtuale del CD ROM promette le meraviglia di un universo smaterializzato, dove le dimensioni impalpabili di un disco a doppia densità racchiudono senza sforzi secoli di tracce su carta. Così, gli arcani spazi delle biblioteche sembreranno sempre più i relitti di un'epoca arcaica e lontana. Destinate forse alla delibazione di sparute *élites* di chierici stravaganti, la cupola maestosa della British Library, le volte slanciate e colossali della Bibliothèque Nationale, le sale silenziose e sacrali dell'Ambrosiana eccetera per le generazioni a venire rassomiglieranno forse ad archeologiche rovine, altrettanto intimorenti e straniere delle terme, dei templi e dei fori della più lontana classicità.

Come specie protette di animali in estinzione, i maestosi castelli di carta minacciati dal virus dell'elettronica rimarranno a custodire codici miniati e preziosi manoscritti, in *folio* e pandette, manoscritti autografi, incunaboli, papiri; mentre si moltiplicheranno attorno ad essi i luoghi di decisione e di comando ridotti alla misura di una tastiera portatile.

Alla lentezza del libro si affiancherà la velocità della scrittura, la materia si ridurrà a volatile pensiero, sottile, impercettibile, luminescente guidato dalla forza autonoma di un cursore.

Inferno alla Orwell o paradiso alla Asimov, il destino della biblioteca è sospeso nel bilico di una profonda riflessione: chi ne disegnerà gli spazi dovrà pensare al disegno della sua funzione sociale, dovrà porsi il tema della sua identità sociale, di luogo d'aggregazione e di riconoscimento di comunità intellettuali sempre più vaste e forse più disorientate. Quelle che pubblichiamo in queste pagine sono in parte un tentativo di risposta, in parte una tardiva risposta a problemi del passato. Ciò che è certo è che la biblioteca del futuro sarà solo in parte il progetto dell'architetto: dovrà essere infatti lo specchio – babelico o no – delle trasformazioni, delle aspirazioni e delle angosce della futura società.

F. I. *Haunted by the spectre of computerisation, the concept of the library as the holy shrine of knowledge now survives only in the imagery of writers like Borges, who made it the theme of his best known and most disconcerting short story,* The Library of Babel, *where it symbolises mankind's eternal quest for authority and truth.*

CD ROM virtual reality is now more alluring than the crisp rustle of paper between fingers – the impalpable dimensions of double-density diskettes effortlessly encapsulate centuries of ink marks on paper, with the result that the arcane spaces of traditional libraries increasingly seem reversions to some archaic, remote age. The ultimate fate of the British Library's majestic dome, the Bibliothèque Nationale's soaring vaults, the Ambrosian Library's silent rooms and many other monuments to the printed word may perhaps be to gladden the lives of haggard scholarly elites; to future generations they may well seem archaeological ruins as alien and intimidating as the baths, temples and forums of an even remoter classical age.

Like protected animal species in the process of extinction, these imposing paper castles under threat from the electronic virus will remain the homes of rare illuminated manuscripts, folios, pandects, autographs, incunabula and papyri. In the meantime, centres of decision-making and power no larger than portable keyboards will multiply around them.

The slowness of the conventional book will be supplemented by the speed of electronic writing; verbal production will be pared down to the luminous subtlety and intangible impermanence of pure thought independently guided by a cursor.

For Orwell a hell and for Asimov a paradise, the future of the library as we know it now hangs in the balance and calls for much serious thought: whoever designs its spaces will also have to consider its social function as a place that unites and authenticates a steadily growing and perhaps increasingly disoriented intellectual community. Our feature is both an attempt to find a response to this situation, and a tardy response in itself to problems of the past. What is certain is that the library of the future will be an architecture project only in part because it will also have to mirror – like a Tower of Babel or in some other way – the transformations, aspirations and anxieties of our future society.

BIBLIOTHEQUE DE FRANCE

La metafora di un libro aperto sulla città
■ *The metaphor of a book open to the city*

progetto/*project* Dominique Perrault con/*with* D. Allaire, G. Choukroun, P. Gil, M. Gasperini, G. Lauriot Prevost, A. Perrault

FULVIO IRACE Esempio anacronistico ma inventivo di quella settecentesca *architecture parlante* resa nota dai disegni di Ledoux e di Boullée, "La très grande Bibliothèque" è un progetto simbolico prima ancora che funzionale: quattro torri di vetro, come quattro libri aperti al suolo, segnano gli angoli di una piastra allungata, che a sua volta ospita un bosco-giardino a più livelli. L'idea è semplice e mira all'impatto emotivo, anche se il risultato pare più un *divertissement* surrealista che un ponderato sforzo funzionale: contrariamente a ogni consolidata tradizione tipologica e distributiva, infatti, nel progetto del giovane Dominique Perrault sono le torri in altezza a contenere i depositi dei libri, mentre le sale di lettura si svolgono in orizzontale, sfruttando i livelli della piastra affacciata sul "chiostro" allungato della piazza "verde". L'inversione dei termini garantisce l'effetto, ma le torri vetrate garantiscono la conservazione dei volumi solo a costo di complessi sistemi di climatizzazione e di schermatura della luce. Basato sul motto di spirito più che sullo spirito di servizio, il grandioso progetto di Perrault punta alla messa in scena dei sentimenti, sottolineando la doppia scala contrastiva dell'elemento artificiale (le grandi torri vetrate, le superfici di rivestimento metallico, la tecnologia degli impianti eccetera) e di quello naturale (il legno come materiale base per gli interni, la vegetazione di pini impiantati a formare il bosco interno eccetera). La metafora del sapere come grande libro aperto della natura diviene così materia della costruzione e sostanza dell'immagine di progetto.

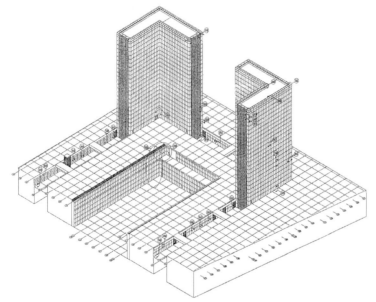

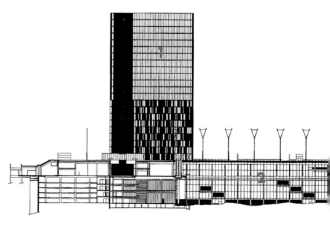

● **Nella pagina a lato, in alto:** le quattro torri angolari (in costruzione) che delimitano la piazza della biblioteca sul *quai* Panhard Levassor. **Al centro:** assonometria parziale della piazza interna, articolata su più livelli, con due torri. La parte centrale della piazza sarà completamente alberata. **In basso:** simulazione a computer di una sala di lettura.

● *Facing page, top: the four corner towers (under construction) that create the library plaza on Quai Panhard Levassor.* **Centre:** *partial axonometric of the inner, multi-level courtyard with two towers. The central area of the courtyard will be planted with trees to create a wood.* **Bottom:** *computer simulation of a reading room.*

● **In questa pagina, in alto:** veduta prospettica di una sala di lettura. **In basso:** la facciata delle sale di lettura sulla corte interna alberata (dettaglio del plastico).

● *This page, top: perspective view of a reading room.* **Bottom:** *the inner courtyard façade (detail of model).*

F. I. *Dominique Perrault's "Très grande Bibliothèque" is an anachronistic though inventive example of the kind of eighteenth-century architecture parlante you find in Ledoux and Boullée drawings. Its design is symbolic rather than functional: like four books laid open on the ground, its four glass towers rise from the corners of an elongated slab which houses a multi-level garden and wood.*

The idea is simple and aims at emotional impact, though the result looks more like a Surrealist divertissement than a carefully considered functional design. The building flies in the face of established library design principles because the high-rise towers house the stacks while the reading rooms extend horizontally to exploit the various levels of the slab that faces the elongated "cloister" formed by the wooded plaza.

This reversal of normal procedure certainly achieves impact; the drawback is that the glass towers will need complex air conditioning and screening systems if the books are to be stored properly. Perrault's grandiose design is a witty conceit, not a workaday sentence, and stakes everything on emotional effect. By ostentatiously playing off the artificial (the great glass towers, the metal-clad surfaces, the installations technology, etc.) against the natural (wood as the basic interior material, the pine-tress of the inner park, etc.), Perrault draws on the metaphor of knowledge as the great open book of nature for both the materials of the building and the image of its design.

sezione longitudinale
longitudinal section

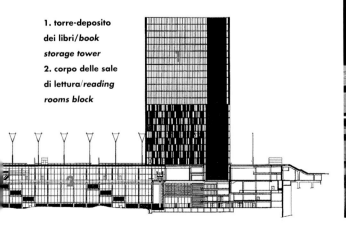

1. torre-deposito dei libri/book storage tower
2. corpo delle sale di lettura/reading rooms block

NEW BRITISH LIBRARY

progetto/project
Colin St. John Wilson & Partners

Qualcosa di nuovo, anzi di antico. A trent'anni dal progetto si inaugura la nuova biblioteca
Something new, but old as well. Thirty years on, the new library finally opens

"La nuova sede della British Library a St. Pancras è una dichiarazione della continua importanza del mondo della stampa per il benessere culturale ed economico della nostra società".

FULVIO IRACE Con i suoi circa 350.000 utenti all'anno, i più di 12 milioni di volumi conservati, i suoi 300 milioni di sterline sinora spesi, la nuova British Library è senza dubbio la più importante e impegnativa opera pubblica governativa dopo la grande stagione dei musei dello scorso secolo. Dotata di gallerie e luoghi espositivi, di spazi all'aperto, di strutture ricreative di supporto, il complesso di St. Pancras risponde all'obiettivo di una razionalizzazione dei servizi bibliotecari in funzione del differenziato pubblico degli utenti e della straordinaria collezione di libri, manoscritti, mappe, miniature eccetera, che costituiscono il patrimonio unico di questa prestigiosa biblioteca. La concezione generale dell'edificio cerca infatti di rispondere alla varietà degli obiettivi adottando una composizione asimmetrica e informale di spazi e volumi disposti attorno al cuore di una piazza all'aperto: il settore umanistico, nell'ala ovest, ospita sale di lettura su tre livelli con illuminazione dall'alto e servizio di prenotazione; accanto a esso, la sezione dei libri rari e manoscritti ha la disponibilità di circa 300 posti a sedere, mentre il settore scientifico, a est, offre un servizio di consultazione su scaffali direttamente accessibili al pubblico. Tra i due, la King's Library ospita sui sei piani di una elegante torre di vetro i circa 60.000 volumi della collezione di Giorgio III, costituendo, accanto alla hall d'ingresso, il fuoco visivo dell'intero complesso.

● **Nella pagina a lato:** il cantiere visto da Euston Road. A sinistra la torre dell'edificio del settore scientifico, a destra il corpo dell'auditorium/***facing page:*** *view of the site from Euston Road. Left, the science building tower; right, the auditorium block.*

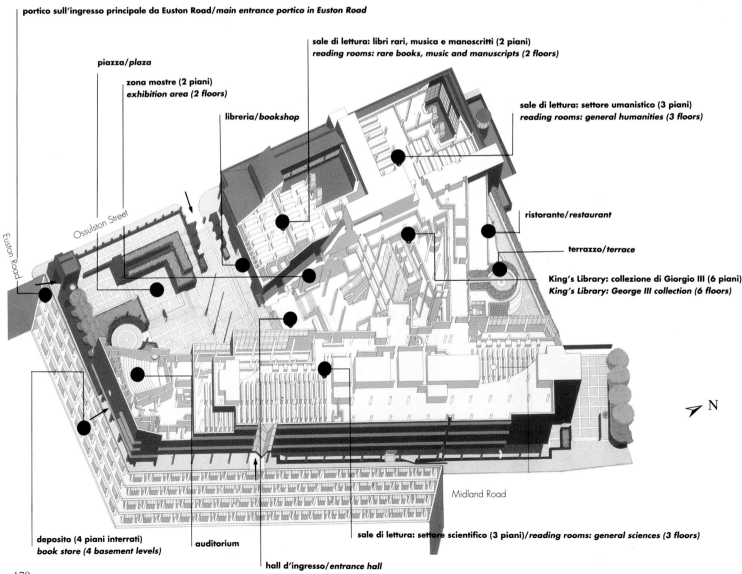

portico sull'ingresso principale da Euston Road/*main entrance portico in Euston Road*

piazza/*plaza*

zona mostre (2 piani)
exhibition area (2 floors)

libreria/*bookshop*

sale di lettura: libri rari, musica e manoscritti (2 piani)
reading rooms: rare books, music and manuscripts (2 floors)

sale di lettura: settore umanistico (3 piani)
reading rooms: general humanities (3 floors)

ristorante/*restaurant*

terrazzo/*terrace*

King's Library: collezione di Giorgio III (6 piani)
King's Library: George III collection (6 floors)

Euston Road

Ossulston Street

N

deposito (4 piani interrati)
book store (4 basement levels)

auditorium

hall d'ingresso/*entrance hall*

sale di lettura: settore scientifico (3 piani)/*reading rooms: general sciences (3 floors)*

Midland Road

JANE AUSTEN
1775 – 1817

● **A sinistra, in alto:** veduta aerea da ovest. Sulla piazza si affaccia l'edificio per i libri rari, i volumi di musica e i manoscritti affiancato dal corpo delle sale d'esposizione e, sul fondo, il settore scientifico. Su Ossulton Street è visibile (a sinistra nella foto) il cantiere del settore umanistico che verrà completato nel 1996. **Al centro:** dettaglio del cancello del portico d'ingresso da Euston Road. L'utilizzo del *lettering* come elemento decorativo rientra nella grande tradizione britannica. **In basso:** dettaglio di facciata. **Nella pagina a lato:** veduta dalla piazza. Sul fondo la stazione di St. Pancras.

NEW BRITISH LIBRARY

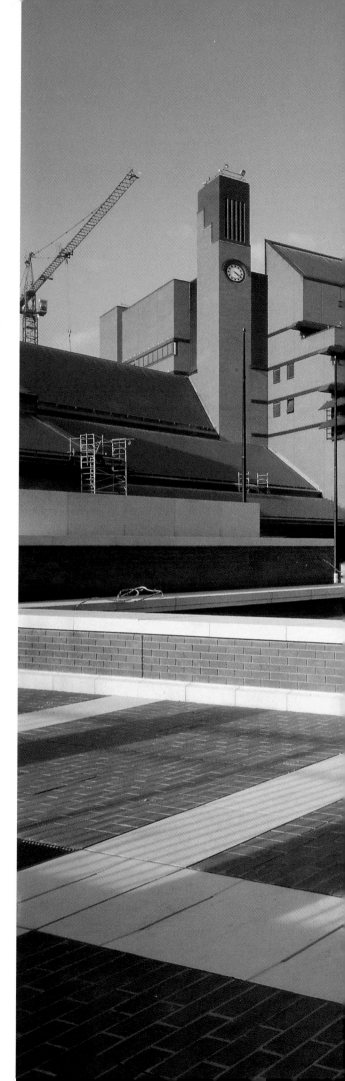

● **Top left:** aerial view from the west. Facing the plaza, the building housing rare books, music and manuscripts is flanked by the exhibition block and, at the end, the science building. The site of the humanities building in Ossulton Street (on the left in photo), due for completion in 1996. **Centre:** detail of the portico entrance gate in Euston Road. The use of lettering as decoration is very much a British tradition. **Bottom:** detail of façade. **Facing page:** view of the plaza. In the background, St. Pancras Station.

"The new British Library complex in St. Pancras testifies to the continuing importance of the printed word to the cultural and economic well-being of our society."

F. I. With 350,000 users every year, over 12 million volumes and £300 million spent so far, the new British Library is unquestionably the most important and costly public project the British government has undertaken since the building of the great museums in the heyday of the last century. Equipped with galleries and exhibition rooms as well as open-air spaces and supporting recreational facilities, the St. Pancras complex is designed to rationalise library facilities around the needs of a wide range of users and the institution's the extraordinary collection of books, manuscripts, maps, miniatures and much more besides that form the unique legacy of the wonderful library.

To do this, the general design of the complex is based on an informal, non-symmetrical arrangement of spaces and volumes around an open plaza core. The humanities sector housing top-lit reading rooms on three levels and the reservation service is in the west wing. Adjacent to it is the rare books and manuscripts section, which seats about 300. The open-stack science section is to the east. Between the two is the King's Library, an elegant six-storey glass tower housing the 60,000 volumes of the George III collection. With the entrance lobby, it forms the visual focus of the whole complex.

NEW BRITISH LIBRARY

● **A sinistra, in alto:** dettaglio della hall d'ingresso; **in basso:** una delle sale di lettura di libri rari. **Sopra, nel disegno:** prospettiva di una delle sale di lettura del settore scientifico. **Nella pagina a lato, nel disegno:** prospettiva di una delle sale di lettura del settore umanistico.

● *Top left: detail of entrance hall; **bottom:** one of the rare books reading rooms. **Drawing, above:** perspective of one of the general sciences reading rooms. **Drawing, facing page:** perspective of one of the general humanities reading rooms.*

JULIA BOLLES AND PETER L. WILSON IN MÜNSTER

STADTBÜCHEREI

Una biblioteca divisa in due ■ *A library split in two*

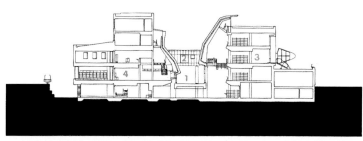

**progetto/*project* Julia Bolles-Wilson, Peter Wilson, Eberhard Kleffner
con/*with* F. Haas, M. Schlüter, A. Kimmel**

FULVIO IRACE Quando nel 1985 la municipalità di Münster bandì il concorso per la nuova sede della biblioteca pubblica, nessuno si aspettava che questa dovesse essere una roboante dichiarazione sulle metafore del sapere, né che potesse essere l'occasione di ardite sperimentazioni tipologiche. L'unica condizione che fu posta ai due vincitori del concorso – l'architetto inglese Peter Wilson e sua moglie Julia Bolles – era che l'edificio dovesse essere pronto per il 1993, milleduecentesimo anniversario della città.

Miti pretese, ma grandi risultati! Sviluppando progressivamente le richieste del progetto, Wilson e Bolles sono infatti riusciti a creare un edificio intrigante e complesso, che non ha ambizioni letterarie, né tentazioni
→

F. I. *When the Municipality of Münster announced its competition for a new public library building in 1985, no one expected the brief to generate resonant metaphors of knowledge or provide an opportunity for bold experiments with form. The sole condition imposed on the two winners – British architect Peter Wilson and his wife Julia Bolles – was that the building should be ready by 1993, the twelve-hundredth anniversary of the founding of the city.*

The expectations may have been modest, but the results are truly outstanding. As they gradually refined on the brief, Wilson and Bolles succeeded in creating an intriguing and complex building with no literary or symbolic

continued on page 180

● **In alto:** la strada pedonale tra i due volumi della biblioteca è in asse con la Lamberti Kirche (sul fondo). **Al centro:** in primo piano il corpo curvo. **In basso:** la parte centrale della facciata del corpo rettilineo sulla strada interna è caratterizzata dalla copertura inclinata di rame. **Nella pagina a lato:** veduta aerea dell'inserimento nella città. I due corpi della biblioteca sono separati dalla strada pedonale ma collegati al primo piano da un passaggio coperto. La piazza sopraelevata che conclude l'edificio rettilineo si inserisce nel cuore della città dominato dalla Lamberti Kirche (in primo piano il campanile).

● *Top: the pedestrian road between the two library buildings is aligned with the Lamberti Kirche (at the end). Centre: in the foreground, the curved building. Bottom: the central section of the façade of the oblong building on the inner road has a sloping copper roof. Facing page: aerial view of the urban context. The two library buildings are split by a pedestrian road but linked by a covered first-floor catwalk. The elevated plaza at the end of the oblong building harmonises with the city centre dominated by the Lamberti Kirche (the campanile is in the foreground).*

sezione trasversale/*cross section*

1. strada pedonale interna/*inner pedestrian road*
2. passaggio coperto di collegamento/*covered catwalk*
3. corpo curvo/*curved building*
4. corpo rettilineo/*oblong building*

←

simboliche: ma agendo sulla natura del programma e sulla conformazione del luogo, sviluppa un impianto originale e modella un invaso spaziale ricco di toni e di inventiva. Insediata in un lotto di risulta ai margini immediati del centro storico, la biblioteca è innanzitutto un appropriato commento alla stratificazione del sito, che completa e mette in risalto, trasformando l'architettura in urbanistica e lo studio urbano in architettura della città. Al posto di un unico oggetto, Wilson e Bolles hanno immaginato di dividere in due parti asimmetriche l'intero complesso, facendolo attraversare da una strada in asse con la storica Lamberti Kirche. Due insoliti "frammenti" si fronteggiano così, intersecati da una passerella: e il tema dello spazio interrotto, spaccato e reintegrato diventa il *leitmotiv* della scrit-

continua a pagina 182

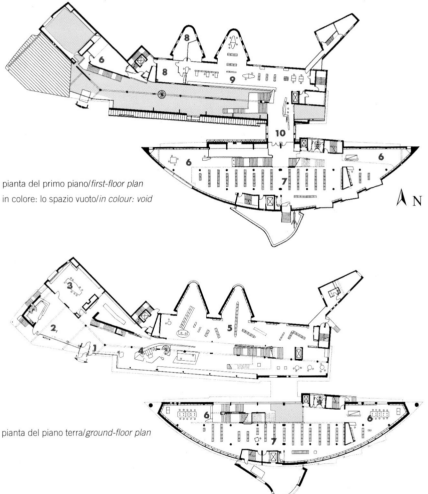

pianta del primo piano/*first-floor plan*
in colore: lo spazio vuoto/*in colour: void*

pianta del piano terra/*ground-floor plan*

N

1. ingresso principale/*main entrance*
2. caffè/*café*
3. sala di lettura giornali/*newspapers and periodicals room*
4. banco di ricevimento alla biblioteca/*library check-in counter*
5. sala di consultazione/*reference room*
6. sala di lettura/*reading room*
7. deposito/*stack*
8. ufficio/*office*
9. sala cataloghi/*catalogue room*
10. passaggio di collegamento tra i due corpi/*catwalk linking the two buildings*

● **A sinistra, in alto:** sul terrazzo che conclude il corpo rettilineo si aprono il bar (in primo piano) e l'ingresso alla biblioteca segnalato dal portale bianco; **in basso:** la facciata verso la città del corpo curvo.
Nella pagina a lato: il bancone di ricevimento alla biblioteca nel corpo rettilineo, a destra dell'ingresso principale. Nei due edifici la zona a tutta altezza è illuminata da lucernari e caratterizzata dalla copertura inclinata sorretta da travi articolate.
● ***Top left:*** *the bar (foreground) and the white portal of the library entrance on the terrace at the end of the oblong building;* ***bottom:*** *the façade of the curved building looking towards the city.* ***Facing page:*** *the library check-in counter in the oblong building on the right of the main entrance. The full-height area in the two buildings is lit by skylights and has a sloping roof supported by a complex beam structure.*

STADTBÜCHEREI

● **In queste pagine:** tre vedute interne del corpo curvo. **Sotto:** la sala di lettura e l'archivio all'estremità ovest del primo piano. **Nella foto piccola e nella pagina a lato:** la scala e l'accesso al piano terra. L'edificio si sviluppa su quattro livelli di cui uno interrato che ospita la mediateca, la biblioteca dei ragazzi e i settori destinati all'arte e alla musica.

● **Following pages:** three interior views of the curved building. **Below:** the reading room and archive at the western end of the first floor. **Small photo and facing page:** the staircase and ground-floor access. The building has four levels; the basement contains the media library and children's library and will eventually house the art and music sections.

STADTBÜCHEREI

from page 176

pretensions. Careful shaping of both the brief and the site produced an original layout and an imaginative, richly nuanced design.

Set on derelict ground just outside the historical centre, the library is, first and foremost, an appropriate comment on the stratification of the site, which it both fills and enhances — architecture becomes urban design, and urban design becomes city architecture. Instead of a single object, Wilson and Bolles envisaged a complex divided into two unsymmetrical parts by a road on the same axis as the historic Lamberti Kirche. This produced two unusual

→

da pagina 178

tura architettonica. Una partitura briosa e antiretorica, che affronta il programma della biblioteca come un tema civico per eccellenza: quindi ne accentua le caratteristiche di spazio di comunicazione, non pretenzioso, ma anzi accessibile e familiare. Quanto all'esterno la geometria delle piante esplicita la diversità dei volumi, tanto all'interno l'idea del guscio traforato e intercomunicante si riflette nella particolare conformazione della struttura portante e delle pareti inclinate, dei colori adoperati a piene mani per sottolineare i *patterns* astratti dei vari elementi costruttivi, dei materiali contrastanti usati per i rivestimenti.

STADTBÜCHEREI

● **In alto:** l'accesso dal corpo rettilineo al passaggio coperto di collegamento tra i due edifici.
A destra: schizzo di sintesi delle travi articolate che sorreggono la copertura inclinata. **Nella pagina a lato:** la sala di lettura che, al primo piano, conclude il lato est dell'edificio curvo.
● *Top: access from the oblong building to the covered catwalk leading to the other building. **Right:** rough sketch of the complex beam structure supporting the sloping roof. **Facing page:** the first-floor reading room on the east side of the curved building.*

←

"fragments" intersected by a catwalk, and a concept of space that has been broken, split and rejoined space becomes a leitmotif of the design itself. The result is a lively, unrhetorical architectural score which treats the library as a civic theme par excellence, *drawing attention to its qualities as a place for communication that is familiar and accessible rather than pretentious and remote. Just as, on the outside, the geometry of the plan makes explicit the differences between the two volumes, so, on the inside, the idea of a perforated, intercommunicating shell is reflected in the special configuration of the load-bearing structure and sloping walls, lavishly applied colours that draw attention to the abstract patterns of the various constructional elements, and contrasting cladding materials.*

BIBLIOTECA DEL PARCO

Miracolo a Milano: un padiglione per la Triennale del 1954, donato alla città come biblioteca, rivisitato quarant'anni dopo. Contributo alla rivalutazione del Parco all'interno della prevista area museale della Ghirlanda ■ *A miracle in Milan: a pavilion built for the 1954 Triennale and subsequently bequeathed to the city now plays a part forty years later in rehabilitating the park that will feature in Milan's proposed Ghirlanda museum area*

progetto/*project* Ico Parisi e/*and* Silvio Longhi con/*with* L. Antonietti (strutture)

FULVIO IRACE Definita "miracolo a Milano" dalla stampa contemporanea sin dal momento dell'inaugurazione il 28 agosto 1954, la X Triennale appare ancora più "miracolosa", a quarant'anni di distanza, per i risultati raggiunti allora e per l'eredità consegnata all'oggi. All'insegna del tema dell'industrializzazione, furono infatti realizzate nell'area del parco dieci costruzioni, di cui ancora sopravvivono, perfettamente funzionanti, le uniche strutture di servizio della storica area verde metropolitana: il bar Bianco di R. Griffini e il cosiddetto Padiglione per soggiorno di Ico Parisi, S. Longhi e L. Antonietti, poi utilizzato come sezione staccata della Biblioteca civica. Costruita dalla Cementeria di Merone e da questa donata al Comune, la piccola

→

F. I. Described as a "miracle in Milan" by the press as soon as it opened on 28 August 1954, the Tenth Triennale seems even more miraculous forty years on, both for what it achieved then and the legacy it has left us with today. The exhibition explored the theme of industrialisation in ten structures erected in the park. Two have survived and still function perfectly, continuing to provide the historic park with its only public amenities: R. Griffini's Bar Bianco, and Ico Parisi, S. Longhi and L. Antonietti's so-called day pavilion, later converted into an annex of the Municipal Library.

The pavilion was built by the Merone Cement Works, which donated it to the city. Like a fairy hut in the woods, the little

→

● **Nel disegno:** il progetto originale. Sovrapposizione della pianta della copertura (in colore) alla pianta del padiglione di soggiorno. Sulla sinistra l'ingresso alla zona bar, al centro una zona sopraelevata corrispondente alla zona dei servizi seminterrata, sulla destra la zona di soggiorno con ingresso indipendente. Oggi il padiglione è usato come biblioteca comunale.

● ***Drawing:*** *the original project. The roof plan (in colour) is superimposed on the plan of the day pavilion. Left, the bar entrance; centre, the raised area over the basement WCs; right, the lounge area with its own entrance. The pavilion now houses a municipal library.*

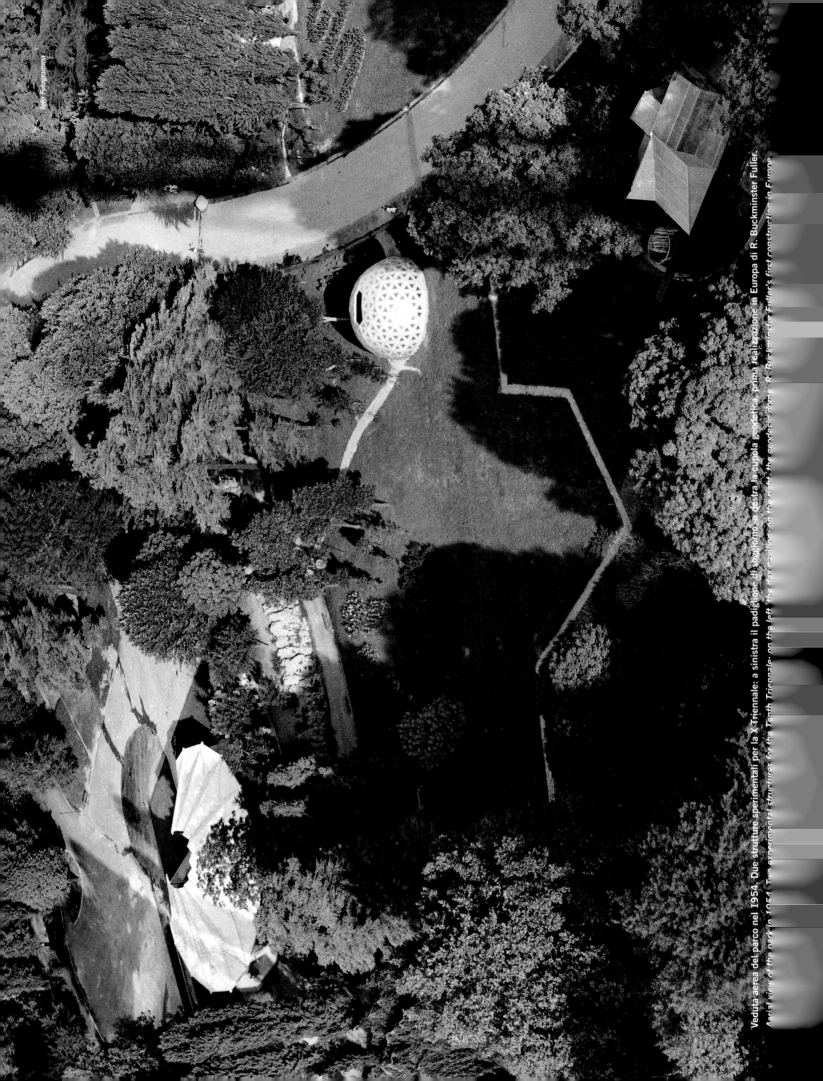

Veduta aerea del parco nel 1954. Due strutture sperimentali per la X Triennale: a sinistra il padiglione di soggiorno, a destra la cupola geodetica, prima realizzazione in Europa di R. Buckminster Fuller.

Aerial view of the park in 1954. Two experimental structures for the Tenth Triennale: on the left, the rest pavilion; on the right, the geodesic dome, R. Buckminster Fuller's first construction in Europe.

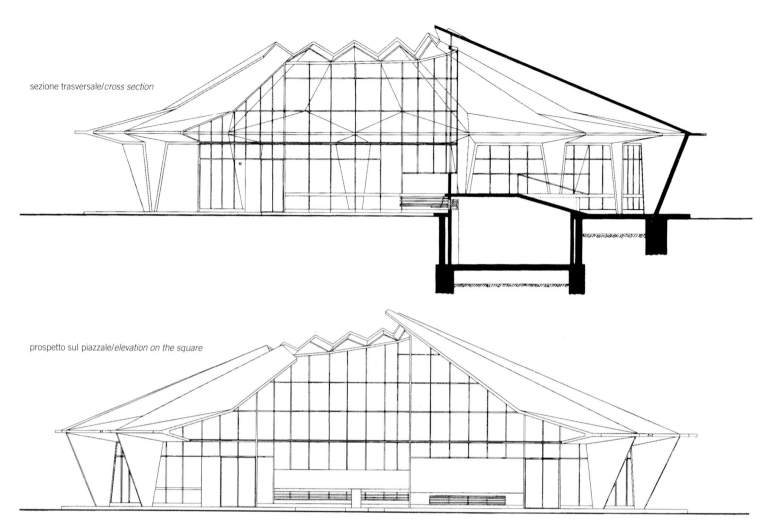

sezione trasversale/*cross section*

prospetto sul piazzale/*elevation on the square*

BIBLIOTECA DEL PARCO

● **Nelle foto di oggi:** due vedute della facciata sul piazzale dominato dalla scultura di gesso di Francesco Somaini e delimitato dalla panca con bassorilievo di cemento colorato realizzati dalla Cementeria di Merone, che poi donò il padiglione al Comune di Milano.

● ***Present-day photos:*** *two views of the façade facing the square dominated by Francesco Somaini's plaster sculpture. The bench with a coloured concrete bas-relief enclosing the square was made by the Merone Cement Works, which later bequeathed the pavilion to the city of Milan.*

←

biblioteca ha sfidato l'usura del tempo e delle mode con la grazia festosa e disinvolta di una fantastica capanna nel bosco, a dimostrazione che la buona architettura serve sempre a incrementare l'ambiente e non a distruggerlo o ad alterarlo.

Perfettamente inserita nel paesaggio arboreo del parco, la biblioteca è un saggio poetico sulle qualità estetiche ed espressive del cemento, modellato senza soluzioni di continuità a formare la sottile membrana della copertura e i montanti triangolari che ne trasmettono il carico a terra.

Assimilandone il tema del volume a quello di un origami pietroso, gli architetti ne avevano svolto le implicazioni con la leggerezza di una merlettatura cartacea, solcandone lo sviluppo con piegature radiali a stella, appena appoggiate a terra a descrivere un invaso di sottili montanti di vetro.

Opera delicata e minimale, la biblioteca del parco conserva il fascino delle cose felici, l'energia di una committenza consapevole e desiderosa, la dignità di una collaborazione tra pubblico e privato che fanno rimpiangere questo recente passato come mitica stagione d'oro della città e delle istituzioni.

←

library has braved time and fashion with good grace and a smiling face, proving that quality architecture always enhances rather than destroys or disfigures environments.

Perfectly integrated in its parkland setting, the library is a poetic essay in the aesthetic and expressive qualities of concrete, here modelled in a single form incorporating a thin membrane roof and triangular uprights which carry the load to the ground.

By designing it like origami in stone, the architects gave their concrete volume the lightness of paper lacework fluted with star-shaped radial curves that barely seem to rest on the ground, forming a cradle structure of slender glass uprights.

The library in the park is a delicate, minimalist work and has the unfailing charm of all happy, successful ideas, but it also transmits the well-informed enthusiasm of its original client and the dignity of a partnership between private and public that can only make us regret a recent past that now seems a mythical golden age in the life of the city and its institutions.

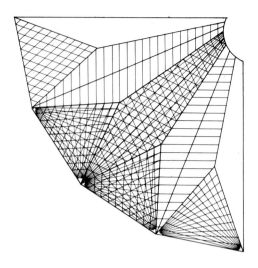

● Nelle foto, a sinistra: due immagini d'epoca. In alto: la zona rialzata per soggiorno e lettura con arredi disegnati da Ico Parisi; in basso: dettaglio della struttura di cemento a vista. Nella pagina a lato: l'utilizzo attuale come biblioteca. Sulla destra della foto è riconoscibile il parapetto che delimita la zona rialzata. Nei disegni, sopra: dettaglio dell'armatura metallica della copertura di cemento; al centro: schizzo di progetto; sotto: schizzo di inserimento del padiglione nel parco.

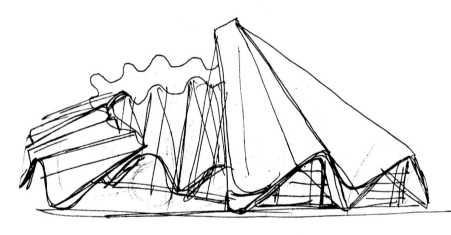

BIBLIOTECA DEL PARCO

● Photos, left: two period views. Top: the raised day-time and reading area with furnishings designed by Ico Parisi; bottom: detail of the plain cement structure. Facing page: the pavilion is now a library. The parapet of the raised area is on the right in the photo. Drawings, top: detail of the reinforcing rods of the concrete roof; centre: project sketch; below: sketch of the pavilion's siting in the park.

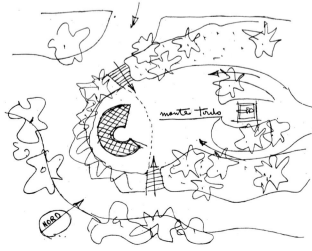

DESIGN

STEFANO CASCIANI. Superato il primo momento di ammirato stupore per le creazioni di Elizabeth Fritsch, veri "contenitori da un altro mondo", come nel titolo del recente libro di Edward Lucie-Smith (1), viene voglia di approfondire la conoscenza della sua tecnica straordinaria. Si apprende allora che, piuttosto miracolosamente, questi vasi sono plasmati direttamente, che non esistono studi o schizzi preliminari, che insomma disegni, forme e *textures* nascono attraverso una sorta di *improvvisazione*.

Termine appunto di genere musicale, jazzistico: ed è proprio con la musica che Fritsch intrattiene o ha intrattenuto rapporti molto stretti. A sei anni inizia a studiarla e la sua ambizione infantile è diventare musicista; continua gli studi, finché non scopre che quella vocazione è in contrasto con il suo carattere riservato, privo dell'esibizionismo indispensabile al *performer*, e decide di cambiare radicalmente strada. Eppure ancora oggi, passata da molti anni all'espressione artistica "in due dimensioni e mezza" (come ama definire il suo singolare lavoro), può sfruttare la manualità acquisita nello studio dell'esecuzione musicale; rimpiange solo di non essersi maggiormente dedicata alla teoria, che continua a interessarla, e che secondo l'interpretazione di Lucie-Smith è un po' alla base del suo metodo compositivo.

Eppure, a guardarli bene, questi oggetti, che anche spesso portano titoli da spartito (*Counterpoint, Pianissimo, Crescendo, Piano and Saxophone Duo*, e via cantando), trascendono i limiti di qualsiasi teoria, colpiscono l'immaginazione dell'osservatore direttamente, con un immediato impatto visivo. Filologi e critici potranno interpretarli dottamente, individuarne i tanti riferimenti culturali: da Malevič all'Art Déco, talvolta sfiorata da Fritsch in alcuni pezzi (*Jazz Piano Pots*, 1975), che nella loro definizione richiamerebbero troppo i "decorative thirties", se non fosse per le invenzioni formali che vi sono introdotte. L'artista inglese sembra comunque divertirsi a far ripercorrere all'osservatore strade già affrontate dalle avanguardie storiche, che però stravolge con l'uso della modificazione irregolare delle forme al limite del *trompe l'oeil* e con l'ispirazione più diversa: "etnica", perfino archeologica, soprattutto quella più recente che vede gli oggetti trasformati in veri e propri strumenti di meditazione religiosa (*Mother and Child*, 1989), fino ad arrivare all'aperta protesta sociale nell'elegante, kleeiano *Broken Veins* (Vene Spezzate) del 1991, vaso funerario contro la guerra.

Nel passaggio dall'iperrealismo prospettico dei primi pezzi all'espressività intensa, più spezzata e quasi simbolista, dei suoi ultimi oggetti, Fritsch rende ancora più esplicito il carattere artistico della sua opera: questi sono vasi, certamente, ma anche esplicitamente sculture. Lo testimonia la loro trasformazione: da figure esattamente percepibili solo in una certa prospettiva a forme plastiche autentiche, sempre mutevoli al cambiare del punto di osservazione.

ELIZABETH FRITSCH

Two and a half dimensions: a ceramics artist revamps the concept of the "vase" with a refined blend of technique and abstract invention.

Due dimensioni e mezza: un'artista della ceramica rinnova l'idea del "vaso" con una raffinata miscela di tecnica e di invenzione astratta.

S. C. *Once you get over your initial surprise and delight at Elizabeth Fritsch's creations – veritable "vessels from another world", as the title of Edward Lucie-Smith's recent book calls them (1) – you want to know more about her amazing technique. Then you discover that all her vases are miraculously "spontaneous", that there are no preliminary studies or sketches, that their designs, shapes and textures are a kind of* improvisation.

Given its musical and especially jazz associations, improvisation does seem the right word because Fritsch has always had very close ties with music. She began studying at the age of six and her childhood ambition was to be a musician, but eventually she realised that a musical career was at odds with her basically reticent nature, that she lacked the exhibitionist streak all true performers, and she decided to make a radical career change. Yet even now, years after her shift to artistic expression "in two and a half dimensions" (as she likes to call her singular profession), the manual dexterity she acquired as a child musician stands her in good stead. Her one regret is not having devoted more time to theory, which still interests her and, according to Lucie-Smith, is in some ways the basis of her compositional method.

But although they often have musical titles (Counterpoint, Pianissimo, Crescendo, Piano and Saxophone Duo, etc.), her objects transcend the limits of any theory: their sheer visual impact appeals immediately and directly to the imagination. Historians and critics will interpret her intellectually and find cultural references as diverse as Malevich and an Art Déco, "decorative thirties" style she has occasionally hinted at in pieces like Jazz Piano Pots (1975), which would be over-derivative were it not for her formal inventiveness. She does seem to enjoy leading her observers by the hand down the well-trodden paths of the historical avant-garde movements, but then she spoils it all with irregularities of form that carry trompe l'oeil to extremes, and with a wider range of inspirations that can be "ethnic" and even archaeological. Her most recent work has taken the process a stage further: pieces like Mother and Child (1989) transform objects into authentic instruments of religious meditation, and the elegant, Klee-inspired Broken Veins (1991), an anti-war funerary vase, becomes a form of social protest.

The shift from the perspective hyper-realism of the early pieces to the intense, more fragmented, almost symbolist expressiveness of the most recent objects has made the artistic dimension in her work even more explicit. These may be vases, but they are clearly intended to be sculptures: Fritsch has progressed from shapes that can be correctly perceived from one angle only to authentic plastic forms that change with point of view. S.C.

• **Sopra/above:** *Cup, 1975.*

(1) Edward Lucie-Smith, *Elizabeth Fritsch. Vessels from Another World*, Bellew Publishing, Northern Centre for Contemporary Art, Londra 1993.

(1) Edward Lucie-Smith, Elizabeth Fritsch. Vessels from Another World, Bellew Publishing, Northern Centre for Contemporary Art, London 1993.

ELIZABETH FRITSCH

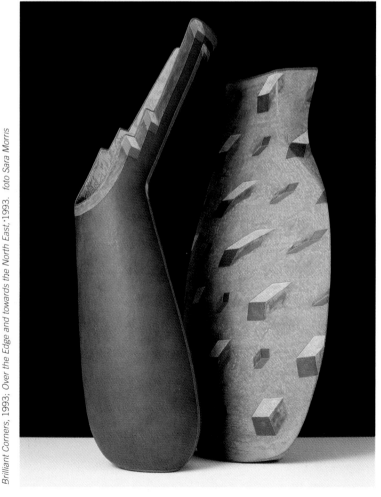

Metodo di lavoro. I pezzi sono realizzati a mano con strisce di argilla premute tra loro. L'argilla è formata da composti di grès di varia consistenza cotti a 1260°C. I pezzi sono dipinti a mano con argilla semiliquida colorata e richiedono da tre a sei cotture (1200-1260°C). **Dialoghi e aspetti contraddittori: 1.** Giochi tra bidimensionalità e tridimensionalità, effetti paradossali dello spazio curvo, della piattezza eccetera. **2.** Giochi tra il "fronte" e il "verso" dei pezzi; tra interno ed esterno, simmetria e asimmetria. **3.** Correlazione tra idee musicali (contrappunto, ritmi incrociati, crescendo) e concetti provenienti dall'improvvisazione jazzistica. **4.** Dualità della vita (vasellame per il cibo, immaginario legato alla fertilità eccetera) e della morte (vasi funerari, lacrimatoi, pezzi contro la guerra eccetera). **5.** Influenze antiche, etniche e archetipiche e influenze moderne, del ventesimo secolo. **6.** Gioco tra vasi "solisti" e pezzi corali.

Method of work. The pieces are handbuilt, using flattened coils or ribbons of clay joined together by pinching. The clay is a mixture of smooth and grogged stoneware bodies fired to stoneware temperature 1260°C. The pieces are handpainted with coloured slips (engobes) involving three to six different colour firings (1200-1260°C). Dialogues and contradictory aspects in the work: 1. Interplay between two and three dimensions, paradoxical effects of curved space, flatness, etc. 2. Interplay between the "fronts" and "backs" of pieces; between inside and outside; between symmetry and asymmetry. 3. Correlations with musical ideas such as counterpoint, crossrhythms, crescendo, etc., and concepts from free improvised jazz. 4. Duality of life (vessels for food, fertility imagery, etc.) and death (funerary vases, lachrymatories, anti-war pieces, etc.) 5. Ancient, ethnic and archetypal influences plus modern, twentieth century influences. 6. Interplay between individual "solo" pots and the assemblage of pieces in groups.

Da/from Edward Lucie-Smith, Elizabeth Fritsch. Vessels From Another World, Bellew Publishing, London 1993.

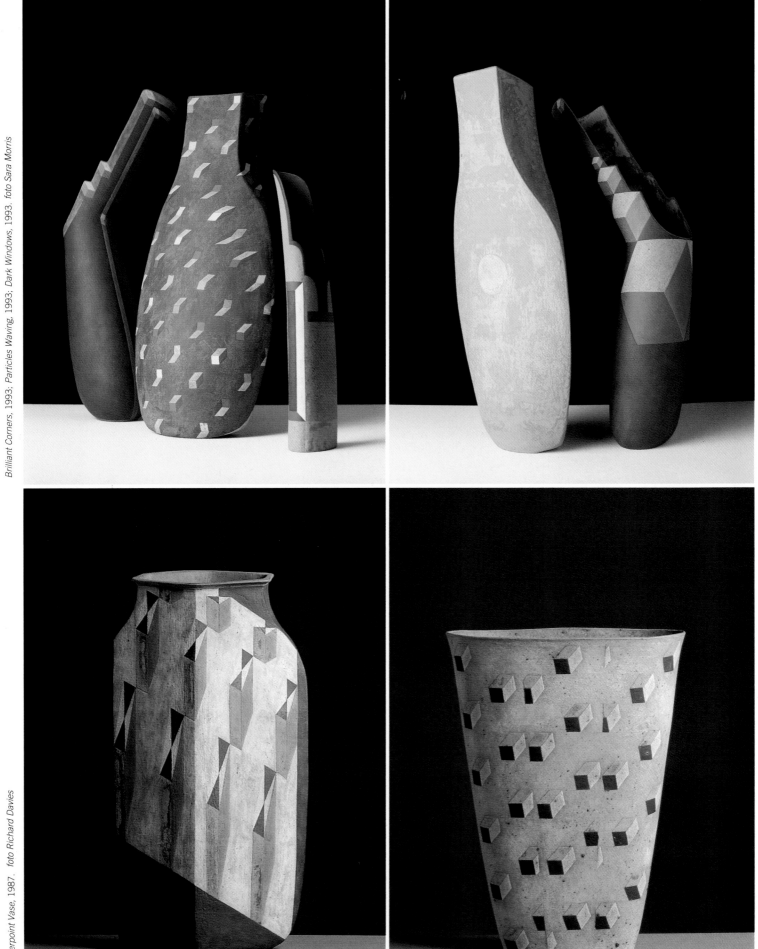

ELIZABETH FRITSCH

Brilliant Corners, 1993; Particles Waving, 1993; Dark Windows, 1993. foto Sara Morris

River and Moon, 1994; Spout Pot Crescendo, 1994. foto Sara Morris

Counterpoint Vase, 1987. foto Richard Davies

Double Fault, 1987. foto Richard Davies

DESIGN

Glass: the state of art

Vetro, lo stato dell'arte

Una serie di oggetti recenti, opere di artisti e designer, delinea un
quadro aggiornato degli sviluppi dell'arte vetraria
*A series of recent objects and works by artists and designers provides an
updated overview of developments in the art of glassmaking*

a cura di/edited by Stefano Casciani

Stefano Casciani Un immaginario ritratto storico-contemporaneo dedicato all'arte della trasparenza vedrebbe al suo centro Murano, incoronata da certe città quasi al confine franco-tedesco
(per esempio Nancy e Baccarat) o ancora Praga e la Boemia. Su questa scena andrebbero raffigurati in primo piano i maestri vetrai, certamente eredi di tradizioni misteriche: chiunque sia
mai stato in una vetreria avrà avuto il dubbio di assistere a un rito magico, vista l'assoluta mancanza di relazione tra i gesti compiuti dai vetrai e ciò che esce dai loro strumenti e forni. Senza
quei maestri non sarebbe pensabile più alcuno spazio espressivo per artisti e designer, che po-
trebbero perciò apparire in un angolo, intenti a pensare e disegnare una possibile forma trasparente per le loro idee, passata poi con un certo ritegno agli artigiani, perché ne facciano una
realtà. I progettisti sarebbero tuttavia sempre più numerosi, visto che fortunatamente si assiste
oggi a un grande ritorno a questa forma d'arte. I pochi, scelti oggetti qui presentati sono solo
una piccolissima parte di quanto si va producendo, con nuovo entusiasmo, nelle fabbriche eu-
ropee: nell'insieme, rappresentano un piccolo tentativo di mostrare l'eterna attualità del vetro .
grazie alle sue infinite, straordinarie possibilità trasformazioni.

S. C. *An imaginary historical and contemporary study of the glass maker's art would have Murano as its centrepiece, crowned by a group of cities near the French-German border (Nancy and
Baccarat, for example) and, further afield, Prague and Bohemia. But the leading actors would
be the master glass makers, indisputable heirs to the mysteries of a centuries-old tradition: visiting a glassworks is like witnessing a magic ritual in which the glass maker's gestures seem to
bear no relation to what their tools and kilns eventually produce. Without their skills, artists and
designers would be powerless to express themselves: they stand huddled in a corner of the works,
intent on finding some transparent form for their ideas which they then reluctantly hand over to
the craftsmen who alone can make it a reality. However, designers would outnumber artists, giv-
en the encouraging and increasing popularity of this art form. The small selection of objects illustrated here represents only a tiny fraction of the products European factories are now turning
out with ever-increasing enthusiasm. Our aim is simply to show how endless and extraordinary
transformations are what make glass a perpetually topical and relevant material.*

● **In questa pagina, a sinistra:** Jan Fabre, civetta
di vetro soffiato tinto con blu di penna a biro,
realizzata da Seguso per l'installazione *Silenzio nella
tempesta*, Galleria Massimo Minini, Brescia 1994.
A destra, sopra: William Sawaya, vaso di vetro soffiato
e acidato, con murrine applicate, produzione Sawaya
e Moroni, per la mostra "Viaggio in Italia", Abitare il
tempo, Verona 1994. **Sotto:** Salvador Dalí, fruttiera di
cristallo molato e stampato, produzione Daum, 1994.

● ***This page, left:*** *Jan Fabre, owl, blown glass tinted
with blue ballpoint ink, produced by Seguso for
the* Silenzio nella tempesta *installation, Massimo
Minini Gallery, Brescia 1994.* ***Above right:*** *William
Sawaya, blown-glass acid-etched murrhine vases
produced by Sawaya and Moroni for the "Viaggio
in Italia" exhibition, Abitare il tempo, Verona 1994.*
Below: *Salvador Dalí, moulded cut-crystal fruit bowl,
Daum 1994.*

● LAURA PANNO, vaso-scultura, vetro e cristallo; il basamento sferico contiene una rosa blu dorata e un piccolo torso femminile di oro; Murano 1994.
● LAURA PANNO, vase sculpture, glass and crystal; the spherical base contains a blue-gold rose and a gold female torso; Murano 1994.

MUSEUMS AND ART GALLERIES

P. CHEMETOV AND B. HUIDOBRO

The Grande Galerie of the Paris Natural History Museum

La Grande Galerie al Museo di Storia Naturale di Parigi

Museografia e scenografia ridanno splendore all'ottocentesca Galleria di Zoologia e alle sue grandiose collezioni ■ *Museum science and stage design reinstate the former splendour of the nineteenth-century Gallery of Zoology and its magnificent collections*

progetto/project
Chemetov+Huidobro

BÉATRICE LOYER. La Grande Galerie del Museo di Storia Naturale ha riaperto le sue porte. Installata nell'edificio a struttura metallica costruito da Jules André nel 1889, sottolinea la prospettiva del Jardin des Plantes. La nuova "lettura" del luogo è firmata dallo studio Chemetov+Huidobro, vincitore del concorso organizzato nel programma politico dei Grands Travaux. La sua inaugurazione, come Galleria di Zoologia, poco più di cent'anni fa, suscitò un grande clamore: oltre un milione di animali occupava infatti circa quattro chilometri di gallerie e dodici di scaffalature. Nella navata centrale di questa cattedrale di metallo troneggiavano i grandi mammiferi e nelle vetrine erano raccolte tutte le specie collezionate dal museo, montate su dei supporti, disposte nelle scatole o annegate nell'alcol dei vasi. Dopo la sua chiusura avvenuta nel 1965 per mancanza di manutenzione, questo patrimonio favoloso sprofondò nell'acqua e nella polvere. Salvati dal naufragio, la galleria e i suoi occupanti risuscitano oggi acquistando un nuovo status. Luogo di grande tradizione scientifica dove avevano lasciato il segno Buffon, Lamarck, Claude Bernard, la galleria non è più una biblioteca di esemplari (ormai raggruppati nella zooteca sotterranea), né un luogo di ricerca bensì un museo. Per tradurre questa nuova identità gli architetti hanno agito nel rispetto del *genius loci*, aprendo l'edificio sulla città. L'entrata si trova oggi sulla

→

● **Nella foto piccola:** la facciata laterale sud con l'ingresso alla Grande Galerie. **Sotto:** un particolare della teca espositiva delle farfalle; l'iridiscenza delle ali dei lepidotteri è valorizzata dall'illuminazione a fibre ottiche.
● *Small photo:* the south side of the building with the entrance to the Grande Galerie. *Below:* a detail of the butterfly display case; the iridescence of the insect wings is enhanced by fibreoptic light.

B. L. *The Grande Galerie of the Paris Natural History Museum reopened to the public last June in Jules André's original 1889 metal-framed building with a new "reading" by the Chemetov+Huidobro practice, winners of one of the French government's Grands Travaux competitions, that enhances the perspective of the Jardin des Plantes. When it first opened as a zoology collection just over a century ago, the Grand Galerie containing more than a million animals displayed over some four kilometres of floor space and twelve kilometres of shelv-*

continued on page 208

facciata laterale allo stesso livello del giardino. La navata si legge quindi nella sua lunghezza e nel suo volume ed è esaltata dallo scavo di 10 metri che ha messo in luce la fuga di archi di pietra molare delle fondamenta.

Senza simulare la modernità, gli architetti intervengono con vigore rispettando i principi di composizione e il vocabolario costruttivo del XIX secolo; il loro lavoro si inserisce come un contrappunto grazie a un gioco di materiali e di colori: profili d'acciaio grigio chiaro contrastano con le colonne di ghisa, pannelli di faggio, frassino e betulla si contrappongono alle *boiseries* originali di quercia. Il volume trattato con una dinamica globale e teatrale ritrova una certa magia. In questo museo non ci sono riproduzioni che imitano la realtà: i diorami hanno ceduto il posto ad artifici scenografici per evocare i luoghi naturali: gli animali della savana sfilano su una passerella di faggio, le foche scivolano su una banchisa di vetro azzurrato e nelle vetrine le farfalle con le ali iridate brillano sotto la luce delle fibre ottiche controllata con molto giudizio. Tutti questi animali raffigurati in movimento si animano in uno spettacolo di suono e di luce creato da René Allio, scenografo teatrale. La vetrata accoglie un "cielo attivo" dove sfilano con tempi accelerati le luci di una giornata ritmate da una sinfonia composta partendo dai rumori e dalle grida degli animali.

L'estetica diventa qui il supporto del discorso scientifico che ruota ormai intorno al tema comune "dell'evoluzione". Il mondo vivente è prima di tutto presentato nella sua diversità e successivamente sviluppato con criterio più scientifico all'ultimo piano.

La visita si conclude con la constatazione delle relazioni tra uomo e natura. Programma ambizioso le cui soluzioni suscitano vasti interrogativi sia sul nostro patrimonio genetico che sul nostro divenire.

The Grande Galerie

● **Nella pagina precedente:** Il grande spazio a tutta altezza della navata centrale dove, come una volta, su una passerella di faggio sfilano i grandi mammiferi.

● *Previous page: The open sweep of the full-height central nave where large mammals on a beech boardwalk again seem to roam the large open space.*

● **Sopra:** il lungo lato cieco della navata, a cui è addossata la costruzione della biblioteca. Sul lato opposto, che si affaccia sulla spianata del Jardin des Plantes sono stati invece allestiti i laboratori didattici. **Nella pagina a lato:** un gioco scenografico e fantastico di animali creato dalle teche che si rispecchiano l'una nell'altra.

● *Above: the long blind side of the nave flanked by the library. The teaching laboratories are on the opposite side facing the flat, open space of the Jardin des Plantes. Facing page: scenic wildlife effects created by the reflections of display cases.*

from page 204

ing, caused a sensation. The larger mammals were given pride of place in the central nave of the metal cathedral, with the Museum's collections of other species housed in display cabinets, either mounted on supports, arranged in boxes or pickled in alcohol. When the Galerie closed in 1965 owing to lack of maintenance, dust and damp took their inevitable toll on the fabulous legacy, but both the exhibits and their container escaped ruin and have returned with newly enhanced status. The Galerie's illustrious scientific tradition – Buffon, Lamarck and Claude Bernard all left their mark on it – now lives on neither as a collection of specimens (these are now housed in an underground natural history archive) nor as a research centre, but as a museum. In creating this new identity, the architects preserved the genius loci of the site by opening the building up to the city. The entrance has been moved to the side of the building at garden level to exploit the nave's length and volume, which have been further enhanced by exposing the millstone foundation arches that were originally ten metres below ground level. Without feigning modernity, the architects have put nineteenth-century compositional grammar and vocabulary to faithful and

vigorous use in materials and colours that combine and contrast with their original counterparts: pale grey steel trims to offset the cast-iron columns; beech, ash and birch panels as foils to the original oak boiseries, and an overall dynamism and drama that recreates something of the atmosphere of the original building. The museum makes no attempt to imitate or reproduce reality. Dioramas have given way to stage design in evocations of natural habitats: savannah animals parade on a beech boardwalk, seals slide down a blue glass icepack and iridescent butterfly wings shimmer in carefully gauged fibreoptic light. Stage designer René Allio's sound and light show brings to life all the animals frozen in movement, with "active skies" inside display cases that speed up the day's changing light, accompanied by the sounds and cries of animals. Thus, aesthetics supports a scientific approach that now centres on the common theme of "evolution": the living world is first presented in all its diversity, then explored more scientifically on the top floor. The tour of the Museum ends with a survey of the relationship between man and nature, an ambitious undertaking that raises far-reaching questions about our genetic make-up and future.

The Grande Galerie

progetto/*project*

Jeremy Dixon e Edward Jones

Un singolare equilibrio tra architettura e arte urbana nella sistemazione di un piccolo museo dedicato al grande scultore.
An unusual blends of architecture and urban art in a small museum dedicated to the great sculptor.

J. DIXON & E. JONES IN LEEDS

HENRY MOORE INSTITUTE

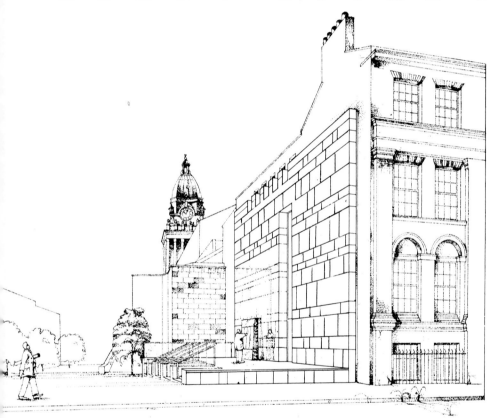

FULVIO IRACE. Il massimo col minimo: ricorrendo con discrezione alla sperimentata formula modernista, Jeremy Dixon e Edward Jones hanno raggiunto un singolare equilibrio tra architettura e arte urbana nella sistemazione di questo piccolo museo dedicato all'opera di Henry Moore, che all'Art College di Leeds aveva trascorso gli anni giovanili dell'apprendistato. Dal punto di vista della composizione urbana, il museo è un accorto saggio di ricomposizione a partire dalla ristrutturazione di tre edifici preesistenti, le ottocentesche sedi d'uffici dei locali mercanti di lana. Affacciato in parte sulla strada principale di Leeds, The Headrow, il blocco dei tre palazzi viene dunque posto in una nuova relazione col contesto urbano, riallacciando legami di continuità con lo *streetscape* cittadino, marcando di nuova identità il lato incompiuto della piazza. Come una grande scultura minimalista, una piattaforma solcata da una ripetuta serie di scale, fa da base allo schermo muto di una parete di pietra che, come un foglio sottile, si incolla alla sezione incompiuta del palazzo. Muovendosi con eleganza e *understatement*, Dixon e Jones hanno dunque scelto di cambiare il senso dell'esistente "frase" urbana, alterando l'equilibrio della disposizione, aggiungendo virgole, scegliendo con intelligenza l'opportunità di un ben collocato punto d'esclamazione. L'unico nuovo edificio in realtà consiste nella grande galleria centrale creata facendo diventare interno il grande cortile verso Alexander Street. Senza clamori, senza strafare, si sono accontentati di "fare" sottovoce, intervenendo appena nella stesura degli spazi delle gallerie, deliberatamente bianchi e col minimo di dettagli: la loro qualità deriva dall'uso della luce naturale e dal contrasto di scala tra gli spazi esistenti delle antiche strutture.

F.I. *The maximum with the minimum: Jeremy Dixon and Edward Jones have made discreet use of this tried-and-tested Modernist formula to establish an unusual balance between architecture and urban art in this small museum devoted to Henry Moore, who spent his apprentice years at Leeds Art College. In terms of layout, the museum is actually a skilful exercise in recomposition made possible by the conversion of three nineteenth-century wool merchants' offices. Essentially, the group of three buildings partly facing The Headrow, Leeds' main square, now relates to the urban context in a new way be-*

→

● **In questa pagina, in alto:** la nuova facciata di pietra – quasi una scultura minimalista – e la piazza sopraelevata marcano l'ingresso dell'Henry Moore Institute e ricompongono l'immagine urbanistica di The Headrow, la strada più importante di Leeds. **A destra:** un dettaglio delle scale di accesso alla piazza sopraelevata. **Nella pagina a lato:** il nuovo ingresso da The Headrow; su Cookbridge Street il museo conserva il fronte ottocentesco.

● **This page, top:** *the new stone façade (almost a minimalist sculpture) and the raised plaza mark the entrance to the Henry Moore Institute and restore unity to Leeds' main square, The Headrow.* **Right:** *detail of the steps leading to the raised plaza.* **Facing page:** *the new entrance from The Headrow; on Cookbridge Street the museum retains the nineteenth-century façade.*

• **In questa pagina, sopra:** struttura metallica, gradini di legno di quercia e pareti di vetro danno un aspetto quasi provvisorio al nuovo blocco scale che collega i tre piani dell'edificio. **Sotto:** il "ponte" coperto su Alexander Street tra il museo e la Leeds City Art Gallery. Sul fondo la parete di legno con grandi porte vetrate – per il passaggio di sculture di grandi dimensioni – chiude la galleria centrale del museo, a tutta altezza, ricavata nell'ex cortile. **Nella pagina a lato:** una delle sale del museo.

HENRY MOORE INSTITUTE

• **This page, above:** the metal framework, natural oak steps and glass walls make the new stairwell connecting the three floors of the building seem almost a temporary structure. **Below:** the covered bridge on Alexander Street leading from the museum to Leeds City Art Gallery. In the background, the wooden wall with glass doors large enough to allow big sculptures through closes off the museum's central full-height gallery created in the former courtyard. **Facing page:** one of the rooms in the museum.

←

cause it has been reconnected to the city's streetscape and confers a new identity on the unfinished side of the square. As if in some large minimalist sculpture, a platform scored with mechanically repeated flights of steps provides a base for the mute stone wall screen which attaches to the unfinished section of the square like a thin sheet of paper. Thus, Dixon and Jones decided to alter the meaning of the existing urban "sentence" using elegance and understatement, changing the sequence of its clauses, adding commas, shrewdly inserting exclamation marks. In fact, the only new building is the big central gallery created by enclosing the large courtyard on Alexander Street. Without making a song and dance about it, the architects have been content to work in undertones. Their intervention in the layout of the gallery has been notably discreet: the character of the simple white spaces with a minimum of detail comes from the quality of daylight and the contrasting scales of the spaces available within the existing structures.

1. piazza sopraelevata/*raised plaza;* **2.** ingresso principale/*main entrance;* **3.** reception; **4.** ascensore e scale/*lift and stairs;* **5.** sala espositiva del museo/*exhibition gallery;* **6.** "ponte" coperto di collegamento con la/*covered bridge to* Leeds City Art Gallery; **7.** Leeds City Art Gallery; **8.** archivio/*archive;* **9.** ufficio/*office;* **10.** sala di lettura/*reading room*

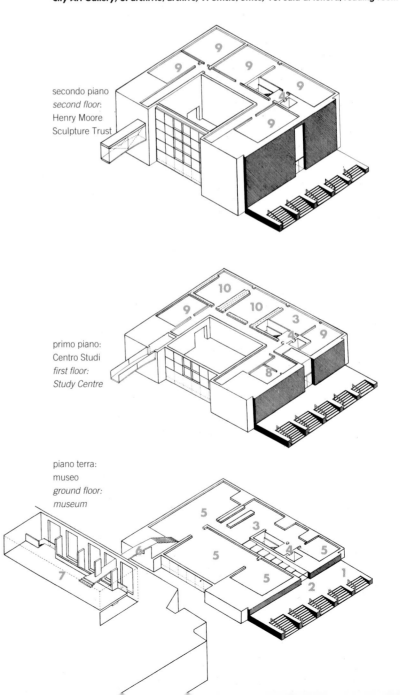

secondo piano
second floor:
Henry Moore
Sculpture Trust

primo piano:
Centro Studi
first floor:
Study Centre

piano terra:
museo
ground floor:
museum

F R A N K O . G E H R Y I N M I N N E A P O L I S

FREDERICK R. WEISMAN ART MUSEUM

schizzo per la facciata ovest/*sketch for the west front*

● **Nelle foto:** dettagli della facciata ovest.

● ***In the photos:*** *details of the west front.*

Zang Tumb Tumb   scrABrrRrraaNNG   GRAaaaG   TRAC........Zang

progetto/*project* Frank O. Gehry con/*with* Meyer, Scherer & Rockcastle

FULVIO IRACE. Estremo saggio di quell'estetica del contenitore che fa registrare il più alto tasso di conflittualità tra architetti e curatori di musei, il Frederick R. Weisman Art Museum di Minneapolis è forse anche l'involontario omaggio postmoderno al roboante modernismo futurista d'inizio secolo.

Virtuosistico compendio di quella vaga *vogue* decostruzionista che ne ha visto assurgere l'autore – il californiano Frank O. Gehry – all'ambiguo ruolo di guru e di fondatore, il nuovo centro espositivo dell'Università del Minnesota sembra infatti proporsi con le esplosive stimmate di uno di quei plastici paroliberi con cui Filippo Tommaso Marinetti tentava la strada della "ricostruzione" futurista dell'universo.

→

←

Corrusco e rimbombante di metallici clangori, Gehry l'ha disegnato come una manieristica esplosione di frammenti scultorei, quasi un Palazzo del Te in versione cibernetica. Affascinante sintesi delle più aggiornate idiosincrasie delle estetiche "virtuali", il museo sul Mississippi è la rappresentazione congelata di un crollo annunciato, una grande macchina barocca esagitata e graffiante.

Affacciati sul fiume, circondati dal Washington Avenue Bridge a nord, dalla Coffman Memorial Plaza a est, i quattro piani del museo nel campus dell'Università del Minnesota si confrontano come un'enigmatica natura morta con lo *skyline* della città. Tre lucernari scultorei sottolineano all'interno le intersezioni tra le gallerie per le collezioni permanenti, finestrature generose permettono dall'esterno rapidi scorci visivi nei luoghi del museo. Al centro, la "scatola nera" dell'auditorium per le presentazioni audiovisive può estendersi, con pareti mobili, inglobando la vicina lobby nel caso di rappresentazioni speciali.

Articolata come un pittoresco castello d'acciaio su una solida base rivestita di mattoni, la cittadella delle libere arti sventola torri e pennoni sopra la linea ondeggiante del sottostante museo: dentro, gli uffici tecnici, gli spazi amministrativi, le sale per seminari.

Inusuale faro sulle banchine del fiume, il museo ha valso al suo autore il prestigioso Progressive Architecture Award 1991.

F.I. *The Frederick R. Weisman Art Museum in Minneapolis is certainly an extreme statement of the "container" aesthetic that instantly sets architects and museum curators at loggerheads with each other, but perhaps it also pays unconscious postmodern tribute to the lofty early-century Modernism of the Futurists.*

As a virtuoso compendium of the vaguely deconstructionist vogue that has elevated its originator, Frank O. Gehry, to the ambiguous status of founding-father and guru, the University of Minnesota's new exhibition centre seems to muster all the explosive features of one of the paroliberi, *or free-form words, Filippo Tommaso Marinetti hoped would usher in a Futurist "reconstruction" of the universe.*

The reverberating glitter of Gehry's metallic design is a mannerist explosion of sculptural fragments, a cybernetic version

→

FREDERICK R. WEISMAN ART MUSEUM

L'USO. L'edificio – intitolato al collezionista d'arte e mecenate Frederick R. Weisman – è finalizzato all'educazione artistica degli studenti dell'Università del Minnesota. Prevede quindi spazi espositivi per la collezione permanente – circa 1200 oggetti soprattutto di arte americana – e per le mostre temporanee, spazi per le lezioni, i seminari e i laboratori, l'auditorium, gli spazi di vendita e affitto di quanto si riferisce all'arte, oltre agli uffici amministrativi e agli uffici tecnici. L'ingresso principale al museo si apre sul ponte pedonale di collegamento tra il Washington Avenue Bridge e la Coffman Memorial Plaza, elementi focali all'interno del campus. Il ponte sottolinea ulteriormente l'importanza dell'edificio all'interno dell'università e questo ingresso – l'altro è collegato al piano dei parcheggi – permette di far funzionare il piano delle esposizioni indipendentemente dal resto dell'edificio.

I MATERIALI. Quasi un castello sul Mississippi, la cittadella dell'arte si impone come un elemento scultoreo complesso rivestito con pannelli di acciaio inossidabile spazzolato e forato dagli elementi vetrati. A sud s'innesta una solida struttura, sulla quale svettano i tre volumi con i lucernari posti all'intersezione delle gallerie d'esposizioni, rivestita di mattoni verniciati in color terracotta, riferimento cromatico agli edifici industriali che si affacciano sulle rive del fiume. **In questa pagina:** l'elemento della facciata ovest che segnala l'ingresso del museo dal ponte pedonale si staglia sullo *skyline* di Minneapolis. **Nella pagina a lato, in senso orario:** la facciata ovest, l'innesto tra la facciata ovest e la facciata sud e due dettagli dell'innesto.

A. livello ingresso
dal ponte pedonale
*entrance level from
the pedestrian bridge*
B. livello ingresso
dal parcheggio
*entrance level
from the car park*

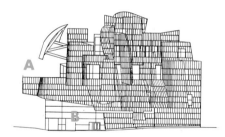

fronte ovest/*west elevation*

THE USE. *Named after its major benefactor, art collector Frederick R. Weisman, the building was designed to introduce Minnesota university students to art. So it has spaces for the permanent collection – some 1,200 mainly American artefacts – and changing exhibitions, rooms for classes, seminars and workshops, a lecture theatre, a sales shop, an art rental gallery and administrative and technical offices. The main entrance to the museum is from the footbridge linking Washington Avenue Bridge to Coffman Memorial Plaza, which are focal elements on the campus. The bridge draws even more attention to the importance of the building on the campus, and this entrance – the other is via the car park level – enables the main museum level to function independently of the rest of the building.*

THE MATERIALS. *This imposingly sculptural art citadel – almost a castle on the Mississippi – is faced with brushed stainless steel panels pierced by windows. To the south it extends into a solid structure topped by three volumes with skylights over the gallery intersections inside. The structure is faced with terracotta coloured brick, a reference to the colour of the industrial buildings overlooking the river. **This page:** the part of the west front marking the footbridge entrance to the museum stands out against the Minneapolis skyline. **Facing page, clockwise:** the west front, the join of the west and south fronts and two details of the join.*

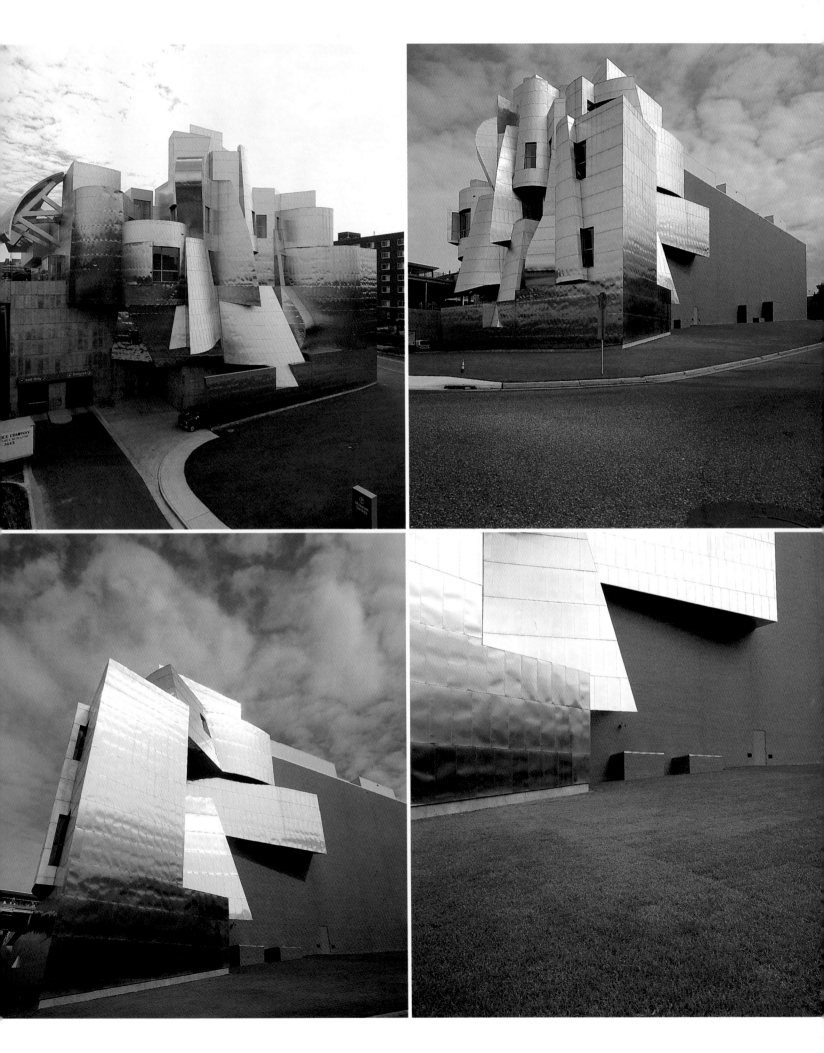

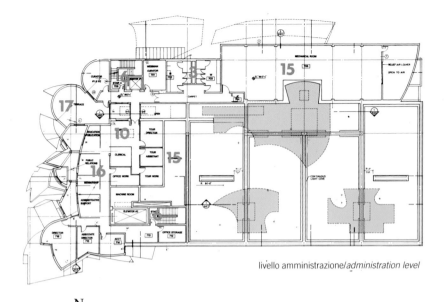

livello amministrazione/*administration level*

N

livello principale/*main level*
(in colore la proiezione della copertura con i lucernari
in colour the reflected ceiling plan with the skylights)

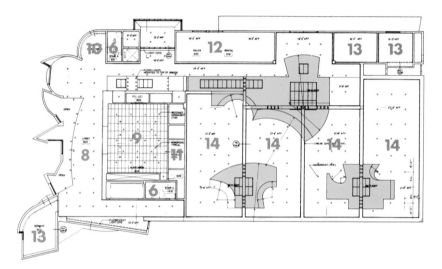

livello terra e magazzino/*ground and storage level*

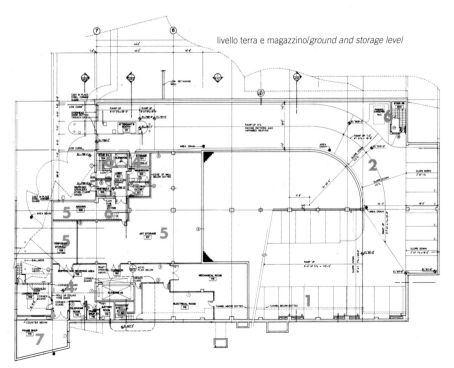

of Mantua's Palazzo del Te, a fascinating and idiosyncratic synthesis of state-of-the-art virtual reality effects, a frozen representation of prophesied collapse, a frantically abrasive baroque grande machine.

On its riverside site enclosed by the Washington Avenue Bridge to the north and the Coffman Memorial Plaza to the east, the four-storey museum on the University of Minnesota campus stands like an enigmatic still life against the city skyline. Inside, three skylights illuminate the intersections of the galleries housing the permanent collections; outside, large windows offer tantalising glimpses of the museum interior. At the heart of the building, the "black box" audiovisuals auditorium with mobile walls can be enlarged for special events to include the nearby lobby.

Like a picturesque steel castle on a solid brick-clad plinth, the citadel of the free arts raises towers and turrets housing technical and adminisitrative offices and lecture rooms above the undulating form of the museum below.

And virtuosity has its reward. Gehry's unusual riverbank lighthouse won the prestigious Progressive Architecture Award in 1991.

1. parcheggio/*parking*
2. rampa/*ramp*
3. servizi/*washroom*
4. impianti tecnologici/*technological systems*
5. deposito/*storage*
6. scala e ascensore/*stairs and lift*
7. negozio di cornici/*frame shop*
8. hall d'ingresso/*lobby*
9. auditorium
10. vestibolo/*vestibule*
11. cucina/*kitchen*
12. vendita e affitto inerente all'arte/*art sale and rental*
13. sala di studio/*study room*
14. sala museale/*museum gallery*
15. ufficio tecnico/*technical office*
16. ufficio amministrativo/*administrative office*
17. terrazza/*terrace*

FREDERICK R. WEISMAN ART MUSEUM

● **Nella pagina a lato:** alcuni scorci delle sale di esposizione e del complesso gioco dei volumi della copertura. L'altezza delle pareti varia da 5 a 8 metri; l'illuminazione naturale è integrata dai lucernari, per i quali è prevista una schermatura meccanica utilizzabile quando si espongono materiali fotosensibili.

● *Facing page: views of the exhibition rooms and the complex interplay of roof volumes. The height of the walls varies from 5 to 8 metres; natural light is augmented by skylights which can be covered with blackout shades when light-sensitive materias are displayed.*

A. PREDOCK IN LARAMIE, WYOMING
AMERICAN HERITAGE CENTER

Architettura emblematica a custodia delle tracce di primordiali civilizzazioni nel centro di cultura e museo d'arte dell'Università dello Wyoming ■ *Symbolic architecture guards the remains of primordial civilisations in the University of Wyoming's cultural centre and art museum*

progetto/*project* Antoine Predock
con/*with* Geoff Beebe e Derek Payne

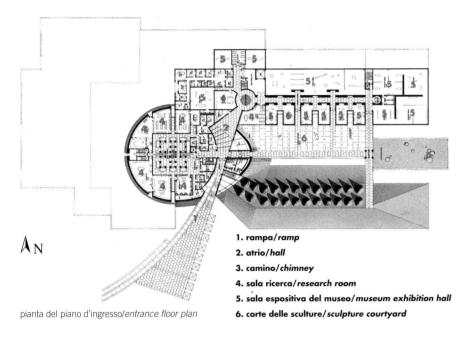

pianta del piano d'ingresso/*entrance floor plan*

1. rampa/*ramp*
2. atrio/*hall*
3. camino/*chimney*
4. sala ricerca/*research room*
5. sala espositiva del museo/*museum exhibition hall*
6. corte delle sculture/*sculpture courtyard*

F.I. Mettendo assieme Platone e Manitù, la metafisica dei solidi puri e l'ancestrale richiamo dello spirito delle praterie, cinque anni fa Antoine Predock aveva affrontato il concorso per la sede dell'American Heritage Center con la baldanza di una straordinaria proposta insediativa, destinata a far breccia nel cuore e nella mente della commissione dell'Università dello Wyoming. A complesso costruito, i motivi di questo successo sono ancor più evidenti: artificiale vulcano, ma anche tumulo sacrale o pietrificata metafora di un gigantesco "tipi" indiano, l'enigmatico cono, che sorge dallo zoccolo geometricamente scolpito di una base accuratamente disegnata, colpisce l'immaginazione prima ancora che ci si interroghi sulla sua identità. Emblematico commento alla sacralità di un luogo che custodisce le tracce di primordiali civilizzazioni, il nuovo centro paga omaggio alla suggestione di una cultura del suolo e della natura che gli eventi della storia hanno reso disseminata e marginale. Così il "cono" alloggia nei suoi cinque piani gli archivi della civiltà pellerossa e gli spazi di studi e ricerca, mentre una serie di bassi e ritmici volumi gradonati ospita l'Art Museum dell'università. Un lungo percorso penetra di sghimbescio nel cuore del volume cilindrico dove si apre un vertiginoso spazio che raggiunge la "bocca" del "vulcano": all'interno, una incastellatura di legno si sviluppa a partire da quattro pilastri di cemento, in modo da condurre all'aria aperta del cielo la canna di un camino che nasce dallo spazio sottostante, dalla "cripta" degli archivi. Simbolico strumento di misurazione degli elementi naturali e teatro della memoria degli artefatti culturali, l'American Heritage Center è uno spazio di riflessione sulla forza evocativa della storia, sulla potenza della tradizione, sui suoi legami con l'oggi.

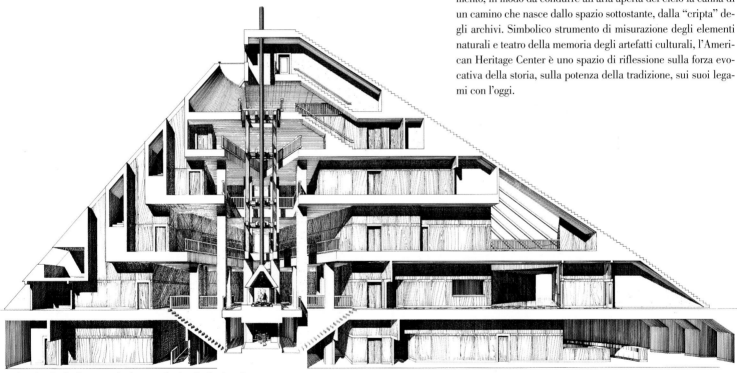

sezione longitudinale prospettica/*perspective longitudinal section*

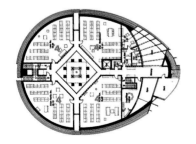

primo piano/*first floor*　　secondo piano/*second floor*　　terzo piano/*third floor*　　quarto piano/*fourth floor*　　quinto piano/*fifth floor*

F. I. *In his entry for the American Heritage Center competition five years ago, Antoine Predock confidently yoked Plato and Manitou – the metaphysical appeal of pure solids and the ancestral call of the spirit of the prairies – to produce an extraordinary human settlement that eventually won the hearts and minds of the University of Wyoming comittee. Now that the complex has been built, it is even easier to see why Predock's design won the competition. The mysterious cone rising from a geometrically sculpted plinth on a carefully drawn base – it could be a man-made volcano, a sacred mound or the petrified metaphor of some huge Indian tepee – captures the imagination even before you begin asking what is.*

As the symbol of a sacred site guarding the remains of primordial human civilisations, the new Heritage Center building pays evocative tribute to a natural, land-based culture which historical events have subsequently dispersed and rendered marginal. The five storeys of the cone itself house the Center's archives of Red Indian culture as well as study and research facilities, while the sequence of low, rhythmically tiered buildings contains the university's Art Museum. A long, slanting walkway leads to the heart of the cone where a huge space soars to the mouth of the volcano. Inside, wooden scaffolding mounted on four concrete pillars carries upwards to the open sky a chimney rising from the archive crypt below.

As a symbolic measure of the natural elements and a theatre of memory for cultural artefacts, the American Heritage Center encourages visitors to ponder the evocative power of history and the tenacious grip of tradition, and their links with the world of today.

● **Sopra:** il volume tronco conico è rivestito di lastre di rame e concluso da un lucernario superiore; **sotto:** al piano terra l'atrio d'ingresso si affaccia sulla corte delle sculture; **a destra:** il camino centrale. **Nella pagina a lato:** l'incastellatura di legno che si sviluppa per tutta l'altezza del volume tronco conico a protezione della canna fumaria appoggia su quattro pilastri di cemento

● *Above:* the cone has copper sheet cladding and terminates in a skylight at its apex; *below:* the ground-floor entrance hall flanking the sculpture courtyard; *right:* the central chimney. *Facing page:* the full-height wooden scaffolding mounted on four concrete pillars carries the chimney to the top of the conical building.

AMERICAN HERITAGE CENTER

SCIENCE AND COSMOS MUSEUM

Museo della scienza e dell'universo

Dalla luce del paesaggio un percorso iniziatico introduce alla progressiva oscurità del museo.

A journey of initiation from the daylight world into the increasing darkness of the museum's interior.

progetto/*project* Jordi Garcés ed Enric Sòria

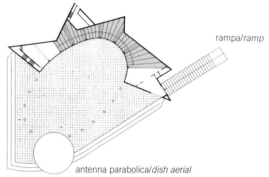

rampa/*ramp*

antenna parabolica/*dish aerial*

pianta a livello della copertura del museo; in colore: la scala interna di accesso al museo/*roof-level plan of museum; in colour: the inner stairs to the museum*

FULVIO IRACE Tramontato il "secolo d'oro" del positivismo ottocentesco, i musei della scienza hanno conosciuto un rapido declino, sconfitti sul piano della comunicazione da quella stessa idea di "progresso" che li aveva visti nascere e prosperare durante l'"infanzia delle macchine". Ci sono volute una buona dose di pragmatismo e una rinnovata fiducia nella capacità della scienza di informare "divertendo", perché negli ultimi decenni questa particolare istituzione museale riprendesse quota. Ne è un buon esempio l'esperimento tentato a Tenerife: qui, infatti, geometria e architettura, arte e comunicazione si sono intrecciate in un programma di grande chiarezza espositiva e in una struttura di forte e sintetico impatto. Dal punto di vista funzionale il museo corrisponde propriamente a un'allungata sala ovale ritagliata, come una cripta o una sala dei tesori, dentro la sagoma a stella di un alto muro di recinzione e di contenimento. Tra la sala e il muro si svolge il ritmo irregolare di una rampa gradonata, per modo che dall'alto, progressivamente, va conquistato il *sancta sanctorum* dei feticci scientifici.

Esposti in bacheche disposte liberamente nel grande vuoto della sala sotterranea, questi sono esibiti come offerte sacrali al culto della conoscenza. Per conquistarne i "segreti" gli architetti hanno predisposto la sequenza di un percorso iniziatico, che dalla luce del fuori si va delineando attraverso la progressiva oscurità del dentro. Come una macchina aperta al paesaggio, il tetto della sala diviene osservatorio e terrazza panoramica cui si può accedere indipendentemente dalla visita al museo, come propiziatorio omaggio alla città e al cielo di Tenerife.

F. I. *As the golden age of nineteenth-century Positivism waned, science museums went into rapid decline, defeated on the communications front at least by the very concept of "progress" they saw emerge and prosper when machines were in their in-*

→

● **Nella pagina a lato, dall'alto:** un dettaglio dell'ingresso al museo ritagliato nell'alto muro di recinzione rivestito di pietra vulcanica di Fuenteventura; il disegno a stella del muro di recinzione affacciato sulla piazza esterna e la rampa di accesso alla piazza interna; una veduta d'insieme del museo. **In questa pagina:** la scala che collega il livello inferiore del museo vero e proprio con la piazza superiore. La scala si svolge all'interno del corpo definito dal muro a stella verso la città e prende luce da finestre aperte nel muro interno di contenimento della piazza superiore.

● *Facing page, top to bottom: detail of the entrance to the museum embedded inside a high perimeter wall clad with volcanic Fuenteventura stone; the star-shaped perimeter wall facing the plaza outside and the access ramp to the inner plaza; a general view of the museum. **This page:** the stairs linking the lower level of the museum proper to the upper plaza. The stairs are inserted in the volume created by star-shaped wall facing the city, and receive light from windows in the inner retaining wall of the upper plaza.*

● **Nelle pagine seguenti:** il museo si sviluppa in una sala ovale centrale che prende luce dalla scala e da piccoli lucernari sul tetto in corrispondenza del suo perimetro; le pareti e il soffitto sono di cemento a vista, il pavimento di granito grigio. **Dall'alto, da sinistra a destra:** l'ingresso alla sala centrale; la parete-filtro tra la sala e la scala; uno dei lucernari e una veduta della sala. **Nella foto grande:** la sala centrale con i pilastri di sostegno. L'allestimento del museo è di Enric Franch.

● *Following pages: the museum is laid out in a central oval hall that receives light from the stairway and small skylights set in the roof around its perimeter; the walls and ceiling are plain concrete and the floor is grey granite. **Top to bottom and left to right:** the entrance to the central hall; the filter wall between the staircase and the hall; one of the skylights and a view of the hall. **Right:** the central hall with supporting columns. Exhibition design by Enric Franch.*

fancy. Healthy doses of prag-
matism and revived faith in
the ability of science to edu-
cate through enjoyment have
been needed to reinstate the
popularity of this particular
kind of museum over recent
decades. The Science Museum
in Tenerife, where geometry
and architecture, arts and
communications, intertwine
in admirably clear exhibition
design and a compact archi-
tectural structure of consider-
able impact, is a good exam-
ple of the new approach.

In functional terms, the mu-
seum proper is an elongated
oval hall embedded like a
crypt or treasure room in a
star-shaped perimeter and re-
taining wall. An irregular,
tiered ramp develops rhyth-
mically in the space between
the hall and the wall so that
visitors gradually achieve ac-

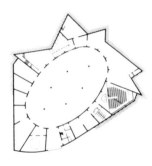

pianta del museo/*plan of museum*

cess from above to the large
underground sancta sanctor-
um of science where exhibits
are displayed in scattered
showcases like sacred offer-
ings to the god of knowledge.
The architects enable visitors
to penetrate the mysteries of
science by leading them on a
journey of initiation from the
daylight world outside into
the increasing darkness of the
museum's interior.

Like a machine open to the
landscape, the roof of the un-
derground hall becomes an
observatory and panoramic
terrace that can be visited in-
dependently of the museum as
a propitiatory tribute to the
city and sky of Tenerife.

The Groningen island museum

progetto/*project* Alessandro e Francesco Mendini, Alchimia-Giorgio Gregori, A. Mocika, G. Vossaert, P. Gaeta (interni/*interiors*)

progettisti invitati/*guest architects* Michele De Lucchi con/*with* G. Koster (allestimento padiglione Archeologia e Storia *Archaeology and History Pavilion exhibit design*), Philippe Starck con/*with* A. Geertjes (allestimento padiglione Arti Decorative *Decorative Arts Pavilion exhibit design*) Coop Himmelblau (padiglione Arte Antica/*Ancient Art Pavilion*); Frank Stella (progetto non realizzato/*unrealised project*)

L'isola museo di Groningen

Cantiere di un'estetica delle dissonanze, il nuovo museo della città si presenta come un esperimento di "architettura artistica" che si riflette nella regia dodecafonica dei padiglioni e degli allestimenti

The dissonant experimental harmonies of the new museum's "artistic architecture" find expression in dodecaphonic orchestration of pavilions and furnishings

● Alessandro Mendini, schizzi di progetto. Dominante è l'elemento-acqua su cui galleggiano volumi indipendenti collegati da una rete di ponti e di piazze.

● *Alessandro Mendini, project sketches. The dominant feature is the water on which the individual volumes seem to float, linked by a network of bridges and plazas.*

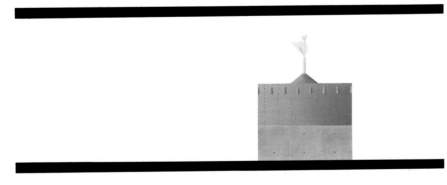

FULVIO IRACE. Ancorata alle acque del canale che separa il centro storico dalla stazione di Groningen, l'isola artificiale, su cui sorge la postmoderna acropoli del nuovo museo, annuncia da lontano l'ingresso bizzarro e assieme fastoso alla remota cittadina olandese. Cantiere sperimentale di un'estetica delle dissonanze, la cittadella delle arti può ricordare di volta in volta lo *skyline* di un villaggio dell'immaginario, una nave sovraccarica di esotici *souvenirs*, una scultura d'avanguardia di inusitate dimensioni. Separata dalla riva da un ponte levatoio pronto ad alzar bandiera al passaggio di chiatte e imbarcazioni, una composizione apparentemente disordinata di volumi colorati si tiene in precario equilibrio attorno all'albero maestro di una torre lucida d'oro: ermetico, impenetrabile volume che piano dopo piano, per tutta la sua altezza, protegge i "tesori" nascosti della città. Invece di essere custodito nel tradizionale *caveau* sotterraneo, il deposito delle opere d'arte svetta all'esterno con la mistica baldanza di una sacra reliquia, ironico atto di fede nell'artista che, novello re Mida, trasforma in oro tutto ciò che tocca. Fiancheggiato da due corpi bassi che offrono al pubblico attrezzature di ristoro non solo culturale, l'albero maestro di questa "nave della follia" rimane elemento dominante del piano urbanistico dell'isola: un attraversamento pedonale porta la città nel museo e conseguentemente il museo nella città; parte dalla riva, percorre un ponte, si allarga in una piazza. Questa diventa così il vuoto orizzontale di una città virtuale che si estende a nord nelle geometrie compatte di un quadrato di mattoni (padiglione di Archeologia e Storia) e di un cerchio d'alluminio (padiglione di Arti Decorative) e si proietta a sud nell'esplosione controllata di linee sghembe e di parallelepipedi sospesi (padiglione di Arte Antica). Croce degli intransigenti custodi della tradizione, delizia degli euforici cultori delle "provocazioni" culturali, il Groninger Museum svolge, indipendentemente dai punti di vista, l'audace teorema intellettuale di una geometria "non istituzionale" dello spazio museale. Esperimento di "architettura artistica", ama definirlo Alessandro Mendini, suo padre putativo. Mescolando pittura e architettura, decorazione e installazione, media e design, Mendini ci ha da tempo abituati a *cocktails* di esclusiva invenzione, dal sapore forte e dai tenui colori: prodotti a denominazione controllata del suo "atelier" milanese, li ha di volta in volta chiamati "casa della felicità", "museo Merone", "architettura ermafrodita"... A dargli man forte ci ha pensato Frans Haks, disinibito direttore della rinnovata istituzione, che da molto tempo teorizza il museo come invenzione e luogo di programmatici contrasti. Assunto il timone del sonnacchioso museo della città nel 1979, Haks ne ha rivoluzionato in breve tempo i modi consueti delle acquisizioni, puntando sulle frange più estreme della sperimentazione, adottando senza esitazione ogni forma di arte di frontiera, architettura e design d'avanguardia inclusi. Adagiato sino ad allora nella moderata fama delle sue collezioni d'arte olandese, di porcellane del XVIII secolo, di manufatti e reperti archeologici legati alla storia della città e della

continua a pagina 230

The island
museum

● **Sopra:** l'ingresso posteriore nella torre del deposito rivestita di laminato color oro, una vera "camera del tesoro". **Sotto:** alcuni dettagli di *textures* delle facciate. Piccoli quadrati azzurri su fondo azzurro o rosa per il laminato dei padiglioni di servizio; alluminio con formelle ad altorilievo per il cilindro delle Arti Decorative; laminato a mosaico per l'Arte Contemporanea. Il padiglione di Archeologia e Storia (vedi foto nelle pagine precedenti) è rivestito di mattoni, materiale tradizionale degli edifici di Groningen. **Nella pagina a lato:** il *foyer* d'ingresso e l'imbocco delle scale verso il piano dei corridoi di collegamento ai padiglioni. I neon sul soffitto sono un intervento di François Morellet.

● *Above: the rear entrance to the storage tower, whose golden sheet-metal cladding makes it seem a real "treasure chamber".* **Below:** *details of façade textures: small blue squares on a light blue or pink background for the sheet metal cladding of the service blocks; aluminium with high-relief panels for the cylindrical Decorative Arts Pavilion; mosaic laminate for the Contemporary Art and Exhibition Pavilion. The Archaeology and History Pavilion (see photos in previous pages) is clad in brick, Groningen's traditional building material.* **Facing page:** *the entrance foyer and the head of the stairs down to the corridors that link the pavilions. The neon ceiling lights were designed and installed by François Morellet.*

da pagina 228

sua regione, il museo ereditato da Haks si trova improvvisamente proiettato nel futuro. Il tema che egli si propone di sviluppare è la trasformazione del museo da tempio della conservazione a osservatorio della trasformazione: si tratta quindi di inventare una strategia della comunicazione che ripensi i modi di rapportarsi dell'istituzione con il pubblico. Modi che vanno cercati, secondo Haks, fuori di ogni accademia, in quel limbo sospeso tra arti e media dove imperano le tecniche della pubblicità e il divertimento e lo stupore sono parti integranti della comunicazione spettacolare. Su questo terreno l'incontro con Mendini appare quasi obbligato: convinti entrambi che al pluralismo concettuale debba corrispondere la disomogeneità espositiva, si sono coalizzati per mettere assieme un *multiversum* tipologico che si riflette nella regia dodecafonica dei padiglioni e degli allestimenti. Hanno fatto corrispondere dunque all'eterogeneità delle collezioni una discreta collezione di architetture, commettendo la realizzazione di sale e padiglioni a Michele De Lucchi (Archeologia e Storia), a Philippe Starck (Arti Decorative), Frank Stella e Coop Himmelblau (Arte Antica).

Invitati a recitare a soggetto, artisti, designer e architetti hanno avuto destro di svolgere un tema d'assoluta autonomia, allestendo a loro volta uno straordinario "museo di architetture grandi al naturale".

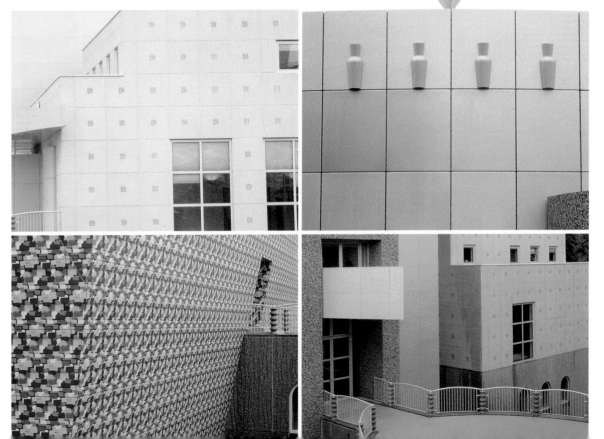

The island museum

F.I. *Anchored in the canal that separates the historical centre of Groningen from the railway station, the island bearing the postmodern acropolis of the new museum is visible from a distance as a bizarre though imposing point of entry into the remote Dutch city. The dissonant experimental harmonies of this citadel of the arts resemble by turns the skyline of an imaginary village, a ship laden with exotic souvenirs and an avant-garde sculpture of unusual size. Joined to the bank by a bridge that lifts to let barges and ships through, the seemingly disorganised composition of coloured volumes in fact coheres around the main mast of the gleaming gold tower, a hermetic, impenetrable volume whose vaults containing the city's hidden treasures rise floor upon floor to the full height of the structure. Rather than a conventional underground strongroom, this new repository of art soars skywards like a sacred relic, the ironic act of faith of the modern artist who, like a latter-day Midas, changes everything he touches into gold. Flanked by two low buildings that provide food and drink as well as cultural nourishment, the main mast of this "ship of fools" dominates the urban design of the island citadel: a footbridge brings the city into the museum and the museum into the city. Leaving the bank, you cross the bridge and come to a square, the horizontal void of a virtual city that extends northwards to the compact geometries of a brick box (Archaeology and History Pavilion) and an aluminium circle (Decorative Arts Pavilion), and southwards to a controlled explosion of oblique lines and suspended parallelepipeds (Ancient Art Pavilion). The Groningen Museum will enrage dyed-in-the-wool traditionalists as much as it delights iconoclasts who relish irreverent swipes at establishment culture, but whatever your persuasion, it stands in its own right as a bold geometrical theorem of unconventional museum design – an experiment in "artistic architecture", as its putative father Alessandro Mendini likes to call it. With his combinations of painting and architecture, decoration and installation, mass media and design – shaken or stirred, as the case may be – Mendini long ago gave us a taste for cocktails that are strong on flavour but easy on the eye: "House of Happiness", "Merone Museum", "Hermaphrodite Architecture" and all the other appelation controllée concoctions that have issued from his Milan studio. Mendini was given a free hand with the Groning-*

→

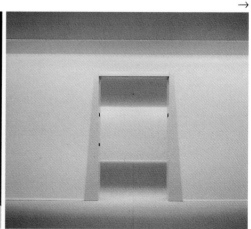

←

en shaker by Frans Haks, the open-minded director of the new institution who has long believed that museums should be focuses of invention and carefully contrived contrast. When given control of the drowsy city museum in 1979, Haks lost no time in revolutionising its acquisition policies, trawling the outer shoals of experimentation and unhesitatingly offering a home to all the frontier arts, including architecture and avant-garde design. Until Haks burst on the scene, the museum had been coasting along on the modest fame of its collections of Dutch painting, eighteenth-century porcelain and archaeological exhibits from the city and region. Suddenly it found itself propelled into the future as his policy of converting it from a temple of conservation into an observatory of transformation began to bite, and the need for a strategic rethink of how the museum should relate to and communicate with its public became apparent. Haks maintained that the source of these new ideas lay outside establishment culture in the limbo between the arts and the media where advertising techniques determine all, and open-mouthed wonder is an integral feature of visual communications culture, so he was bound to run into Mendini sooner or later. Both believed that conceptual pluralism should find its counterpart in unhomogeneous display, and they were soon in cahoots over the construction of the typological multiversum that is now reflected in the museum's dodecaphonic assembly of pavilions and furnishings. Thus, the heterogeneous collections are matched by a broad assortment of architectural styles in the rooms and pavilions commissioned from Michele De Lucchi (Archaeology and History), Philippe Starck (Decorative Arts), and Frank Stella and Coop Himmelblau (Ancient Art). Artists, designers and architects responded in totally individual ways to the themes they were asked to address, producing in their turn an extraordinary "museum of full-size buildings".

● **Sopra, a sinistra:** il nucleo centrale del museo con i due ponti di collegamento (quello di destra è alzato). In primo piano due delle finestre a filo d'acqua che illuminano il corridoio di collegamento tra la torre e i padiglioni; **a destra:** il piano calpestabile del corridoio di collegamento è a 80 centimetri sotto il livello dell'acqua. **A sinistra:** installazione di Keith Haring nel padiglione per le mostre e l'Arte Contemporanea. **Sotto, a sinistra:** installazione di Rhonda Zwillinger; **a destra:** poltrona "Bel Air" di Peter Shire, 1982, e tavolo "Continental" di Michele De Lucchi, 1984, entrambi disegnati per Memphis; a pavimento, moquette prodotta da Vorwerk.

● *Above left: the main nucleus of the museum with its two connecting bridges (the one on the right is raised). In the foreground, two of the water-level windows that light the corridor linking the tower to the pavilions. Above right: the corridor leading to the pavilions is 80 cm below water level. Left: Keith Haring's installation in the Contemporary Art and Exhibition Pavilion. Below left: Rhonda Zwillinger's installation; right: a Peter Shire "Bel Air" armchair (1982) and a Michele De Lucchi "Continental" table (1984), both designed for Memphis; the carpeting is by Vorwerk.*

Where art is now

Dove sta l'arte

L'imprevedibile evoluzione dell'arte contemporanea espande le possibilità di invenzione spaziale nei luoghi a essa dedicati

■ *As contemporary art develops in unpredictable ways, the places built to house it offer increasing scope for spatial inventiveness*

STEFANO CASCIANI. L'arte, più viva che mai, rappresenta ancora un luogo centrale nel problema del progetto. Per gli artisti, ovviamente, ma anche per tutti coloro che hanno a che fare con il disegno di oggetti e spazi per abitare, misurarsi direttamente con il problema dell'espressione è (o dovrebbe essere) un fatto quotidiano. Contro questa possibilità espressiva si elevano numerosi ostacoli: ai tradizionali vincoli della professione, si aggiungono una critica e un'informazione (sia artistica che architettonica) che si ostinano a voler indicare direzioni prestabilite, dal minimalismo al decostruttivismo. Indagare direttamente sul campo è perciò salutare: dopo i revival degli anni Ottanta (Transavanguardia, Arte Povera, ecc.), negli anni Novanta la massa della produzione contemporanea è finalmente tornata a una consistenza magmatica, da cui inutilmente ci si aspetterebbe di veder sorgere l'Arte, con l'A maiuscola, di questa fine secolo. Qualche segno interessante, per chi si occupa di progettazione, è però da tenere presente: identificazione tra mondo del consumo industriale ed espressione, rinnovato interesse per il corpo e, soprattutto, un continuo trascorrere dell'azione artistica tra spazio immaginario e reale. È difficile trovare oggi una mostra (o una galleria) che non contenga, oltre all'opera tradizionale, una qualche forma di installazione, costruzione od oggetto. Gli esempi che seguono in queste pagine sono una eccellente dimostrazione di quanto sia stata benefica per la qualità spaziale dei luoghi dell'arte questa espansione di significato. Oggi una galleria può essere uno splendido, etereo luogo dove ospitare tante o pochissime persone, ma alle quali è concesso di sapere dove sta e dove va l'arte contemporanea, di assistere alla sua evoluzione in forme sempre più simili a quella della realtà tridimensionale. Purtroppo, la fenomenologia del *vernissage* insegna che proprio tra il pubblico dell'arte sono latitanti i progettisti, e lo si capisce dalla povertà di certe realizzazioni: con poche, lodevoli eccezioni, architetti e designer non vanno a visitare le mostre degli artisti. D'altra parte, il disinteresse è reciproco. Mostrare allora qui alcuni, scelti luoghi dell'arte contemporanea ha un valore doppio: additare agli artisti e al loro pubblico come il lavoro degli architetti non necessariamente è in contraddizione con l'esaltazione dell'opera d'arte; e viceversa, mostrare ai progettisti che l'esercizio su questi spazi è uno dei più rinfrancanti e ricchi di sviluppi espressivi. L'arte, com'è noto, fa bene alla salute.

S. C. *Art goes from strength to strength, and continues to raise issues crucial to design theory and practice. Getting to grips with expression is (or should be) the daily concern not just of artists (naturally) but of anyone involved in the design of objects and living spaces, but opportunities for expression are thwarted by the profession's traditional constraints, and the strictures of critics and media pundits (in both art and architecture) who seem reluctant to depart from minimalism or deconstructivist orthodoxies. So it can be instructive to go out and take a look for yourself. When you do, you discover that the eighties revivals (Transavantgarde, Arte Povera, etc.) have run their course, and that most contemporary manufacture has reverted to a kind of magma where the last thing you expect to see emerging is late twentieth-century Art with a capital A. But occasionally you glimpse trends that design people would do well to bear in mind: the identification of industrial consumption with expression, renewed interest in the body and, most important of all, a constant shuttling back and forth from real to imaginary space in artistic production. It's difficult these days to find an exhibition (or gallery) that doesn't display some kind of installation, construction or object alongside its traditional artworks. The examples we look at here are an object lesson in how much this expansion of meaning has improved the spatial quality of the places that house art. Today, galleries can easily be splendid, ethereal places designed for large crowds or just a few visitors. What really matters is that they all come out with first-hand, increasingly three-dimensional experience of where contemporary art has come from, where it is now and where it seems to be going. Regrettably, one thing you learn from keeping your eyes peeled at opening nights is that designers aren't the sort of people who frequent art galleries: you only need to look at the lamentable standard of some of their projects to realise that. With a few laudable exceptions, architects and designers don't go to see exhibitions by artists, and it must be said that the lack of interest is mutual. So this survey of a select number of contemporary art galleries has a dual purpose: to point out to artists and their public that the work of architects needn't conflict with the exaltation of works of art; and, conversely, to show designers that working with these spaces can be a real tonic and a major opportunity for artistic expression. Art, as everyone knows, is good for you.*

ANTONIO CITTERIO AND TERRY DWAN

Milan: Galleria Massimo De Carlo

S.C. La più sorprendente mostra di una recente stagione artistica milanese è avvenuta in una galleria che è già di per sé uno spazio architettonico: un ex stabilimento industriale, limpidamente risistemato, dove Massimo De Carlo da qualche anno presenta gli artisti più interessanti dell'ultima generazione. Nessuno di loro però aveva finora attentato all'integrità spaziale di un contenitore che, con le sue particolari dimensioni, allo stesso tempo incute rispetto ma anche invita a interventi di natura veramente ambientale.

Il deciso progetto del giovane Mario Airò (nato a Pavia nel 1961) è riuscito nell'impresa, raggiungendo un delicato equilibrio con la semplicità di un gesto "antitecnico": ha studiato a lungo gli alloggi dei monaci nella Certosa di Pavia, ne ha immaginato mentalmente le proporzioni e i significati (vernacolo, filosofia, fede religiosa) ed è riuscito a ricomporli nella straordinaria, piccola cella di mattoni costruita direttamente sul posto insieme ai muratori. Ha quindi rovesciato interno ed esterno di questa abitazione mistica, aprendo la cella verso il modesto giardinetto del condominio e chiudendola verso la galleria; così che per "vedere" l'opera bisognava entrare e uscire dallo spazio istituzionalizzato. Più sofisticato e perciò meno efficace l'altro intervento, quello dello svizzero Christian Philipp Müller (Biel, 1957), che ha agito sulla parte opposta della galleria, chiudendone una parte e ricomponendo quindi gli spazi così intaccati in due grandi volumi bianchi sovrapposti, al limite dell'inespressionismo (per usare la *boutade* di Germano Celant). Eppure, in questo gioco delle parti tra arte e architettura, lo spazio della galleria ha resistito: la qualità

→

● Nella trasformazione in galleria d'arte l'edificio industriale è stato completamente svuotato per esaltarne i volumi e sono stati lasciati a vista pochi segni essenziali: la struttura curva di travi di cemento prefabbricato, i lucernari e le grandi vetrate con profili di ferro, i canali dell'impianto di condizionamento e i tubi di ferro zincato che sostengono gli apparecchi illuminanti. Le pareti sono rigorosamente bianche, il pavimento di legno chiaro. **In questa pagina, nella pagina seguente e a pag. 237, sotto:** Mario Airò, cella monacale. L'opera ricompone uno spazio monastico costruito in mattoni sul posto. Completamente chiusa verso la galleria, la cella si apre verso il piccolo giardino e il suo interno è visibile solo dalla finestra – per l'occasione trasformata – a fianco del portone d'ingresso. **A pag. 237, sopra:** Christian Philipp Müller, *Showroom*, grandi volumi bianchi sovrapposti.

Milan: Galleria Massimo De Carlo

● *For conversion into an art gallery, the industrial building was gutted to enhance its volumes, leaving just a few essential elements exposed to view: the curved prefabricated concrete beam structure, the skylights, the large iron-framed windows, the air-conditioning ducts and the zinced supporting tubes for the lights. The walls are uniformly white, and light-coloured wood was used for the floor.* **This page, following page and page 237, below:** *Mario Airò, monk's cell. The work is a brick monk's cell reconstructed on site. Completely closed off on the gallery side, the cell opens onto the small garden and its interior can only be seen through the window – specially adapted for the occasion – next to the entrance door.* **Page 237, above:** *Christian Philipp Müller,* Showroom, *large white overlaid volumes.*

progetto/*project*
Antonio Citterio e Terry Dwan
con/*with* Patricia Viel

← del progetto e quella dell'espressione, quando davvero esistono, non sono mai in contraddizione.

S.C. *The most surprising event in Milan's latest round of exhibitions was in a gallery that is already architecturally interesting in its own right – a beautifully refitted factory where for some years Massimo De Carlo has been exhibiting some of the more intriguing younger artists of our day. So far, no one has thought of doing something with the container itself, whose size instils respect but also makes it ideal for environmental interventions.*

Now a young artist called Mario Airò (Pavia, 1961) has done just this in a "non-technical" project that establishes a new and delicate equilibrium. Long study of the monks' cells at the Charterhouse of Pavia gave him the proportions and meanings (vernacular, philosophy, religious faith) he subsequently reproduced on a smaller scale as an extraordinary brick cell built directly on site with a team of bricklayers. By opening the cell on one side to the modest communal garden and closing it on the other to the gallery itself, he effectively turned the original religious dwelling inside out: to "see" the work you had to enter and leave it from the "official" space of the gallery. Another project by Swiss artist Christian Philipp Müller (Biel, 1957) was more sophisticated, and in the end less successful. By closing off an area on the opposite side of the gallery and recomposing the enclosed spaces in two white superimposed volumes, he carried non-expressionism (as Germano Celant's wittily says) to the absolute limit. Thus, art and architecture swapped roles, but despite everything the gallery kept its own identity: when project and expression are good enough, they never contradict each other.

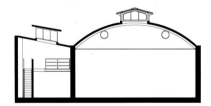

sezione trasversale/*cross section*

pianta/*plan*
in colore il soppalco-ufficio con lucernario/*in colour the mezzanine office with skylight*

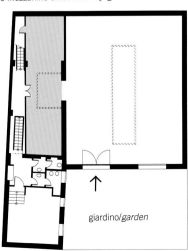

giardino/*garden*

237

New York: Stuyvesant High School

progetto/*project* Cooper, Robertson and Partners

La legge che stabilisce che l'un per cento del costo di ogni edificio costruito o rinnovato a New York venga dedicato a opere di arte pubblica continua a provocare risposte di imprevista poesia e intensità. Kristin Jones e Andrew Ginzel sono stati chiamati ad amministrare artisticamente l'un per cento del costo di una nuova scuola a Battery Park City, progettata dagli stessi architetti del piano regolatore della nuova comunità residenziale. La nuova scuola è in realtà la nuova sede di un antico e famoso liceo newyorchese, fondato nel 1904. La memoria, anche futura, ha ispirato la delicata installazione *Mnemonics*, 400 mattoni di vetrocemento cavo sparsi nei muri interni dei dieci piani dell'edificio. I mattoni contengono frammenti di memoria, del liceo, di New York, del mondo. C'è un mattone pieno di ricordi e di reliquie per ogni classe della scuola dal 1904 a oggi, e una serie di mattoni vuoti che verranno riempiti dalle classi da oggi fino al 2080. Un mattone contiene un frammento della Grande Muraglia cinese, un altro neve sciolta dal monte Fuji, un altro ancora reperti provenienti dagli scavi dei cantieri di Lower Manhattan. La memoria di sé e del mondo penètra subliminale nelle conversazioni degli studenti che si appoggiano ai muri, è una costante negli sguardi di chi si affretta ai piani superiori usando le scale mobili, apre squarci nella routine di esami e compiti in classe. *Mnemonics* regala alla scuola storia, tradizione e grandezza spirituale.

The law requiring that one per cent of the cost of every new or renovated building in New York should be spent on public artworks continues to generate reactions of surprising intensity and poetry. Kristin Jones and Andrew Ginzel were asked to find an artistic use for one per cent of the cost of a new school in Battery Park City designed by the architects of the residential community's urban plan. The new school in fact provides new premises for a venerable New York high school founded in 1904.

Future as well as past memories were the inspiration for Jones and Ginzel's delicate installation called Mnemonics, four hundred hollow glass bricks scattered across the internal walls of the ten-storey building. The bricks contain fragmentary memories of the high school, New York and the wider world. There are brick reliquaries for every high school class from 1904 to today, and empty bricks to be filled by every class from today to the year 2080. One brick contains a fragment of the Great Wall of China, another melted snow from Mount Fuji, still another objects unearthed during building excavations in Lower Manhattan. Memories of self and the world are subliminally present in the conversations of high-school students leaning against the walls, in the eyes of others hurrying to the upper floors on the escalator, in the routine of classwork and exams. Mnemonics endows the school with history, tradition and spiritual grandeur.

● **Sopra:** due studenti della Stuyvesant High School di fronte all'installazione *Mnemonics* di Kristin Jones e Andrew Ginzel. I 400 mattoni di vetrocemento cavo che formano l'opera sono sparsi nei muri interni dei dieci piani della scuola, in continua alternanza di mattoni da riempire o già riempiti con "frammenti di memoria". **Nella pagina a lato:** alcuni mattoni di vetrocemento riempiti con "frammenti di memoria".
● ***Above:*** *two students at the Stuyvesant High School stand opposite Kristin Jones and Andrew Ginzel's Mnemonics installation, whose four hundred hollow glass bricks pepper the inside walls of the ten-storey school, alternating throughout with bricks waiting to be filled or already filled with "fragments of memory". **Facing page:** some of the glass bricks filled with "fragments of memory".*

New York: Isamu Noguchi Garden Museum

progetto/project Isamu Noguchi

IRMA CHEN. "È mio desiderio vedere la natura attraverso gli occhi della natura, e ignorare l'uomo come oggetto degno di speciale venerazione. Questa inversione di atteggiamento deve contenere la possibilità di una bellezza impensata a cui elevare la scultura". (1) Basta attraversare il ponte della 59ma strada, un'azione semplice che si moltiplica nella reazione e nell'immaginazione di ogni abitante di Manhattan. Il mondo cambia, e New York sembra Los Angeles: bassi edifici industriali, piccole case unifamiliari, un disegno urbano spontaneo e dimesso, una immediata sensazione di libertà. In riva all'East River, a pochi passi dalla nostra destinazione, Mark Di Suvero ha celebrato questa realtà con un parco di scultura unico

I.C. *"It is my desire to view nature through nature's eyes, and to ignore man as an object for special veneration. There must be unthought-of heights of beauty to which sculpture may be raised by this reversal of attitude." (1) When you cross the bridge on 59th Street, the world changes and New York suddenly looks like Los Angeles: low-rise industrial buildings, small detached houses, spontaneous, unpretentious urban design, an immediate sense of freedom. On the bank of the East River, a short distance from our destination, Mark Di Suvero has paid tribute to this new world with Socrates, a sculpture park whose rusting metropolitan beauty makes it unique in the world. He chose the same "virgin soil" that Isamu*

● **In queste pagine:** al piano superiore dell'ex magazzino trasformato, caratterizzato dal lungo lucernario centrale, sono esposte le opere di Isamu Noguchi. **Sopra:** al centro, *Floor Frame*, bronzo, 1962; sul fondo, da sinistra, *Ziggurat*, marmo, 1968, *Small Torso*, marmo, 1958-62, *Core Piece # 1*, basalto, 1974, *Core Piece # 2*, basalto, 1974.

● ***These pages:*** *the upper floor of the converted warehouse with a long central rooflight provides the setting for wood artworks by Isamu Noguchi.* ***Above:*** *centre,* Floor Frame, *bronze, 1962; in the background, left to right,* Ziggurat, *marble, 1968,* Small Torso, *marble, 1958-62,* Core Piece # 1, *basalt, 1974;* Core Piece # 2, *basalt, 1974.*

al mondo, Socrates, arrugginito, metropolitano, bellissimo. Ha scelto la stessa "terra vergine" che, qualche anno prima, Isamu Noguchi aveva scelto per comporre la sua ben diversa ode a Manhattan. Quanto Di Suvero coinvolge i grattacieli e il mondo aldilà del fiume, tanto Noguchi li dimentica: il museo è un'oasi coperta di edera, le fontane nel giardino non fanno rumore, lo sguardo vede solo il muro, l'arte o il cielo. In questa assenza di mondo è contenuta la vita di Noguchi, sempre in moto intellettuale tra Giappone e Stati Uniti, tra costa est e costa ovest, sempre attento alla cultura locale e alle circostanze. L'ultima sintesi non può che essere una luce bianca. Noguchi stesso aveva comperato questo terreno nel 1981, e inaugurato il proprio museo nel 1985. Dopo la sua morte, nel 1988, il museo continua a vivere di vita propria. Tutta l'architettura è dedicata all'arte, a commensurare la luce alla scultura, a creare un contesto. Tesa a raggiungere una bellezza impensata.

(1) Isamu Noguchi, Guggenheim Fellowship application, 1926; in Isamu Noguchi, *A Sculptor's World*, Harper and Row, New York 1968, p. 16.

Noguchi had chosen some years earlier for his very different ode to Manhattan. Just as Di Suvero embraces the skyscrapers and the world across the river, so Noguchi banishes them from his thoughts. His museum is an ivy-covered oasis where garden fountains flow silently and the eye sees only a wall, art and sky. This absence of world contains the life of Noguchi, which he lived in perpetual intellectual motion between Japan and the USA, east coast and west coast, ceaselessly attentive to local culture and circumstances. The final synthesis can only be white light. Noguchi bought the site himself in 1981 and opened his own museum there in 1985. By the time he died in 1988, the museum had established a life of its own and just went on living. All its architecture is devoted to art, to creating context, to adapting light to sculpture, to achieving unthought-of heights of beauty.

(1) Isamu Noguchi, Guggenheim Fellowship application, 1926; in Isamu Noguchi, A Sculptor's World, Harper and Row, New York 1968, p.16.

● **Nella pagina a lato:** il giardino **(foto piccola)** continua idealmente nel grande spazio dove pareti e struttura lasciate a vista incorniciano le grandi sculture di pietra **(al centro:** *Woman*, basalto, 1983-85). All'interno il museo si articola in vari livelli: un piano intermedio **(in basso, a sinistra)** collega la zona video, dove un lungo ed esaustivo filmato racconta la vita e l'opera di Noguchi allo spazio superiore con lucernario **(in basso, a destra).** Dovunque la luce è commensurata alla scultura e la scultura si eleva alla bellezza della natura. **In questa pagina:** *Venus*, pietra Manazuru, 1980).

New York: Isamu Noguchi Garden Museum

● *Facing page: the garden **(small photo)** extends conceptually into the large space where the walls and structure of the warehouse frame large stone sculptures **(centre:** Woman, basalt, 1983-85). Inside, the multi-level museum has an intermediate floor **(bottom left)** linking the video area, where a lengthy and comprehensive survey of Noguchi's life and work is permanently on screen, to the upper gallery with roof light **(bottom right).** Throughout the museum, light adapts perfectly to sculpture, and sculpture acquires a more limpid, natural beauty. **This page:** Venus, Manazuru stone, 1980).*

HAUSER + MARTI
Glarus: Galerie Tschudi

progetto/*project* Hauser + Marti, Kaspar Marti

corrispondenza di/*correspondence by* Kay von Westersheimb

KAY VON WESTERSHEIMB. A settanta chilometri a sud di Zurigo, la città di Glarus segna l'imbocco a una valle racchiusa da imprevedibili picchi di due o tremila metri. Qui, Rudi Tschudi – gallerista ed editore – ha voluto la galleria nella casa della sua infanzia, costruita dal nonno, con un grande giardino al limite di un pascolo.

La villa è stata raddoppiata, al di là della strada, con uno spazio d'esposizione a campata unica di dodici metri per ventotto.

L'iniziale positiva esperienza con Ulrich Rückriem nel 1988 ha confermato la tendenza della galleria a privilegiare le opere di pietra. Nel 1990 Richard Long – arrivato a piedi attraverso le montagne – ha realizzato pezzi per tre esposizioni. Mario Merz ha lavorato qui in diversi periodi e ha esposto nel 1992. Nella primavera del '93 Carl Andre ha esposto le sue opere ai quattro angoli del giardino. Nell'estate, poi, Niele Toroni è intervenuto nella casa, nell'ingresso e ancora nel giardino. La galleria di Tschudi è diventata quindi un laboratorio creativo oltre che una collezione. Gli artisti vi abitano, vi lavorano, partono per poi ritornarvi, e stanno a Glarus non tanto per le inaugurazioni delle loro mostre quanto per creare.

● **Nella pagina a lato:** nel giardino della casa *Igloo*, Mario Merz, 1990. **In questa pagina, a destra:** il padiglione della scultura si affaccia sulla strada che porta alla villa ed è profondamente inserito nella collina. Dall'esterno, l'insieme del complesso, villa e padiglione, è visibile solo da sud **(in basso, a sinistra)**; dall'interno della villa, la vetrata dello scalone, sormontata dallo stemma di famiglia, inquadra perfettamente il padiglione **(in basso, a destra)**. **Al centro:** nella villa, lo studio del nonno è stato trasformato in ufficio della galleria d'arte.

● *Facing page: Mario Merz's* Igloo *(1990) in the garden of the house.* **This page, right:** *the sculpture pavilion faces the road leading to the villa and blends almost imperceptibly with the hillside. From the outside, the villa and pavilion complex is visible only from the south* **(bottom left)**; *inside the villa, the stair window surmounted by the family crest is a perfect frame for the pavilion* **(bottom right)**. **Centre:** *the grandfather's former study has been converted into the art gallery office.*

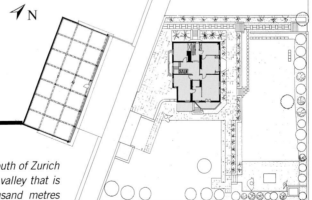

pianta del pianterreno
ground-floor plan

in colore la casa di famiglia; a sinistra al di là della strada, il padiglione della scultura/*in colour the family house; the sculpture pavilion is on the left across the road*

K. von W. *The town of Glarus seventy kilometres south of Zurich marks the only entrance to and exit from a low valley that is suddenly girded by peaks two and three thousand metres high. Rudi Tschudi decided to locate his gallery here next to his childhood home built by his grandfather, surrounded by a large garden bordering on pasture land. The house has now doubled in size with the addition of an exhibition hall beyond the road, built in a single 12x28 metre sweep. Successful initial collaboration with Ulrich Rückriem in 1988 confirmed the gallery's preference for artworks in stone. Richard Long came on foot over the mountains in 1990 and produced pieces for three exhibitions. Mario Merz stayed several times and exhibited in summer 1992. Carl Andre came in spring 1993 and exhibited his work at the four cardinal points of the garden. During the summer Niele Torroni worked in the house, hall and garden. Tschudi's gallery is a place for creation as well as collection. Artists come and go, live and work there, leave in order to return. When they stay in Glarus it is less to attend the openings of their exhibitions than to work and create.*

● **A lato, a sinistra:** Niele Toroni, *Impronte di pennello n. 50 ripetute a intervalli regolari*, opera realizzata nel 1993 sulla parete della vecchia serra sotto il pergolato. **A lato, a destra e sotto:** il padiglione è illuminato da una griglia luminosa regolare e le sue dimensioni (28 metri di lunghezza x 12 di larghezza) sono state volute da Rudi Tschudi per poter comodamente ospitare tre cerchi di Richard Long, ciascuno con diametro di 6 metri. Sulla parete, un'altra opera di Richard Long.

S.C. *Abitare a Glarus è una specie di sogno sulle montagne, che stanno sempre lì intorno un po' incombenti, e ce n'è sempre una di troppo. Però in questo luogo remoto c'è una galleria che ci si aspetterebbe invece di trovare a New York o a Milano, per i lavori che mette in mostra. Dietro alla grande casa antica c'è un bel giardino, dove i bambini vanno dietro alle tartarughe e gli adulti invece possono godersi le opere di Mario Merz. Da quando c'è lo spazio nuovo disegnato da Hauser e Marti, si possono vedere mostre ancora più grandi, come quella di Richard Long, con i suoi fanghi di fiume e cortecce d'albero e sassi, raccolti proprio su quelle montagne. La gente qui fa una vita semplice, però in tanti vanno a vedere le mostre da Tschudi: si capisce che tutte quelle opere d'arte, concettuali, ambientali e "povere", vanno molto d'accordo con la natura e con il genius loci.*

S.C. Living in Glarus is like dreaming of the mountains whose rather oppressive presence is never far from the surface of consciousness in the small Alpine resort. And yet, this remote place boasts an art gallery with the kind of exhibits you would expect to find in New York or Milan. Behind the old mansion there is a garden where children can play with tortoises while adults contemplate works by Mario Merz. The new space designed by Hauser and Marti has also made possible larger exhibitions like the recent one by Richard Long with river mud, tree bark and rocks collected in the surrounding mountains. People lead uncomplicated lives in the town, but many go to the Tschudi exhibitions: obviously, all that conceptual, environmental, "unadorned" art fits in well with the mountain scenery and is congenial to the *genius loci*.

Glarus: Galerie Tschudi

● *Above left: Niele Toroni, Impronte di pennello n. 50 ripetute a intervalli regolari (Strokes of a No. 50 Brush Repeated at Regular Intervals) executed in 1993 on the wall of the old conservatory under the pergola. Above right and opposite: the pavilion is lighted by a regular luminous grid. Rudi Tschudi wanted the building to be large enough (28 metres long x 12 metres wide) to accommodate three Richard Long circles, each 6 metres in diameter. On the wall, another work by Richard Long.*

ANDREA DE FRANCHIS
AND ROBERTO BALTASAR

Milan: Ehra Gallery

**progetto/*project* Andrea De Franchis
e Roberto Baltasar, Studio AR**

**corrispondenza di/*correspondence by*
Cristiana Menghi Sella**

● **Sopra e sotto:** l'interno della Galleria Ehra durante la mostra di Eduardo Chillida. **Al centro:** l'esterno della galleria ospitata in una ex scuderia e il portale d'ingresso realizzato da Iginio Legnaghi.
● ***Above and below:*** *the interior of the Galleria Ehra during the Eduardo Chillida exhibition.* ***Centre:*** *the exterior of the gallery in a former stable, and Iginio Legnaghi's entrance door.*

GABRIELE DI MATTEO. Bisogna raggiungere i lembi della città, passare sotto un solaio coibentato in terra su cui nasce l'erbaspada cara a Montale. Entrare nel cortile che fu una scuderia, dove un tempo i cavalli soffiavano vapori nelle notti d'inverno. Ecco le porte madide di ruggine dello scultore Iginio Legnaghi che portano alla Galleria Erha. "Prima avevamo due gallerie nel quadrilatero della moda", dicono Eva Pollano e Renata Wirz, "adesso ci sembra di vivere in campagna". È vero, da questo lato di Milano si può correre in autostrada verso la salsedine di Genova. Dentro Erha, però, la luce è quella lieve che non "uccide" le opere esposte. E le pareti hanno intonaci di gesso profondi cinque centimetri. "I chiodi devono avere una base ben solida per sostenere l'arte".

G.D.M. *First you have to get to the outskirts of the city and cross an earth floor on which the grass so dear to Montale grows. You enter a former stable courtyard where horses' breath once rose on winter nights. Eventually you come to sculptor Iginio Legnaghi's rust-caked doors leading to the Erha gallery. "Once we had two galleries in Milan's golden rectangle," say Eva Pollano and Renata Wirz, "but now it's like living in the country". And it's true: from this side of Milan the motorway quickly takes you to the salty sea air of Genoa. Inside Erha, though, the light is the gentle kind that doesn't kill works on display. The walls are surfaced in five centimetres of plaster. "Nails need a solid base to support art," say the rustproof ladies.*

New York: Rotunda Gallery

progetto/_project_ **Smith-Miller + Hawkinson**
corrispondenza di/_correspondence by_ **Vanessa Viganò**

● **Sopra:** l'edificio per uffici che ospita la Rotunda Gallery e il dettaglio del portone d'ingresso. **Nella pagina a lato:** la scelta dei materiali e degli impianti è essenziale: cemento a vista per pavimenti e pareti; canape per i pannelli scorrevoli; sistema di binari d'illuminazione lasciato a vista. Una porta a bilancino può variare la definizione degli spazi.
● **Above:** _the office building that houses the Rotunda Gallery, and a detail of the entrance door._ **Facing page:** _simple materials and fittings were chosen: plain concrete for the floor and walls; hemp-covered sliding panels; and an exposed track lighting system. A swivel door changes the configuration of the gallery spaces._

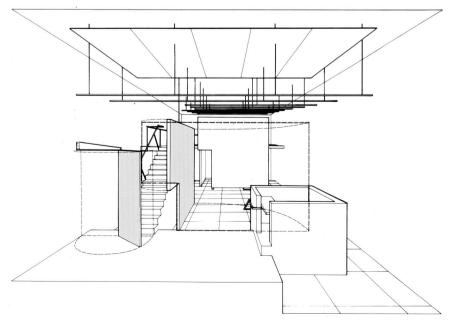

spaccato assonometrico/_cutaway axonometric_
in colore le porte posizionabili secondo angoli diversi/_in colour the swivel doors that can be set at different angles_

VANESSA VIGANÒ. A dodici anni dalla fondazione e dall'inaugurazione la Rotunda Gallery – voluta dal Fund for the Borough of Brooklyn per esporre il lavoro degli artisti che qui sono nati, vivono o lavorano – ha finalmente una sede definitiva al numero uno di Pierrpont Plaza, al piede del nuovo edificio per uffici nel cuore di Brooklyn Heights. Lo spazio di circa 160 metri quadrati ben risponde alla richiesta della direttrice Janet Riker di avere un ambiente estremamente flessibile per ospitare opere assai differenti per arte, stile, materiale e dimensioni. È un involucro essenziale fatto di pochi elementi e colori: il cemento a vista di pavimenti e pareti offre la bellezza del materiale grezzo, la grande porta a bilancino posizionabile secondo diversi angoli di apertura definisce spazi diversi, i pannelli scorrevoli rivestiti di canapa fanno da sfondo per le proiezioni e creano zone di stoccaggio, il sistema meccanico e illuminotecnico è lasciato a vista. Uno spazio forte eppur discreto che si lascia osservare da diverse quote: al piede, un po' più in alto dall'ingresso o – in una sorta di prospettiva aerea – dal piccolo ballatoio di accesso agli spazi di servizio che istituisce una relazione biunivoca fra osservatore e oggetto osservato. La striscia di acero che corre per tutto il perimetro può apparire come un improvviso elemento decorativo, ma segna in realtà l'altezza ottimale a cui esporre un'opera d'arte – circa 165 centimetri in base a quanto prescritto da Alfred H. Barr, primo direttore del MoMA di New York – e permette di appendere i quadri senza intaccare la parete. Così la Rotunda Gallery realizza l'intenzione di creare un luogo in cui le diverse discipline vengono a contatto tra loro in uno spazio aperto, grezzo, modificabile e disponibile ad assumere nuove e infinite configurazioni possibili, nella relazione e compenetrazione con le opere di volta in volta esposte.*

* Così era già stato nella Milano degli anni Cinquanta quando le Gallerie Grattacielo e Apollinaire, disegnate da Vittoriano Viganò, divennero luogo d'incontro nella vita sociale e artistica della città.

New York: Rotunda Gallery

v.v. *The Rotunda Gallery was commissioned by the Fund for the Borough of Brooklyn as a gallery to serve artists who were born, live or work in the district. Now, twelve years after its founding and inauguration, it finally has a permanent home if its own on the ground floor of 1 Pierrpont Plaza, a new office building in central Brooklyn Heights.*

The 160 square metre space is an effective answer to Rotunda director Janet Riker's request for a highly flexible facility able to host works in a wide variety of genres, styles, materials and sizes. The gallery is an empty shell with only a few salient features and colours: plain concrete floor and walls enhanced by the beauty of the untreated material itself, a large swivel door that can be set at different angles to define a variety of spaces, sliding hemp-covered panels that form a backdrop for screenings and create storage areas, and a fully visible mechanical and lighting system.

The result is a distinctive though unassertive space that can be viewed from different heights: at ground level, from a level slightly higher than the entrance, and more or less aerially from the small balcony leading to the bathrooms that creates a dialectical relationship between observer and observed object.

The maple strip running the entire length of the perimeter may seem an impromptu piece of decoration, but in fact it marks the ideal height for hanging pictures (about 165 centimetres, as prescribed by Alfred H. Barr, first director of New York's MoMA) and prevents the walls from being damaged by hooks and nails.

Thus, the Rotunda Gallery successfully brings different artistic disciplines together in a single unadorned space that adapts endlessly and effortlessly to to the extrinsic and intrinsic requirements of individual exhibitions.*

* This was already happening in the fifties in Milan's Grattacielo and Apollinaire Galleries designed by Vittoriano Viagò, which entered the mainstream of the city's artistic and social life.

● **In questa pagina, in alto:** la scala d'accesso al ballatoio di collegamento con gli spazi di servizio e, a sinistra, il passaggio verso il magazzino. **Al centro, a sinistra:** dettaglio della balaustra della scala: montante d'acciaio e pannello di plexiglas translucido; **a destra:** l'installazione curata dagli architetti Baratloo/Balch per la Guyanas Canal di Brooklyn. **A lato:** un'opera dell'architetto Taeg Nishimoto. **Nella pagina a lato, sopra:** la porta posizionabile ad angoli diversi varia la definizione degli spazi, fino a diventare essa stessa uno schermo per proiezioni **(sotto)**. I pannelli scorrevoli rivestiti di canapa fanno da sfondo per le proiezioni, il listello di acero fissato a circa 165 centimetri di altezza segna il punto dove appendere i quadri.

● *This page, top: the stairs to the gallery leading to the bathrooms and, left, the passageway to the storeroom. Centre left: detail of the stair banister with steel uprights and translucid plexiglas panels; right: the installation designed by architects Baratloo/Balch for Guyanas Canal of Brooklyn. Opposite: a work by architect Taeg Nishimoto. Facing page, above: the swivel door, which can be set at different angles to alter the configuration of gallery spaces, itself becomes a projection screen (below). The jute-covered sliding panels form a backdrop for screenings, and the maple strip at 165 centimetres from the ground marks the height for hanging pictures.*

New York: Store Front

MATTEO VERCELLONI. Un muro grigio segnato da sottili fessure; sorta di basamento muto di un vecchio edificio a tre piani all'angolo di Kenmare Street nel cuore di Little Italy: così appare durante il giorno questo intervento del tutto innovativo per definire la nuova immagine di una galleria d'arte. Il fronte, pensato da Steven Holl insieme all'artista Vito Acconci, si allontana dalle tradizionali facciate dei negozi e dalle numerose gallerie d'arte presenti nella vicina Soho; in questo caso la definizione di una facciata si trasforma in un efficace momento di sperimentazione per instaurare un fortissimo legame tra spazio pubblico, marciapiede e strada, e spazio privato, lo stretto triangolo interno della galleria d'arte dove è stato mantenuto il vecchio controsoffitto metallico decorato e i forti pilastri di ghisa rivettati. La facciata diventa in questo caso strumento di connessione urbana, ampliamento della strada nell'interno e allo stesso tempo espansione della Galleria sulla strada. Le sottili fessure, che durante l'orario di chiusura segnano secondo forme gemetriche precise la liscia parete grigia composta di "Supra Board" (carta riciclata mischiata a cemento), permettono poi di aprire la facciata secondo forme date e secondo inclinazioni libere. Con leggere spinte dei passanti le forme segnate nel muro basculano secondo assi verticali e orizzontali per-

progetto/project Steven Holl con/with Vito Acconci corrispondenza di/correspondence by Matteo Vercelloni

● **Nella pagina a lato:** vista serale del fronte della galleria con i pannelli basculanti aperti verso Kenmare Street. La facciata si propone anche come zoccolo del vecchio edificio d'angolo di tre piani segnato da *bow windows* che interrompono la superficie di mattoni a vista.

M.V. *This highly innovative solution to the problem of updating the image of an existing art gallery appears by day as a grey wall pierced by thin slits, a sort of blank plinth for an old three-floor building on the corner of Kenmare Street in the heart of Little Italy. The front by Steven Holl with artist Vito Acconci is noticeably different from the traditional shop fronts and art galleries in nearby Soho: its experimental design forges a powerful link between public space, the sidewalk and street, and the private space represented by the narrow inner triangle of the art gallery which still has the decorated iron false ceiling and sturdy riveted cast-iron pillars of the original building. Conceived in this way, the façade is both an element of urban cohesion, an extension of the road into the interior, and an expansion of the interior into the street. When the gallery is closed, the thin slits form precise geometrical patterns on the smooth grey wall made from a mixture of cement and recycled paper called "Supra Board", but during opening hours they enable the façade to open in fixed shapes sloping at a variety of angles. With a gentle push, the up-and-over swivel panels can be tilted vertically or horizontally to form an endless variety of figurative*

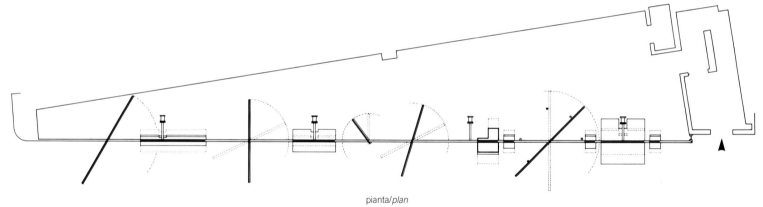

pianta/*plan*
in colore i pannelli basculanti secondo assi verticali e orizzontali/*in colour the vertically and horizontally tilting panels*

mettendo alla facciata di ottenere infinite possibilità figurative invadendo con le lastre basculanti sia lo spazio pubblico, sia quello privato. È proprio lo studiato gioco delle lastre, con gli effetti di luce e ombra che vengono a creare insieme alla scelta di non avere alcuna superficie vetrata di separazione, a definire di volta in volta il legame di compenetrazione tra esterno e interno, spazi divisi solo da un muro voluto totalmente permeabile. Sorta di segno urbano dal forte impatto questo progetto, come afferma Holl "ha due estremi: totalmente chiuso e totalmente aperto. Ogni cosa che sta nel mezzo lo rende interessante. Il progetto non può essere compreso come una sola immagine. L'interessante è come può essere nelle sue differenti posizioni. Se è chiuso è un muro con delle linee segnate sopra. Quando·è aperto, l'esterno è interno e l'interno è esterno. Durante la sera la luce dell'interno si riversa sulla strada. Noi abbiamo fornito uno strumento con cui fare qualcosa, con cui poter giocare". E aggiunge Vito Acconci: "Abbiamo fornito, io spero, la potenzialità degli spazi, piuttosto che uno spazio definito. Questa è la cosa più importante del progetto – forse questa ne è la vera sostanza".

● **Facing page:** *an evening view of the front of the gallery with the tilting panels open on Kenmare Street. The façade also serves as a base for the old three-storey corner building with bow windows in a plain brick surface.*

designs that protrude into the public space of the street and the private space of the gallery. It is this carefully contrived interplay of strips and the chiaroscuro effects they create, plus the deliberate absence of glazed dividing surfaces, that defines the shifting relationship between exterior and interior space and how the one penetrates the other through a fully permeable wall. The design thus becomes a kind of city landmark. As Holl explains: "It has two extremes: fully closed and fully open. Everything in between makes it interesting. The design can't be understood as a single image. The interesting thing about it is the way it looks in its different positions. When closed, it's a wall with lines scored on it. When open, the outside is inside and the inside is outside. In the evening the light from inside floods out onto the street. We've provided a tool that you can do something with, that you can play with". Vito Acconci adds: "We've provided, I hope, a potentiality of spaces rather than one clearly defined space. That's the most important thing about the design – perhaps that's what it's really all about."

● **A sinistra e nella pagina a lato:** l'interno della galleria d'arte è uno stretto spazio triangolare che segue la pianta ad angolo dell'edificio. È stato conservato il controsoffitto originale metallico decorato con cornicioni e modanature, insieme ai pilastri di ghisa rivettati che poggiano sul pavimento di cemento grigio. La facciata scomponibile è costruita con "Supra Board", un materiale composto da carta riciclata e cemento, e rivestita di lastre grigie. I pannelli mobili sono contenuti da telai metallici su cui sono fissati i perni orizzontali e verticali che ne permettono il basculaggio. Alla base dei pannelli sono previsti dei fermi che mantengono la posizione estrema di apertura. **Sotto:** l'apertura di parte della facciata, secondo forme geometriche precise che creano efficaci giochi di luce-ombra, insieme alla totale assenza di superfici vetrate, permettono d'instaurare un rapporto di forte compenetrazione tra spazio esterno e interno.

● *Above and facing page: the gallery interior is a narrow triangular space fitted into the corner plan of the building. The original metal false ceiling decorated with cornices and mouldings has been retained, along with the riveted cast iron pillars resting on the grey concrete floor. The dismantling façade made from "Supra Board" a composite material of recycled paper and concrete, has grey cladding. The movable panels are mounted in metal frames with top and side hinges to permit vertical and horizontal tilt. Catches at the bottom keep the panels fully open. **Left:** the partially opening façade whose clear-cut geometrical forms produce fascinating chiaroscuro effects, and a total absence of glass, create a "permeable" relationship between exterior and interior space.*

New York: Store Front

F E R R Y   Z A Y A D I

Zurich: Private art gallery

Zurigo: Galleria privata

progetto/*project* Ferry Zayadi

CRAIG GORDON. Ai margini della principale zona industriale di Zurigo, due collezionisti e commercianti d'arte hanno voluto una galleria per ospitare e godere la loro collezione di scultura europea contemporanea. Chiamato a intervenire su un capannone riportato alla sola struttura, Zayadi si è attenuto a un minimalismo astratto e scultoreo. Minimalismo per la purezza e l'essenzialità della nuova pelle bianca di gesso dove i giunti scuri tra parete e soffitto da un lato e parete e pavimento dall'altro eliminano qualsiasi sensazione di peso. Astratto e scultoreo nel modo in cui lo spazio – pianta a L e sette metri di altezza – è stato articolato e interrotto dal nuovo taglio chiaro e dai compatti volumi geometrici.

Gli inserimenti e i tagli, pur adempiendo a funzioni specifiche, diventano presenze leggermente disturbanti in un'architettura di silenzio e di controllata astrazione. Due elementi – il soppalco schermato dell'ufficio che domina lo spazio principale e la lunga parete che corre lungo l'asse longitudinale principale – fluttuano sul pavimento, dove l'impronta della parete sollevata diventa un'incisione luminosa che si riproduce nei sottili luminosi tagli a tutta altezza effettuati nelle pareti. Il regolare e attento posizionamento di divisori e volumi – dove alcune intersezioni sono trattate come momenti di discontinuità che alludono ad altri spazi più in là – e la scelta di sorgenti luminose indirette e per lo più nascoste permettono una percezione dilatata dello spazio. Non si tratta quindi di minimalismo ascetico per spiriti affini, ma di riduzioni che potenziano le sensazioni.

L'inserimento del colore è estremamente controllato e concentrato nella sola parete lucida rossa sotto il soppalco dell'ufficio: un'installazione permanente dell'opera commissionata per questo spazio all'artista svizzero Gert Wilke.

I giunti dell'intero pavimento a grandi piastre quadrate di sabbia e cemento formano una sorta di griglia su cui uomini e arte possono eventualmente misurarsi.

C.G. *This private art gallery just south of Zurich's main industrial zone was created by its owners, two art collectors and dealers, as a home for their collections of mostly modern European sculpture. Faced with a stripped down industrial shed, Zayadi opted for sculptural and abstract minimalism. Minimal because of the purity and essentiality of the new internal white plaster skin where shadow joins between wall and ceiling on the one hand, and wall and floor on the other, create a sense of weightlessness. Abstract and sculptural because of the way the space is articulated and punctured by the new solid, clear-cut internal geometrical volumes.*

Although they perform specific functions, these insertions and incisions also act as slightly unsettling presences within an architecture of silence and subdued abstraction. Two of the insertions – the screened office platform overlooking the main exhibition space, and the long thick wall running along

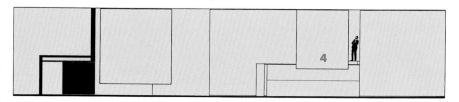

sezione longitudinale sul magazzino verso l'ufficio/*longitudinal section of the storeroom towards the office*

sezione longitudinale sui servizi verso la sala esposizione/*longitudinal section of the bathrooms towards the exhibition room*

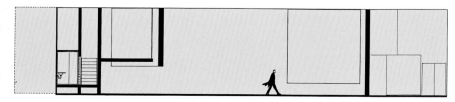

spaccato assonometrico/*cutaway axonometric*
in rosso l'installazione permanente dell'opera di Gert Wilke; in grigio i pannelli neri che schermano il magazzino/*in red Gert Wilke's permanent installation; in grey the black panels screening the storeroom*

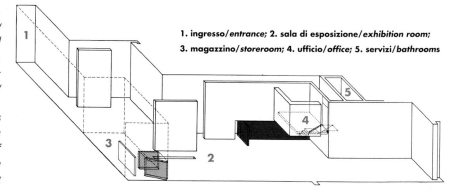

**1. ingresso/*entrance*; 2. sala di esposizione/*exhibition room*;
3. magazzino/*storeroom*; 4. ufficio/*office*; 5. servizi/*bathrooms***

the main longitudinal axis – literally float off the floor. The footprint of this floating wall is a light trough sunk in the floor, a luminous incision echoed in the thin, full-height, light-filled vertical cuts in the walls.

The careful and orderly positioning of the new internal walls and volumes – where certain intersections are treated as moments of discontinuity hinting at other spaces beyond – and the choice of mostly concealed indirect sources of light result in a dilated perception of space. This is not an ascetic minimalism for kindred spirits, then, but a sensorially uplifting reductivism.

The introduction of colour is extremely controlled and is concentrated exclusively in the glazed red wall under the floating office platform (a permanent installation commissioned specifically for that space from Swiss artist Gert Wilke).

The floor consists throughout of smoothly finished sand and cement screed laid in large square slabs whose joins form a large floor grid against which man and art can perhaps be measured.

● **Sopra e a lato:** l'installazione permanente *Untitled* di Gert Wilke sottostante il volume cubico sospeso che ospita l'ufficio, sul fondo della galleria. L'opera consiste in una lastra di vetro (2,50x6,50 metri) sovrapposta a una superficie rosso lucido con luce schermata sul fondo.

● *Above and opposite: Gert Wilke's permanent installation* Untitled *under the suspended cube containing the office at the end of the gallery. The work consists of a glass slab (2.50x6.50 metres) laid on a shiny backlit red surface.*

DESIGN

Tatra:
Czech aerodynamics

Tatra areodinamica cecoslovacca

GIANNINO MALOSSI. Una distorsione della comunicazione "mondializzata" porta a ignorare o quantomeno a sottovalutare le tendenze estetiche elaborate dal disegno industriale nei paesi dell'Est europeo. Tarda deriva della propaganda occidentale al tempo della guerra fredda, essa tende a permanere anche nel "nuovo ordine" nonostante la sostituzione dei vari regimi a controllo sociale concentrato con i nuovi a controllo diffuso. Non sono pochi gli esempi di linee progettuali sofisti-

● **Sopra, a sinistra:** copertina del catalogo di vendita della Tatra raffigurante il modello "87", 1948; **a destra:** Tatraplan, 1947. **Nella pagina successiva:** Tatra "601 Monte Carlo", carrozzeria di alluminio, 1949, Museo Tatra.
● **Above left:** Tatra sale catalogue cover depicting the Tatra 87, 1948; **right:** the Tatraplan, 1947. **Following page:** the Tatra 601 Monte Carlo with aluminium bodywork, 1949, Tatra Museum.

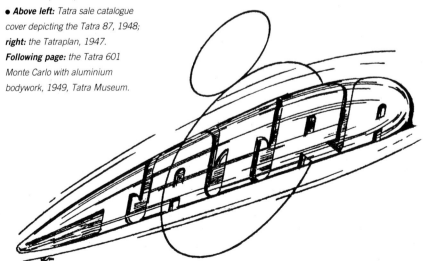

cate gettate via insieme all'acqua sporca dell'ideologia fuori corso. Nel caso dell'automobile, poi, il riconoscimento delle qualità di quelle prodotte oltre cortina rimane tabù. L'argomento porta dritto alla contraddizione con la presunta superiorità occidentale nel settore e relative code di paglia: in realtà dal punto di vista tecnologico la superiorità era molto debole, come mettono in luce studi non sospetti di storia dell'industria automobilistica, ad esempio James J. Flink, *The Automobile Age*, M.I.T. Press, Boston, 1988. C'è di che mettere in pericolo il grande investimento retorico legato all'auto come metafora della libertà di movimento, di pensiero e d'impresa. Un altro esempio di *disinformazia* giocata sul piano del simbolico, che getta una luce oscura sulla buonafede dei bei sentimenti e degli idealismi occidentali a uso dei media, è dato dal caso delle automobili Tatra, prodotte con questo nome dal 1919 in Moravia, regione che oggi fa parte della Repubblica Ceca. Nella fantasia dei milioni di consumatori che guardano alle forme di un'automobile con la stessa fascinazione con cui si cerca un partner erotico, il nome Tatra non significa nulla. Eppure molto del meglio che un'auto possa offrire è stato anticipato nelle automobili prodotte tra gli anni Venti e Sessanta proprio dalla Tatra. Negli anni in cui lo *streamline* iniziava a influenzare la decorazione industriale, limitatamente alla sola dimensione visuale, risultato di un processo intuitivo e plastico, la Tatra "77" del 1934 fu la prima automobile di serie la cui aerodinamicità era strutturale, frutto di uno studio scientifico che portava, oltre al disegno filante, alla creazione della carrozzeria portante. Disegnata da-

continua a pagina 262

● In questa pagina, nelle foto: Tatra "87",
collezione privata. Prodotta dal 1936 al 1950
è stato il modello che ha reso la casa automobilistica
famosa in tutto il mondo.
Nei disegni, dall'alto: i modelli Tatra "77", "87",
"97", "600", tutti prodotti fra il 1934 e il 1935.

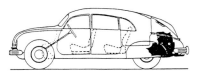

● *Photos this page: the Tatra 87, private collection.
Manufactured between 1936 and 1950,
this model made Tatra famous worldwide.*
Drawings, top to bottom: *the Tatra 77, 87, 97 and
600, all manufactured between 1934 and 1935.*

G. M. *One of the distortions engendered by "globalised" mass communications is disregard (or at best underestimation) of aesthetic trends in East European industrial design. This belated consequence of Western cold-war propaganda tends to live on in the "new world order", even though the old socialist regimes have been replaced by new, more democratically-elected ones. Not a few sophisticated design babies have been thrown away with the bath water of outmoded ideologies. And when it comes to car design, any acknowledgement of the quality of Iron Curtain products is still strictly taboo: it would openly challenge the West's presumed supremacy in the industry and prick the consciences of those who have always defended it. In point of fact, Western technological supremacy has always been pretty slight, as reliable historical studies of the automobile industry like James J. Flink's The Automobile Age (M.I.T. Press, Boston 1988) have shown. Research like Flink's undermines the enormous rhetorical investment the West has made in the automobile as a metaphor of freedom of movement, thought and enterprise. One symbolic example of misinformation which seriously challenges the sincerity of the West's lofty, media-tailored ideals, is the Tatra car manufactured in 1919 in Moravia, now part of the Czech Republic. To the millions of consumers who run their eyes over the curves of cars as they would the bodies of potential bedmates, the name Tatra means nothing, yet much of the best a car can offer was anticipated in Tatra output from the twenties to the sixties. At the time when streamline – as yet an intuitive, plastic process limited to the visual dimension only – was just beginning to influence industrial design, the Tatra 77 (1934) was the first mass-produced car to have structural aerodynamic styling based on scientific studies that transformed mere sleekness of design into a genuinely structural body shell. Designed by Viennese engineers Hand Ledwinka and Paul Jaray, the 77 made possible a series of high-performance cars whose distinctive styling, consistently much more modern than that of other cars of the day, derived from twenties prototypes built by Edward Rumpler, another Austrian engineer who worked for Tatra and invented the "Tropfenwagen", a drop-shaped car so futuristic that it featured in Fritz Lang's film Metropolis. The experience gained from designing the 77 and 87 series culminated in the Tatra 97 (1937), a medium-sized vehicle with an air-cooled rear engine and a structural body shell. The design was similar to the one Hitler chose (with the guidance of Ferdinand Porsche) to motorise Nazi Germany – so similar, in fact, that Volkswagen illicitly incorporated important patents the Czech car makers had developed for the Tatra 97 (it was no accident that production was discontinued after the Nazis annexed the region in 1938). The fact that, thirty years later, Volkswagen admitted to violating Tatra patents and paid three million marks in compensation did nothing to make good the damage done to the Czech car maker's image in the meantime. And the fact that the holder of the patents happened to be on the other side of the Iron Curtain only made it easier for Volkswagen to hush up the affair for so many years. After the war, Ledwinka was sentenced to six months imprisonment as a collaborator, which only shows how, as in the best thrillers, ideological divisions between the two political blocs served to conceal the elimination of rival scientific schools. Paradoxically, the development of the automobile industry from the end of the war to the seventies – largely influenced by an American car industry that was technologically "simplistic" to say the least and regressively based on programmed stylistic obsolescence – actually helped Czech cars to maintain their avant-garde status because East European cars were intrinsically more exclusive than western limousines, much to the satisfaction of party officials and state departments in Eastern bloc countries. The 1956 Tatra 603, a cross between a flying saucer and a racing car with three headlights, was the epitome of*

continued on page 264

da pagina 259

gli ingegneri viennesi Hand Ledwinka e Paul Jaray, la "77" diede origine a una serie di modelli dalle prestazioni eccezionali e dalla forma caratteristica e coerentemente molto più moderna delle automobili dell'epoca, riconducibile ai prototipi degli anni Venti di Edward Rumpler, anche lui ingegnere austriaco passato attraverso la Tatra, e costruttore della "Tropfenwagen", un'auto a forma di goccia talmente avveniristica da poter comparire nel film *Metropolis* di Fritz Lang. Le esperienze accumulate con le serie "77" e "87" culminarono nel 1937 con il modello "97", vettura di dimensioni medie, il motore posteriore raffreddato ad aria, la carrozzeria portante. Un progetto simile a quello scelto da Hitler per motorizzare la Germania nazista e diretto da Ferdinand Porsche. Così simile che la produzione della Volkswagen incorporò senza licenza sostanziali brevetti che la casa ceca aveva elaborato per il suo modello "97", la cui produzione non a caso venne interrotta dopo l'annessione nazista della regione nel 1938. Il fatto che la Volkswagen, dopo trent'anni, riconobbe di aver violato i brevetti Tatra (versando una penale di tre milioni di marchi) non ha comunque risarcito il danno all'immagine dell'industria ceca. E il fatto che il detentore dei brevetti si trovasse dall'altra parte della cortina di ferro non può non aver giovato alla Volkswagen nell'insabbiare il caso per tanto tempo. Se si pensa che l'ingegner Ledwinka nel dopoguerra fu condannato a sei anni di prigione come collaborazionista, non resta che riflettere, come nelle migliori storie gialle, su quanto le divisioni ideologiche tra i blocchi siano servite come copertura per la liquidazione di scuole scientifiche rivali. Paradossalmente, lo sviluppo dell'industria automobilistica occidentale negli anni dal dopoguerra agli anni

→

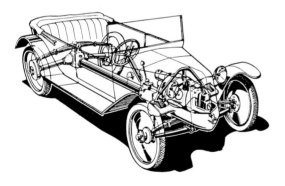

TATRA

● **In questa pagina, sopra:** una veduta della sezione del museo dedicata ai mezzi commerciali degli anni Venti e Trenta. **Nel disegno:** Tatra "11". **A destra:** il modello "V 570" del 1933, primo tentativo della Tatra di produrre un'automobile popolare di 850 cm³ di cilindrata.

Nella pagina a lato: Tatra "12", camioncino prodotto per i pompieri, 1928.

● **This page, above:** the section of the museum devoted to twenties and thirties commercial vehicles. **Drawing:** the Tatra 11. **Right:** the V 570 (1933), Tatra's first attempt at a popular 850-cc cylinder car. **Facing page:** the Tatra 12 fire-fighting pickup (1928).

←

Settanta, improntata su quella americana, tecnologicamente a dir poco "semplicistica" e regressivamente orientata all'obsolescenza programmata dello stile decorativo dell'auto, contribuì a mantenere la posizione d'avanguardia delle automobili ceche, molto più intrinsecamente esclusive delle limousine occidentali, per la gioia e la distinzione dei funzionari di partito e dei servizi di stato dei paesi del blocco occidentale. La Tatra "603" del 1956, una specie di monumento bolidista a forma di disco volante dal frontale a tre fari, ha rappresentato il punto più alto della proiezione dell'automobile nell'immaginario spaziale ai tempi di Gagarin. All'epoca, l'occidente sognava la celebre Cadillac "Le Sabre", la *dream car* americana con le pinne, piena di feritoie e prese d'aria finte, molto *jet-age*, disegnata dallo stilista Harley J. Earl. Con la differenza che mentre quest'ultima rimase un prototipo e venne usata più che altro come stereotipo dello styling occidentale, la Tatra "603" venne prodotta in migliaia di esemplari. Fino alla recente riscoperta delle forme fluide, la Tatra "603" è stata una delle poche automobili la cui struttura, e non solo la carrozzeria esterna, era dettata esclusivamente da motivazioni funzionali e aerodinamiche. Questa aderenza alla ingegneria del progetto e la mancanza di compromessi con il marketing, cioè la sua modernità, sono state spacciate per ridicola arretratezza culturale. Al punto che quando nel 1975 Tatra ha deciso di rinnovare la produzione, l'ansia modernizzatrice dei dirigenti di allora ha consegnato una delle più brillanti tradizioni ingegneristiche nelle mani di un modesto carrozziere italiano, che ha dato ben scarsa prova di sé nel modello "613". E per colmo di ironia, quest'ultima auto assomiglia a una brutta Volkswagen "Passat" ingrandita col pantografo.

from page 261

space-age influence on Eastern car design at the time of Gagarin. In the same period, Western dreams gave birth to Harley J. Earl's celebrated "Le Sabre" Cadillac, the jet-age American dream car that was all fins, slits and fake air vents. The difference was that while the Cadillac remained a prototype and served more than anything else as a stereotype of western styling, the Tatra 603 rolled off the assembly line in thousands. Until the recent rediscovery of fluid forms, the Tatra 603 was one of the few cars whose entire structure rather than just body shell was designed using exclusively functional and aerodynamic criteria. This respect for design engineering and refusal to stoop to marketing compromises – in other words, total modernity – was passed off as laughable cultural backwardness. So much so that, when Tatra decided to revamp its production in 1975, its directors were so anxious to modernise that they handed over one of the world's most brilliant engineering traditions to a humble Italian body stylist who can hardly be said to have excelled himself with the 613. The ultimate irony is that the 613 looks like an ugly Volkswagen Passat scaled up with a pantograph.

● **In queste pagine:** Tatra "603", con i relativi disegni, in produzione dal 1956 al 1975, cilindrata di 2500 cm³ e 105 CV; collezione privata. Tutti i modelli di serie erano prodotti in nero, solo le macchine da corsa venivano realizzate in altri colori.

● ***These pages:*** *design sketches and photos of the Tatra 603 (2500 cc, 105 hp) manufactured between 1956 and 1975; private collection. All the series models were black; only the racing cars were produced in other colours.* La fabbrica e il museo della Tatra si trovano a Koprivnice nella Repubblica Ceca. *The Tatra factory and museum are in Koprivnice in the Czech Republic.*

OUTDOOR RECREATIONS

Il golf di Shinyo in Giappone progettato da Desmond Muirhead/*the Shinyo Golf Course in Japan designed by Desmond Muirhead.*

Where golf is played

Il luogo del golf

a cura di/*edited by* Carlo Quintelli*

Il tema dell'impianto golfistico, malgrado la vastità del territorio coinvolto, è sicuramente tra quelli sottovalutati dalla sensibilità urbanistica e architettonica, in Italia in particolare. Soprattutto oggi, in una situazione culturale dove la promozione del verde è sempre più accentuata e condivisa, sembrerebbe perlomeno giustificato riconsiderare il golf al centro di quella tradizione della composizione architettonica che la storiografia inquadra e identifica come "arte dei giardini". Ma il riconoscimento dell'impianto golfistico come opera d'arte non si limita solo a evocare, nella sequenza delle buche che ne formano il percorso, il pittoricismo di una successione di quadri e vedute paesaggistiche scenograficamente predisposte per il visitatore contemplativo come immaginava Horace Walpole per il progetto del giardino romantico inglese. Bensì deve estendersi ai molteplici fattori del gioco, delle sue regole, e della sua valenza agonistica, quindi alle complesse geometrie sottese e anche alla condizione formale e materiale del suolo e delle acque, alla dialettica storica tra natura e artificio che determina la complessa identità fisiologica di un luogo. Non deve d'altra parte sorprendere che addirittura Frederick Winslow Taylor, il famoso teorico delle metodologie di razionalizzazione della produzione di fabbrica, avesse identificato proprio nel campo da golf l'occasione ideale per sperimentare nuovi sistemi di ottimizzazione della crescita del verde. Questa breve sequenza di immagini commentate tenta allora di fornire una sintetica e pur parziale istruttoria per introdurci alla ricchezza architettonica e culturale del golf il cui carattere, se interpretato consapevolmente e con il necessario rispetto del sito, è in grado di dare un notevole contributo alla valorizzazione del luogo e del contesto ove si estende. ■ *Golf course design affects huge tracts of land, yet awareness of the issues this raises certainly seems low among architects and urban planners, especially in Italy. Now more than ever, in a cultural context where appropriate use of green space is increasingly a priority issue, there seems every justification for placing golf course design at the centre of the tradition of architectural composition historians call "the art of gardens". However, to say that golf courses are works of art means more than accepting the pictorial concept that the holes of a course should be a staged sequence of landscape views contemplative visitors can ponder and admire – Horace Walpole's vision of the English Romantic garden. The concept must also be extended to all aspects of the game itself, to its rules and its competitive dimension, and then to its complex inherent geometries, the configuration and material state of soil and water, and finally, the dialectical relationship between nature and artifice that determines the complex identities places acquire in time. It comes as no surprise to learn that F.W. Taylor, the celebrated industrial time-and-motion theorist, saw the golf course as an ideal testing ground for new systems to boost the growth rate of grass. The aim of this brief photosurvey is to provide a concise, though necessarily incomplete overview of golfing architecture and culture. When utilised in an informed way and with proper respect for site, this architecture and culture can significantly enhance the places and landscapes where golf is played.*

* *Dottore di ricerca in Composizione Architettonica, progettista dei golf club di Salsomaggiore e San Valentino*
*Research assistant in Architectural Composition and designer of the Salsomaggiore and San Valentino golf courses.

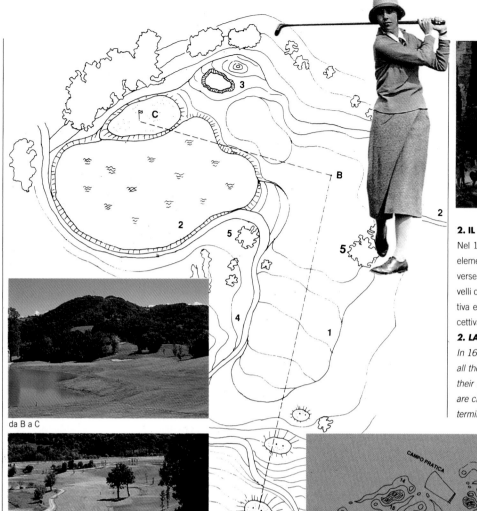

da B a C

da A a B

2. IL GIOCO DEL PAESAGGIO

Nel 1624 il pittore fiammingo Paul Brill ci restituisce una scena dove gli elementi principali del golf sono già tutti presenti. I giocatori stanno in diverse posizioni e traguardano le linee di tiro verso una precisa area. I dislivelli del terreno e le distanze costituiscono i fattori di difficoltà. La prospettiva e le componenti del paesaggio rendono determinante la facoltà percettiva nella scelta del comportamento di gioco.

2. LANDSCAPE LENDS A HAND

In 1624 Flemish painter Paul Brill painted a scene that already contained all the essential features of golf, with players in various positions sighting their shots towards a clearly defined area. Uneven ground and distance are challenges to their skill. Perception of landscape and perspective determines how the game is played.

1. LA BUCA E IL PERCORSO

Come è fatta una buca da golf? Una partenza dove dai *tees* si colpisce la pallina (A); una pista prativa, il *fairway* (1) che definisce il tragitto verso il *green*; infine il *green* (C), area delimitata da un taglio d'erba molto basso all'interno del quale ritroviamo la buca vera e propria, segnalata dall'asta della bandiera, obiettivo finale della pallina in gioco. Altre componenti: *bunkers*, cioè ostacoli di sabbia (3), laghetti e ruscelli, cioè ostacoli d'acqua (2), rilievi e depressioni, alberi con funzione di segnalazione (5) e di quinta, uno stradello per i *carts* (4). Con diciotto buche di dimensioni e carattere variabili si viene a costituire un percorso completo. A titolo esemplificativo: layout della buca n. 4 del Salsomaggiore Golf Club, un *par* 4 (numero standard dei colpi attribuiti alla buca) *dog leg* a sinistra (angolata a sinistra) di 323 metri. Il rilievo visuale dal *tee* di partenza (da A a B) e dalla *landing area* (zona di atterraggio del primo colpo) al *green* (da B a C). Lo schema al centro illustra il percorso a 18 buche.

1. HOLE AND COURSE

What does a hole consist of? A starting ground where the ball is struck from the tees (A); a strip of mown grass called the fairway (1) marking the route to the green; and the green itself (C), a finely mown lawn with a flag marking the actual hole, the place where the ball has to go. Other features include obstacles like bunkers (3), ponds and streams (2), hills and ditches, marker trees (5), tree screens and paths for carts (4). Put eighteen holes with different features and lengths together and you get a complete course. Hole 4 at Salsomaggiore Golf Club – a 323 metre left dog leg par 4 (i.e. to be played with four strokes) – is a typical example. Sighting is from the starting tee (A to B), and from the landing area (where the ball comes down after the first stroke) to the green (B to C). The diagram (centre page) shows the 18-hole course.

courtesy the Bettman Archive

3. ATTRAVERSO LA CAMPAGNA

Nella tradizione golfistica i luoghi, le tradizioni, gli ambienti sembrano ancora fortemente influenzati dai caratteri della caccia come si vede nella narrazione figurata di questo torneo di fine Ottocento sul percorso scozzese di Troon, tra cani, cespuglieti e anfratti.

3. COUNTRY PURSUITS

The customs, locations and ambience of golf still seem strongly influenced by hunting traditions, as can be seen from the dogs, thickets and glens in this pictorial account of a late nineteenth-century tournament on the Troon course in Scotland.

4. ONDULATO PER NATURA

La morfologia ondulata delle dune di sabbia ricoperte d'erba fa del percorso di Royal Dornoch un classico *links*, vale a dire un percorso ideale innanzitutto per natura propria, dove la variabilità dei livelli suggerisce molte possibili scelte di tiro e di posizione per meglio raggiungere il *green*.

4. NATURALLY ROLLING TERRAIN

Undulating grass-covered sand dunes make the Royal Dornoch course a classic – its natural variations in level make it an ideal course because the terrain itself suggests a wide range of strokes and playing positions.

6. OSTACOLI ARTIFICIALI

Il gioco può a volte sconfinare dalla fascia centrale di un *fairway* ma certo non si ferma di fronte alle difficoltà che incontra. James Braid, qui a St. Andrews nel 1905, affronta con disinvoltura un colpo dai binari, così come si può fare dal *bunker*, dal ruscello o dall'erba alta del *rough*, dimostrando una sorta di eccezionale adattabilità ambientale del gioco.

6. MAN-MADE OBSTACLES

A game may occasionally stray beyond the confines of the central fairway, but players carry on regardless. An unruffled James Braid is seen here at St. Andrews in 1905 playing his way off the railway tracks as if from a bunker, stream or rough, a convincing demonstration of the game's extraordinary environmental adaptability.

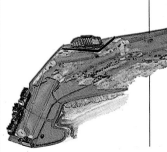

courtesy Harry N., Inc.

5. LA SABBIA COME OSTACOLO

Tra le diverse forme di ostacolo di sabbia, il *pot bunker* è sicuramente il più temibile come dimostra la difficile posizione di questo giocatore sul *links* di Carnoustie in Scozia. Concepito osservando gli avvallamenti privi di erba utilizzati dalle greggi per proteggersi dal vento, il *bunker* viene da subito considerato come una tra gli elementi più caratterizzanti di un percorso dal punto di vista del disegno del campo e della strategia del gioco. Un'attenta definizione formale dei *bunkers* costituisce quindi un fattore determinante per la coerenza stilistica e la funzionalità agonistica di un percorso.

5. SAND GETS IN THE WAY

As the awkward position of this player on the Carnoustie links in Scotland demonstrates, the pot bunker is the most formidable sand trap of all. Inspired by the grassless hollows sheep take refuge in from the wind, the bunker immediately became one of the most characteristic features of course design and game strategy. Careful shaping and siting of bunkers is thus a decisive factor in determining the layout and difficulty of a course.

7. ST. ANDREWS: ANDATA E RITORNO

Sulla West Sand di St. Andrews in Scozia già dalla fine del Cinquecento veniva praticato il gioco del golf. L'Old Course è infatti considerato l'archetipo del percorso golfistico attorno a cui si è sviluppata attraverso i secoli l'autorità giuridico- ed etico-sportiva del Royal and Ancient Golf Club. Lo sviluppo di questo *links* prevede 9 buche di andata e 9 di ritorno conferendo metaforicamente il senso di un vero e proprio "viaggio" alla partita di golf. Da notare che solo quattro sono i *greens* singoli poiché i rimanenti, piuttosto larghi, ospitano ciascuno le bandiere di due buche contrapposte, a dimostrazione di una grande adattabilità allo spazio disponibile in presenza di un regolamentato e corretto comportamento di gioco.

7. ST. ANDREWS: THERE AND BACK

Golf has been played on the West Sand at St. Andrews in Scotland since the late sixteenth century. The Old Course is considered the archetypal golf course around which the legal and ethical codes of the Royal and Ancient Golf Club have developed over the centuries. The course has nine outward and nine return holes, which gives the game of golf the metaphorical dimension of a real journey. Note that there are only four single greens; the other rather wider ones have two holes each to be played from opposite directions, showing how well golf can adapt to available space when proper rules of conduct and play are observed.

photo Nick Birch

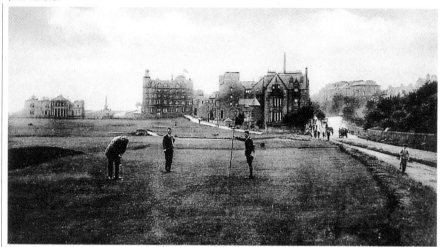

8. ENTRANDO IN CITTÀ

La Road Hole a St. Andrews porta il giocatore verso il club house ma anche verso la città. Il significato e la funzione anche urbana del percorso golfistico sono qui evidenti dal punto di vista del paesaggio, dell'ambiente, del verde pubblico. Infatti proprio l'Old Course, il percorso più blasonato del mondo, risulta di fatto un *municipal golf course* secondo un regolare atto deliberativo del Parlamento.

8. GOING TO TOWN

The Road Hole in St. Andrews leads players back to the town as well as the club house. The urban significance and function of golf courses are evident here in the landscape, environment and green public space of St. Andrews, whose Old Course, the world's most aristocratic, was made a municipal golf course by ordinary Act of Parliament.

9. LA CASA-TEMPIO DEL GOLF

Un articolato apparato classicista, a metà tra la tipologia della villa palladiana e l'incastellamento, denota il ruolo rappresentativo del Royal and Ancient Club House. Senza dubbio tra i più importanti monumenti storici di St. Andrews, si erge isolato a definire con evidenza il punto di partenza e di arrivo dell'Old Course.

9. THE HOME AND TEMPLE OF GOLF

The symbolic role of the Royal and Ancient Club House – a sort of Palladian villa with battlements – is evident in its complex mix of classical elements. The Club House is one of St. Andrews' most import historical monuments: standing in splendid isolation, it forms a conspicuous marker for the start and finish of the Old Course.

10. PER IL RE, PER LA REGINA, PER IL PRINCIPE

James Braid (nella foto in basso) e C.K. Hutchinson realizzano nel 1919 a Gleneagles (Perthshire) due splendidi esempi di *inland golf courses* totalmente consapevoli del concetto di identità simbolica del paesaggio romantico. Infatti il King's Course sembra interpretare la solennità del carattere regale attraverso l'accentuata plastica della modellazione del terreno e il timbro deciso dei *bunkers* e dei volumi arborei. Il Queen's Course d'altra parte esprime un'articolazione più aggraziata e femminile degli elementi compositivi. Infine il Prince, realizzato anni dopo da Alexander, Marchbanks e Telford, sottolinea, nella propria semplicità perfettamente integrata al carattere agreste del contesto, quasi la naturalezza se non l'ingenuità di un carattere giovanile.

10. FIT FOR A KING, QUEEN AND PRINCE

When James Braid (photo below) and C.K. Hutchinson designed two splendid inland golf courses at Gleneagles (Perthshire) in 1919, they were fully attuned to the romantic symbolism of the landscape they were creating. The sculptural landscaping and boldly sited bunkers and trees of the King's Course seem stately and regal, while the Queen's Course is more feminine and graceful. The much younger Prince's Course designed by Alexander, Marchbanks and Telford combines the rustic charm of site with perfect simplicity of design to suggest a young man's naturalness and even innocence.

King's Course

Queen's Course

Prince's Course

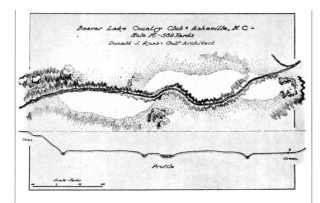

PLAN OF IDEAL TWO-SHOT HOLE OF 420 YARDS.

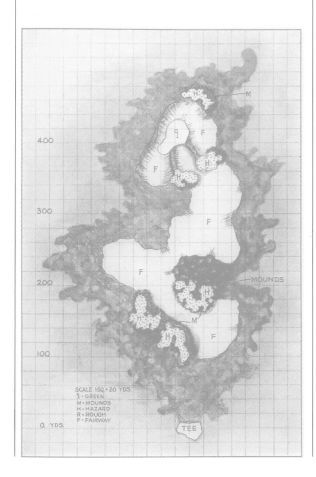

SCALE 150 × 20 YDS.
G · GREEN
M · MOUNDS
H · HAZARD
R · ROUGH
F · FAIRWAY

TEE

photograph by Rau

11. IL DISEGNO DELL'ARCHITETTURA GOLFISTICA

Riportiamo tre esempi di una già matura espressione della progettazione golfistica durante gli anni Venti negli Stati Uniti: la n. 16 del Beaver Lake Country Club in North Carolina, progettata da Donald J. Ross nel 1924, utilizza il corso di un ruscello preesistente che, costeggiando e attraversando il *fairway*, ne seziona e ne delimita in diversi punti la conformazione creando una stimolante difficoltà al gioco; una buca ideale secondo il Dr. Alister Mackenzie, primo vero teorico dell'architettura golfistica, dove la valenza strategica della scelta stilistica si traduce anche all'interno di una attenta precisazione linguistica; da notare le diverse linee di gioco su cui si basa l'articolazione formale della buca. George C. Thomas Jr., profondo conoscitore dell'evoluzione della cultura golfistica di quegli anni, dimostra nel disegno in basso la relazione tra possibili punti d'appoggio della palla in relazione a una complessa deformazione e quindi espressione formale del *fairway*.

11. DESIGNING THE COURSE

Three examples of American course design in the twenties, when the art was already mature: hole 16 of Donald J. Ross' 1924 Beaver Lake Country Club course in North Carolina, which uses an existing stream that skirts and crosses the fairway to shape layout at various points and create a more challenging game, and an imaginary hole by Dr. Alister Mackenzie, the first real theoretician of course design, where the strategic implications of design translate into precise physical features (note how the way the layout is based on the various lines of play). In this drawing, George C. Thomas Jr., an expert on twenties course design in America, shows how possible landing areas relate to the general deformation and so actual shape of the fairway.

12. INTENSITÀ ESPRESSIVA

Pine Valley (N.J.) progettato da George A. Crump e H.S. Colt nel 1912 così come Cypress Point (Ca.) progettato da Alister Mackenzie oltre 10 anni dopo, sono vere e proprie opere archetipe di un concetto moderno di traduzione stilistica dove la dialettica con gli elementi naturali del luogo si rivela come occasione di sempre più complesse e seducenti possibilità formali di gioco.

12. PLUMBING THE DEPTHS

Pine Valley (N.J.) designed by George A. Crump and H.S. Colt in 1912, and Cypress Point (Ca.) designed by Alister Mackenzie more than ten years later, are genuine conceptual archetypes of modern formal sophistication that generates fascinatingly complex types of play through dialectic relationships with natural site features.

courtesy Frank Christian Studios

13. L'IDENTITÀ INSEDIATIVA

Il percorso di Augusta National (Georgia), nato dalla collaborazione del campione vincitore del "Grande Slam" del 1930 Robert Tyre Jones Jr. con A. Mackenzie, costituisce una tipologia innovativa di impianto che privilegia la spazialità aperta, la vasta dimensione del *fairway* e del *green*, l'economia e attenta selezione della piantata e dei *bunkers*, che però, disposti sapientemente, rendono difficile in modo inaspettato il percorso a chi non osserva, con grande attenzione e consapevolezza, gli elementi del campo. La club house porticata sui quattro lati e il grande viale alberato d'accesso completano il carattere "sudista" dell'impianto. Il presidente Eisenhower ne è stato appassionato estimatore.

13. THE IDENTITY OF THE SETTLEMENT

The innovative layout of the Augusta National course (Georgia) jointly designed by 1930 grand slam champion Robert Tyre Jones Jr. and Alister Mackenzie favours open space, vast fairways and greens, sparing use of bunkers and carefully selected shrubs and trees, cleverly sited to make the course unexpectedly difficult for players who can't or don't read it properly. A club house porticoed on all four sides and a tree-lined drive give the American course a southern "confederate" feel. President Eisenhower was passionately fond of the course.

14. LA PROSPETTIVA E IL SEGNO

Questa immagine potrebbe sembrare al generico osservatore una bella vista all'interno di un grande parco. In realtà se l'osservatore risulta essere un golfista attento comprenderà come A.W. Tillinghast in questa buca a Winged Foot, senza l'ausilio di *bunkers* e movimenti del terreno, fornisca la chiave di individuazione della linea di tiro semplicemente attraverso il contrappunto prospettico di spiccati volumi arborei. In primo piano a delimitare il tiro a destra, sul fondo a indicare il *dog leg* a sinistra. La delicata demarcazione geometrica della partenza rimane così l'unico, minimo ma inequivocabile, segno artificiale di indirizzo.

14. PERSPECTIVE MARKERS

A casual observer might see only a fine view of a large park, but a shrewd golfer will appreciate how A.W. Tillinghast used perspective clumpings of trees rather than bunkers or topographical features as sighting clues on this hole at Winged Foot. In the foreground they indicate the shot to the right; in the background the left-hand dog leg. The unobtrusive geometrical demarcation of the starting point is the only (unobtrusive but unequivocal) artificial clue to direction of play.

15. CALCOLATA AMBIGUITÀ

Sulla linea retta della n. 11 del West di Winged Foot si inseriscono le linee di sviluppo obliquo del *green* e del *bunker*. La genialità nel disegno di questa buca sta nell'aver praticato un'apertura nella cortina di piante che circondano il retro *green*, richiamando così la prospettiva ulteriore e profonda della buca successiva all'interno di una scena conclusa quasi per renderne più incerta la delimitazione e quindi più complessa l'interpretazione al gioco.

15. DELIBERATE AMBIGUITY

The oblique lines of the green and the bunker fit into the straight trajectory of hole 11 at Winged Foot. The stroke of genius was to open a gap in the curtain of trees behind the green to reveal the next hole in the distance. The additional perspective seems to erode the boundaries of the present hole and make it more difficult to read.

16. GOLF E COSTUME

Comportamenti, moda, divismo trovano nella dimensione golfistica una condizione di forte sviluppo nell'America di prima e dopo la Seconda Guerra mondiale. Il mito della natura combinato allo spirito agonistico si riconfigura per la sempre più vasta classe media americana nella pratica del golf. A destra, la copertina di *Liberty* alla vigilia del conflitto.

16. GOLF A LA MODE

Behavioural patterns, fashion codes and the star system were important influences on the evolution of golf in America before and after the Second World War. For America's ever more numerous middle classes, the game combined the myth of nature with athletic prowess and the sporting spirit. Right, a Liberty cover just before the war.

17. LA SPECIFICITÀ GOLFISTICA DEL CONTESTO

La peculiarità qualitativa di un impianto golfistico risiede soprattutto nel suo sapersi caratterizzare rispetto alle risorse paesaggistiche di un contesto. Così gli acquedotti romani e gli elementi di una natura spiccatamente mediterranea denotano sin dagli anni Trenta una significativa identità del golf in Italia. Un manifesto reclamizza in Gran Bretagna il golf italiano alludendo al percorso del Golf Club Roma all'Acquasanta sull'Appia.

17. GOLF GOES NATIVE

Golf courses have an extraordinary knack of identifying themselves with landscape features of their sites. Thus, Roman aqueducts and other typically Mediterranean features have contributed to the unique identity of Italian golf since the thirties. This British poster uses the Golf Club of Rome at Acquasanta on the Appian Way to promote Italian golf.

L'Oak Village Golf Course in Giappone progettato da Desmond Muirhead/*the Oak Village Golf Course in Japan designed by Desmond Muirhead.*

L'Aberdeen Golf Course in Florida progettato da Desmond Muirhead/*the Aberdeen Golf Course in Florida designed by Desmond Muirhead.*

18. IL VIRTUOSISMO DELLA MANIERA

Nel 1966 Robert Trent Jones realizza in California lo Spyglass Hill Golf Links. Ispirandosi al famoso e praticamente attiguo percorso di Cypress Point, Jones stempera manieristicamente la drammatizzazione dello stile di Mackenzie per arrivare a un risultato di più domestica identità del paesaggio golfistico, dove ad esempio la presenza delle residenze all'interno dell'impianto ne influenzerà il carattere stilistico. Il laghetto, la bordatura sinuosa dei *bunkers*, la rotondità del *tee* di partenza non ne vanificano comunque un sempre più approfondito carattere strategico al percorso.

18. MANNERIST VIRTUOSITY

Robert Trent Jones created the Spyglass Hill Golf Links in California in 1966, drawing his inspiration from the well-known Cypress Point course virtually next door. Jones' mannerism tempers the drama of Mackenzian design to produce a more domestic golfscape influenced, among other things, by the residential buildings bordering the course. However, the lake, wavy-edged bunkers and round starting tee in no way reduce the strategic complexity of the course.

19. IL DESIGN DELL'ATTREZZATURA

Il design e i materiali degli attrezzi per il golf denotano da sempre una ricerca di perfezionamento della resa funzionale per incrementare la portata, la precisione, e la facilità del colpo alla pallina. A sinistra, un moderno set di mazze da golf che consente al giocatore di affrontare le diverse distanze e posizioni del gioco a cui il percorso lo sottopone. A destra, varie forme di ferri per il *put* (il colpo alla pallina già sul *green*).

20. EQUIPMENT DESIGN

The story of golf equipment design and materials has been a search for performance features to improve the range, accuracy and execution of the stroke. Left, this set of modern clubs helps players to cope with the distances and playing positions the course demands. Right, putting irons of different shapes.

20. LEZIOSO

In questo caso Rees Jones, figlio d'arte di R.T. Jones, tende a una caricatura decorativa della buca dove l'artificialità floreale supera addirittura i più consumati modelli di aiuola urbana e giardino domestico.

19. AFFECTATION

Rees Jones, following in the footsteps of his father R.T. Jones, almost caricatures conventional course design with floral decorations that surpass even the most hackneyed flowerbed designs in city parks and private gardens.

21. IL FORMALISMO DI DERIVAZIONE AGONISTICA

Tra le tipologie prevalenti oggi ritroviamo quella, espressione più di giocatori professionisti che non di architetti di golf, che definisce il carattere formale di un percorso come direttamente derivato da una complessa performatività tecnico-agonistica. Da cui ne consegue una enfasi stilistica dove ad esempio si ricorre al presunto quanto generico naturalismo della *free form* di un *bunker* o alla convulsa sinuosità del *fairway*. La forte autonomia e la mancanza di dialettica rispetto al carattere del contesto conferiscono un timbro stilistico di immediato impatto plastico ma privo di quella complessità che, evitando la più scontata consumabilità effettistica, mantiene inalterato nel tempo l'interesse interpretativo del giocatore verso il percorso. Per esemplificare: l'Hilton Head National di Gary Player e il Muirfield Village di Jack Nicklaus e Desmond Muirhead.

21. THE PROS TAKE OVER

Much modern course design betrays the influence of professional players rather than course designers, in the sense that formal features are the direct outcome of technical and performance oriented design approaches. One result is a penchant for supposedly "natural" free-form bunkers and exaggeratedly meandering fairways. Autonomous design and lack of reference to natural context create strikingly sculptural effects lacking the strategic complexity that comes of taking the interests of ordinary players to heart (while avoiding the grossness of designs that pander to consumer-oriented spectacle). Examples of this are Gary Player's Hilton Head National and Jack Nicklaus and Desmond Muirhead's Muirfield Village.

22. GOLF COME LAND ART

Desmond Muirhead è l'architetto che per primo ha puntato su un'autonomia formale del percorso basata però su criteri estetico simbolici piuttosto che tecnico agonistici. Attraverso una sorta di misteriosa archeologia delle forme, Muirhead fa un uso squisitamente scultoreo del terreno e utilizza gli elementi della buca per ottenere effetti figurativi di scandito quanto magnetico impatto visivo. I segni della modellazione che sembrano derivare dalla fenomenologia tellurica e vulcanica si coniugano ai segni di un artificio ancestrale magari riferibile alle geometrie enigmatiche delle più antiche civiltà o alle composizioni di un astrattismo simbolico. In sostanza l'operato di Muirhead, qui nel caso di Stone Harbour, sembrerebbe configurarsi più nella articolata sperimentazione della *Land Art* che non nella ricerca dell'architettura golfistica. Nelle pagine precedenti i percorsi di Shinyo, Oak Village e Aberdeen.

22. *GOLF AS LAND ART*

Desmond Muirhead was the first architect to base autonomous design forms on aesthetic and symbolic rather than technical or performance criteria. By some mysterious archaeology of form, he uses the land in totally sculptural ways, deploying features to create visual effects that are irresistably appealing as well as neat and orderly. Sculptural features of seemingly telluric or volcanic origin combine with immemorial man-made features that hark back to the enigmatic geometries of ancient civilisations or seem derived from abstract, symbolic compositions. In short, Muirhead's work, here exemplified by Stone Harbour, seems more concerned with land art than course design as such. On the previous pages, other Muirhead courses: Shinyo, Oak Village e Aberdeen.

23. GOLF SENZA GOLF COURSE

Il Giappone dimostra che il golf può appassionare anche senza percorso golfistico. Come in una dimensione zen, il controllo del corpo nello svolgimento del colpo tende a un grado di perfezione che prescinde dalla finalità del colpo stesso e quindi dall'avanzamento su un percorso. Filosofia orientale a parte, l'altissimo costo dei campi da golf e il poco tempo a disposizione determinano il successo di campi pratica multipiano e con tanto di rete raccoglipalle dove praticare a basso costo.

23. *GOLF WITHOUT GOLF COURSES*

Japan demonstrates that you can be a golfer without ever setting foot on a golf course. As in Zen philosophy, achieving the bodily control needed to execute a perfect stroke outweighs the original purpose of the stroke itself, i.e. moving round a golf course. Oriental philosophy apart, prohibitive course fees and lack of time have made multistorey driving ranges extremely popular. For a small fee, you can practice to your heart's content and have your golf balls returned to you automatically into the bargain.

24. IL VALORE DELLO SPAZIO

In questo angolo dell'Arizona il campo da golf si limita con modestia ad adagiarsi sulla piana e senza velleità di ricreazione di un proprio paesaggio pseudonaturale partecipa della profonda vastità del grande spazio desertico.

24. *THE GREAT OUTDOORS*

In this area of Arizona, golf courses remain modestly on the level with no pretentions to personalised pseudo-natural landscape. As a result, they truly belong to the vast open spaces of the desert.

25. IL GOLF COME PARCO URBANO

La quinta abitata di questo sobborgo di Edimburgo si affaccia su un ampio spazio verde dove ogni cittadino può praticare il golf, magari verso sera dopo il lavoro o finita la scuola, a un costo inferiore a quello di un cinema. Chi non gioca passeggia, si riposa su una panchina, osserva il gioco altrui. La manutenzione e la sorveglianza del verde vengono pagate dall'attività golfistica.

25. *GOLF COURSES AS URBAN PARKS*

The residential backdrop of this Edinburgh suburb faces a large green where anyone can play golf, perhaps in the evenings after work or school, for less than the price of a cinema ticket. People who don't want to play can walk, sit on benches or watch other people playing. The upkeep and supervision of the green is paid for out of golf takings.

26. TORNANDO A CASA

Una costante tipologica nell'infinita varietà di elementi caratterizzanti un impianto golfistico è costituita dalla *club house* (nelle tre foto a sinistra in basso). Punto di partenza e di arrivo del "viaggio" che il giocatore compie attraverso il verde del campo, la *club house* si identifica quasi come "rifugio" dove i frequentatori, durante il gioco dispersi nei vasti spazi del percorso, hanno così occasione di incontro. A Oakmont in stile gotico domestico, a Dinard moderno eclettico, a Salsomaggiore attraverso la tipologia dell'incastellamento, il carattere della *club house* svolge inoltre una funzione rappresentativa esprimendo anche l'identità insediativa dello stesso campo da golf.

26. *COMING HOME*

Golf courses are infinitely varied, but they all have a club house, the starting and finishing point of the "journey" players make around the course (three photos left, bottom). The club house is a kind of "retreat" where patrons who lose sight of each other in the vast expanses of the course during the game can get together and socialise afterwards. The club house also has a symbolic function: here, the domestic Gothic of Oakmont, the modern eclectic of Dinard and the battlements and turrets of Salsomaggiore focus the identities of golf courses as human settlements on the land.

Cosmopolitan Golf and Country Club

Cosmopolitan Golf e Country Club

progetto/*project* Aldo Rossi

MARCO BRANDOLISIO. La club house del golf di Tirrenia è il primo a essere realizzato degli edifici di un complesso piano di recupero riguardante l'intera area occupata dagli ex stabilimenti cinematografici Forzano. Il luogo, limitrofo alla tenuta di Tombolo, è una lunga e larga area di bonifica pianeggiante che si estende da Tirrenia fino a Livorno caratterizzata, ai lati maggiori, dalla continuità della pineta di San Rossore e Migliarino. Proprio la continuità del paesaggio naturale è il tema fondamentale di questo intervento, sia per quanto riguarda la progettazione del campo da golf (18 buche su circa 70 ettari di terreno) che, e soprattutto, per l'edificio della club house. Aldo Rossi ha interpretato l'edificio come la testata di un impianto fondativo; la costruzione è una sorta di argine o meglio di punto ordinatore che da un lato limita l'edificato e dall'altro si confronta con il bellissimo paesaggio toscano. Composto da tre corpi di fabbrica ben distinti e fortemente integrati tra loro, la club house sembra quasi nascere dal rapporto con la natura. Il corpo centrale al quale si accede da uno scalone monumentale coincide con l'ingresso e presenta una complessità di volumi architettonici che sottolinea il ruolo di ufficialità dovuto alla funzione di accoglienza che essa assolve: l'atrio a doppia altezza sormontato dal lucernario contrappone all'austerità della facciata di pietra la luminosità di un interno caratterizzato dalla luce zenitale. Le due lunghe ali simmetriche si distinguono per un carattere maggiormente domestico che meglio corrisponde alla dimensione quotidiana delle attività riservate ai soci e anch'esse, come i terrazzi al primo piano, si misurano con il paesaggio circostante. La terza parte, rivolta tutta verso il paesaggio naturale, è l'elemento culminante dell'intera composizione: è il salone principale, un padiglione a pianta centrale circolare caratterizzato dalla monumentale copertura a cupola. Questo volume è caratterizzato ulteriormente nella sua eccezionalità dall'essere circondato da uno specchio d'acqua che lo separa dal campo da golf. Gli interni alternano materiali quali il cotto e il mattone per l'atrio d'ingresso, il cotto e l'intonaco e il legno per le sale e i saloni. Sobria e potente, l'orditura di legno lamellare della cupola conferisce un'impronta fortissima al salone d'onore. L'intero edificio, quindi, si presenta come una grande dimora di campagna, una grande villa toscana. Aldo Rossi, come nei grandi edifici degli antichi, ricerca attraverso l'uso appropriato dei materiali da costruzione un elemento di continuità in più: ecco perciò i muri in blocchi portanti di tufo che sembrano nascere dalla terra, le cornici di marmo e la copertura di rame della cupola.

M.B. The Tirrenia club house is the first completed building of a complex scheme to redevelop the whole area once occupied by the Forzano film studios.

The site bordering on the Tombolo estate is a long, wide strip of flat, reclaimed land stretching from Tirrenia to Livorno, flanked uninterruptedly on its longer sides by the pinewoods of San Rossore and Migliarino.

Continuity with the natural landscape was a major project theme that influenced the design of both the 18-hole golf course covering approximately seventy hectares and, more importantly, the club house.

Aldo Rossi envisaged the building as a sort of outpost for a future settlement that will come later; as a territorial marker, or organisational nexus perhaps, it establishes the outer limit of the redevelopment complex on one side and faces with the beautiful Tuscan landscape on the other.

Its three quite distinct blocks are highly integrated, and seem a natural outcome of the building's relationship with its site.

The main block with a monumental flight of steps leading to the entrance presents a complex mass of architectural volumes to underline its official function as a reception building: the double height entrance hall surmounted by a skylight creates a luminous top-light interior to offset the austere stone façade outside. The two long symmetrical wings with first-floor terraces proudly confronting the landscape have a domestic ambience more appropriate to the daily life of the club and its members. The third building – the climax of the whole composition – is a round club room pavilion with a monumental domed roof. Fully integrated with the natural scene, it is rendered all the more exceptional by a moat that separates it from the golf course.

Interior materials range from terracotta and brick in the entrance hall, and terracotta, plaster and wood in the rooms and halls to the austerely imposing lamellar wood frame of the dome which is such a striking feature of the club room. The overall impression is of a large country residence, a grand Tuscan villa.

Like the architects of great buildings in the past, Aldo Rossi has used local materials to create an added sense of continuity: load-bearing tufa block walls that seem to rise naturally from the ground, marble cornices and a copper-roofed dome.

fronte delle case-albergo del primo progetto/*the front of the residential and hotel block in the initial project*

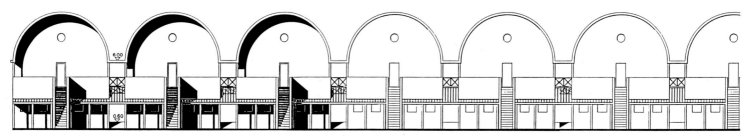

● Schizzo della prima proposta di progetto. Sul fondo, in un ideale ravvicinamento, una citazione dei monumenti della città di Pisa. Il progetto prevede un lago artificiale semicircolare affacciato sui campi da golf, la club house, la grande piscina rettangolare (parte del progetto già realizzata), il centro polifunzionale, le due stecche delle case-albergo che fiancheggiano il viale d'accesso e il portale d'ingresso. La zona destinata agli impianti sportivi è stata completamente modificata per accogliere il nuovo albergo.

● *Sketch of the initial project. Behind, an imaginary backdrop of Pisa and its famous monuments. The project comprises an artificial semicircular lake towards the golf course, the club house, a large rectangular pool (the completed part of the project), a multi-purpose centre, two residential and hotel blocks flanking the entrance drive and an entrance gate. The area designated for sports facilities was totally redesigned to accommodate the hotel.*

La facciata della club house sul lago artificiale con la cupola del salone d'onore.
The lake façade of the club house with the dome of the club room.

Il prospetto principale visto dalla piscina.
The main elevation seen from the pool.

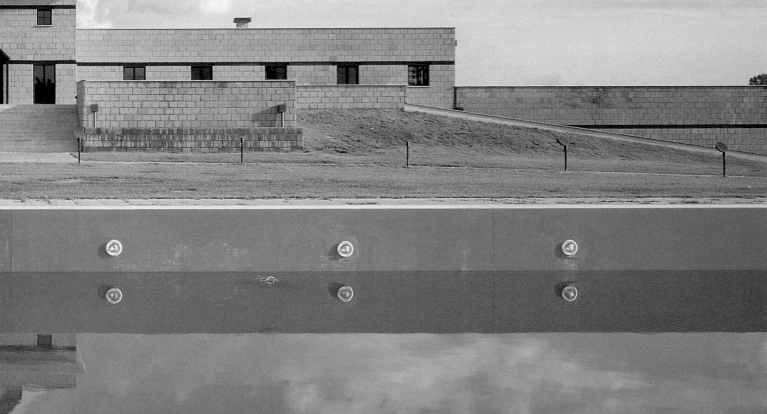

● **A sinistra:** interno del salone d'onore a pianta circolare e copertura a cupola, con orditura di legno lamellare. **Sotto:** scorcio del fronte principale. **Nella pagina a lato:** il volume del salone d'onore, con la cupola rivestita di lamiera preverniciata e ramata, si affaccia sul lago artificiale.

● *Left:* the interior of the circular club room with the lamellar wood frame of the dome. *Below:* view of the main front. *Facing page:* the club room facing the lake has a copper-clad dome.

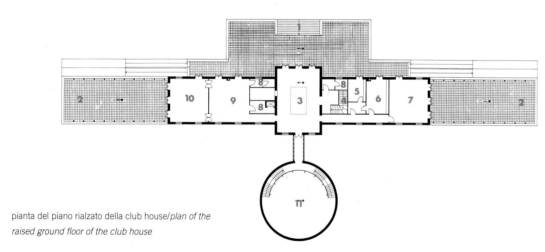

pianta del piano rialzato della club house/*plan of the raised ground floor of the club house*

1. scalinata/*stairway*
2. terrazzo/*terrace*
3. atrio con lucernario/*entrance hall with skylight*
4. scala agli spogliatoi/*stairs to changing rooms*
5. segreteria/*administrative office*
6. direzione/*executive office*
7. bar
8. servizi/*bathrooms and WCs*
9. ristorante/*restaurant*
10. sala privata/*private room*
11. salone d'onore/*club room*

Cosmopolitan Golf and Country Club

Driving range

Campo pratica

FRANCESCA CALCATERRA. Golf, sport da ricchi. Almeno in Giappone dove, per iscriversi al Koganei Country Club, uno dei campi più esclusivi vicino a Tokio, il costo è di 100 milioni di yen (1,5 miliardi di lire), un quarto rispetto a quanto costava nel 1989, in pieno boom economico. Molti dei 17 milioni di giapponesi appassionati di golf, non potendosi permettere queste cifre da capogiro, frequentano sempre più spesso campi pratica. Ce ne sono un'infinità e tutti simili a delle grandi voliere. Nel centro di Tokio, a due passi dalla torre di acciaio (brutta copia della più famosa Tour Eiffel) c'è uno dei più famosi campi pratica della capitale. Un semicerchio di tre piani, con 155 postazioni, che si affaccia su un'area, lunga 300 metri e larga 150. Tutto è automatizzato e il più confortevole possibile. Ogni postazione ha il proprio distributore automatico di palline, un armadietto, due poltrone (riscaldate per l'inverno) e un tavolino. A disposizione dei giocatori ci sono distributori (gratuiti) di asciugamani caldi e umidi, impareggiabili quando bisogna lavarsi le mani o rinfrescarsi il viso. La piazzola (per destrorsi e mancini) è naturalmente perfetta e offre *tee* di gomma di diversa lunghezza, a seconda del legno che si vuole usare. I vari *green* del campo pratica si puliscono automaticamente, con un accorgimento che è tutto un divertimento. L'asta della bandiera, ogni quarto d'ora, si allunga su se stessa per poi ricadere come una lancetta d'orologio sul prato. Dopo di che inizia a ruotare velocemente, pulendo il *green* dalle palline. Finito il lavoro l'asta ritorna su se stessa e riprende la sua funzione di bandiera.

F. C. *Nowhere is golf more of a rich man's sport than in Japan, where membership of the Koganei Country Club, one of the most exclusive golf clubs just Tokyo, now costs a cool 100 million yen ($937,000), just a quarter of the sum golfers had to pay in 1989 when the boom was at its peak.*

Many of Japan's seventeen million golfers can't afford that kind of money, so they are turning increasingly to the country's innumerable ranges, which all look like huge aviaries.

One of Tokyo's most famous ranges is right in the centre of the city, a stone's throw from the Steel Tower, that poor imitation of Paris' better-known Eiffel Tower. The semicircular, three-storey centre has 155 practice tees facing a 300x150 m freeway area.

Everything is fully automated, with the accent on maximum comfort. Each tee has an automatic ball dispenser, a locker, two armchairs (heated in winter) and a table. Warm, moistened towels (unbeatable for cleaning hands or freshening up) are available free of charge from special dispensers, and the teeing ground (for left- and right-handers) is of course perfect, with rubber tees of varying heights to suit different lengths of club. Automatic clearing of the practice greens is a joy to watch – every fifteen minutes, the flagpole grows longer, bends over and sweeps quickly round the green like the hand of a clock, taking the golf balls with it. Afterwards it telescopes down to become a normal flagpole again.

OSHO TEERTH PARK: AN ECOLOGICAL STATEMENT

Osho Teerth Park: dichiarazione ecologica

Un progetto basato su un ecosistema autorigenerante per ridare vita a una zona urbana degradata.

A project based on a self-regenerating ecosystem restores a derelict urban area to life.

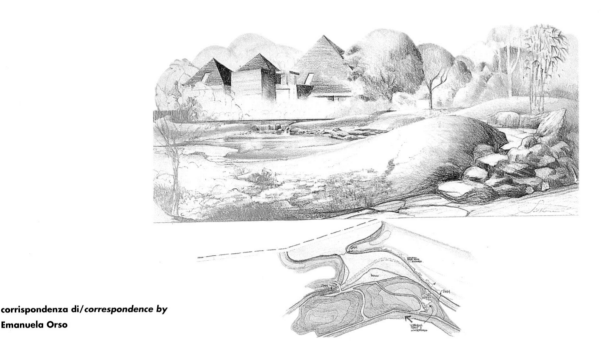

corrispondenza di/*correspondence by*
Emanuela Orso

«Un solo seme può rendere verde l'intera terra». Osho

FULVIO IRACE Addentrandosi nel rigoglioso sviluppo della sua vegetazione, l'Osho Teerth Park di Poona, nello stato del Maharashtra in India, appare a prima vista come il lussureggiante omaggio agli uomini di una terra generosa e vitale; conoscendone la storia, però, si può imparare ad apprezzarne il suo meno scontato aspetto di omaggio degli uomini alla forza rigeneratrice della natura.

Ora infatti che il programma della Shunyo Foundation – fondazione nata all'interno dell'Osho Spiritual Health Organization per l'organizzazione del parco – può dirsi quasi del tutto concluso, molti dei circa mille visitatori giornalieri del parco stenterebbero a credere che l'oasi armoniosa che costituisce una delle principali attrattive dell'odierna Poona sia stata, sino a poco tempo fa, una "terra desolata" (*waste land*) attraversata da un ruscello simile a una fogna a cielo aperto. Dichiarazione ecologica sostenuta dal pensiero (e dall'azione) del mistico contemporaneo Osho, il parco di Poona è un esempio tangibile di come l'habitat umano, anche se severamente compromesso, può tornare a nuova vita, utilizzando in modo benefico quella tecnologia da cui pure dipende il suo sconsiderato sfruttamento. Attraversata da un corso d'acqua che raccoglieva rifiuti e sostanze inquinanti di vario genere, la striscia di terreno pubblico su cui ora sorge il parco era stata sfruttata dagli uomini e dagli animali che ne avevano impoverito il suolo e ridotto la vegetazione a cinque alberi di neem e una palma. Il programma di riconversione si è sviluppato dunque secondo un piano di preparazione del terreno, di depurazione delle acque attraverso un sistema di vasche controllate da vegetali e animali "disinquinanti", di arricchimento del suolo e di riforestazione, di creazione di idonee infrastrutture di servizio, di coinvolgimento della comunità locale nella definizione della nuova identità pubblica del luogo.

"Just one seed can make the whole earth green". Osho

F.I. Your first impression of the dense vegetation of the Osho Teerth Park in Poona, in the Indian state of Maharashtra, is that it is nature's luxuriant tribute to man in a land of abundant life and growth. But when you get to know its history, you learn to appreciate the less obvious fact that it is also man's tribute to the regenerating power of nature. Now that the scheme of the Shunyo Foundation (created within the Osho Spiritual Health Organization to run the park) is almost finished, many of the park's thousand daily visitors would scarcely believe that this peaceful retreat, one of modern Poona's major attractions, was once derelict waste land traversed by a stream that was practically an open sewer.

As an ecological statement supported by the philosophy (and actions) of contemporary Indian mystic Osho, the park in Poona is a practical demonstration that even the most destitute human habitats can be revitalised when the technology that reduced them to this state in the first place is used humanely rather than destructively. The public land where the park now stands had long been exploited by man and animals: its soil had become impoverished, its only remaining vegetation was five neem trees and a palm, and its watercourse was a channel for refuse, sewage and pollutants. The conversion scheme began with the reclamation of the land, purification of the water using vegetal and animal depollutant tanks, and enrichment of the soil. The next step was to create suitable infrastructures and involve the local community in giving the place a new public identity.

foto Michael Pilsl

Situazione preesistente

Il parco occupa una striscia
di terra, lunga 900 metri e larga
tra i 60 e 70 metri, attraversata
dal ruscello Nalla. Prima
dell'intervento di recupero
il terreno appariva come un letto
di roccia a vista e il corso d'acqua
era ridotto a fogna a cielo aperto:
infatti il ramo principale del Nalla
attraversa diversi villaggi
e raccoglie acque di scolo, rifiuti
e sostanze inquinanti di vario
genere, oltre a essere anche
un collettore di olio esausto
proveniente dalla vicina ferrovia.

Situation

*The park occupies a strip of land
900 metres long and 60-70
metres wide traversed by a stream
called the Nalla. Before
reclamation, the site looked like
an exposed rock bed and
the stream had become little more
than an open sewer: the main
branch of the Nalla runs through
several villages where it carries
away sewage, refuse and various
pollutants, as well as waste oil
from the nearby railway.*

Fasi di lavoro

Il piano di progetto per creare un ecosistema rigenerante ha previsto tre fasi tecniche: la preparazione del terreno per l'irrigazione attraverso l'allontanamento del bestiame e la depurazione delle acque; la creazione delle infrastrutture necessarie (tubazioni, collegamenti elettrici, strade, sentieri) e di un'area da adibire a vivaio; l'invito ai membri della comunità a ideare l'architettura del paesaggio del parco.

Reclamation stages

The scheme to create a regenerative ecosystem had three technical stages: preparation of the land for irrigation by removing livestock and purifying the water; installing necessary infrastructures (piping, electrical connections, roads, paths) and a nursery garden; inviting members of the community to design the park's landscape architecture.

OSHO TEERTH PARK

Chiave del progetto

Chiave del progetto è la pulizia delle acque basato su un sistema autoregolante che ruota intorno all'utilizzo di piante e animali acquatici disinquinanti. Le acque incanalate da due dighe vengono immesse in due vasche di decantazione dei rifiuti solidi e in due per la pulizia biologica. Le vasche devono essere ripulite dal materiale organico a intervalli regolari per impedirne l'intasamento e permettere la crescita ottimale delle piante disinquinanti. Il materiale organico che viene rimosso durante queste fasi di pulizia viene usato per il *compost* e, insieme ad altri rifiuti organici prodotti dal parco, produce un ottimo humus che viene in seguito usato come fertilizzante.

The key to the project

The key to everything was purification of the water using a self-regulating system of plant and animal cleansing tanks. Water is channelled from two dams to two solid waste separation tanks and two biological cleansing tanks. The tanks have to be regularly emptied of solid waste to prevent blockage and allow the cleansing plants to grow properly. The organic waste removed during this phase is used as compost and produces excellent fertiliser humus when mixed with other organic waste from the park.

CHICAGO BOTANIC GARDEN: AN EDUCATIONAL PARK

Chicago Botanic Garden: parco didattico

Un vero e proprio museo all'aperto dove imparare a conoscere e a rispettare la natura, e un'architettura al suo servizio.

A genuine open-air museum, and the architecture that serves it, where visitors learn to understand and respect nature.

progetto/*project* Edward Larrabee Barnes and Associates, Alistair Bevington (Administration Building, 1976)
progetto/*project* Edward Larrabee Barnes, John M.Y. Lee and Partners, Alistair Bevington (Visitors Center, 1993)

FULVIO IRACE A poco più di 25 miglia dal centro di Chicago, l'area del Botanic Garden costituisce una delle più popolari e affascinanti risorse di una metropoli che ha saputo allacciare con le risorse naturali un dialogo costante nella storia della sua costruzione.

Concepito come un parco a tema che ha per oggetto lo studio e la contemplazione attiva della natura, il Botanic Garden offre l'incomparabile spettacolo dell'avvicendamento delle quattro stagioni in una sorta di museo vivente dove il soggetto principale è costituito dai più di venti giardini dislocati nelle stanze all'aperto del parco.

Concepito come una struttura per grandi numeri, il Botanic Garden è anche un ottimo esempio di come le esigenze ricreazionali e quelle più propriamente naturistiche possano trovare un ragionevole e gradevole equilibrio in un'architettura di servizio che non si sovrapponga ma si integri al-

continua a pagina 294

F. I. *Chicago's Botanic Garden about 25 miles outside the city is one of the most appealing and popular resources of a metropolis that has never severed links with its natural resources during the history of its construction.*

Designed as a theme park for the study and active contemplation of nature, the Botanic Garden charts the incomparable spectacle of the changing of the seasons in a sort of living museum whose main exhibit is collection of over twenty gardens displayed in the open-air rooms of the park.

Since it was also designed to receive numerous visitors, the Botanic Garden demonstrates very well how recreational and more strictly naturalistic needs can be rationally and enjoyably combined in service architecture that integrates with rather than imposes itself on a new landscape. As the expression of a pragmatic culture that places aesthetic contemplation of beauty within the broader practical context of concrete experience, the Botanic

continued on page 294

planimetria generale/*general plan*

1. giardino sull'acqua/*aquatic garden;* 2. bulbi/*bulb garden;* 3. carillon; 4. orto per i bambini/*children's vegetable garden;* 5. conifere nane/*dwarf conifer garden;* 6. *Administration Building (1976);* 7. giardino per disabili/*enabling garden for disables;* 8. giardino all'inglese cintato/*English walled garden;* 9. orto/*fruit and vegetable garden;* 10. giardino sperimentale per le erbe/*herbaceous trial gardens;* 11. giardino storico/*heritage garden;* 12. giardino giapponese/*Japanese garden;* 13. giardino paesaggistico *landscape gardens;* 14. giardino naturalistico/*naturalistic garden;* 15. giardino laboratorio/*plant evaluation garden;* 16. prateria/*prairie;* 17. roseto/*rose garden;* 18. giardino dei sensi/*sensory garden;* 19. bosco/*turnbull woods nature trail;* 20. cascate/*waterfall garden;* 21. Visitors Center (1993)

● **Nella pagina precedente,** il complesso dell'Administration Building affacciato sul lago: in primo piano, le serre; sul fondo, la copertura a tenda con lucernario a torre della sala centrale per esposizioni. Progettato nel 1976, l'edificio ha pianta cruciforme caratterizzata dallo spazio espositivo centrale e comprende gli uffici amministrativi, le aule di studio e di conferenze, l'auditorio per 200 persone, la biblioteca, gli spazi espositivi interni ed esterni e le serre.

● **In questa pagina:** l'Administration Building. **A sinistra, sopra:** l'ingresso si apre sul lato opposto alle serre ed è fiancheggiato dai due corpi laterali che contengono i servizi; in secondo piano la copertura con lucernario a torre della sala espositiva; **sotto:** il percorso del patio. **A destra, sopra:** dettaglio dei lucernari; **sotto:** il corridoio di distribuzione caratterizzato dalla vasca centrale che riflette il lucernario. **Nella pagina a lato:** il Visitors Center. Progettato nel 1993 per ospitare i servizi per i visitatori (sala informazioni, ristorante e cucina, negozi, infermeria), l'edificio segna l'ingresso al giardino botanico dai parcheggi. Affacciato sul lago con terrazze-deck, è collegato al parco con una larga passerella-pergola.

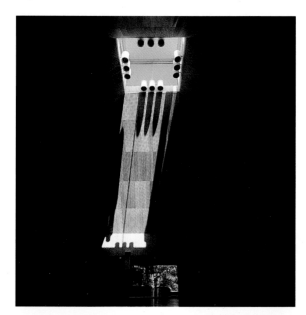

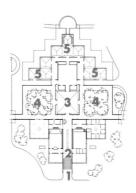

pianta dell'Administration Building/*plan of Administration Building*

1. ingresso/*entrance*

2. corridoio con vasca d'acqua
corridor with pool

3. sala per esposizioni
exhibition room

4. patio

5. serre verso il lago
greenhouses towards the lake

● *Previous page,* the Administration Building complex facing the lake: in the foreground, the greenhouses; in the background, the fabric roof with the lantern tower of the central exhibition room. Designed in 1976, the building is cross-shaped with a central exhibition area and houses administrative offices, study and lecture wings, an auditorium seating 200, the library, indoor and outdoor exhibition areas and the greenhouses.

● *This page:* the Administration Building. **Above left:** the entrance on the far side of the greenhouses is flanked by two side buildings for public amenities; in the middle ground, the lantern tower and roof of the exhibition room; **below:** the patio walkway. **Above right:** detail of the skylights; **below:** the distribution corridor with a central pool mirroring the skylight. **Facing page:** the Visitors Center. Designed in 1993 to house visitor services (information room, restaurant and kitchen, shops, first-aid post), the building stands at the entrance to the Botanic Garden from the car park. It has decks facing the lake and is linked to the park by a broad pergola walkway.

CHICAGO BOTANIC GARDEN

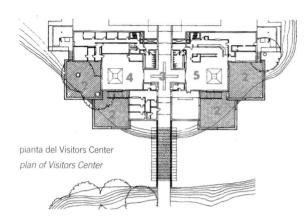

pianta del Visitors Center
plan of Visitors Center

1. passerella-pergola/*pergola walkway*; 2. terrazzo/*deck*; 3. atrio/*hall*; 4. negozio/*shop*; 5. ristorante/*restaurant*

● Il Visitors Center. **A sinistra, in alto:** due immagini della passerella-pergola che introduce al parco; **in basso:** due viste del giardino all'inglese, al centro del parco. **A destra:** i due volumi laterali del ristorante e del negozio, con copertura a tenda e lucernario a torre. **Nella pagina a lato:** il grande atrio centrale con lucernario cruciforme.

● *The Visitors Center.* **Top left:** *two views of the pergola walkway leading to the park;* **bottom:** *two views of the English garden at the centre of the park.* **Right:** *the two side buildings housing the restaurant and shop have a fabric roof and lantern tower.* **Facing page:** *the large central hall with a cross-shaped skylight.*

da pagina 290

la creazione di un nuovo paesaggio. Testimonianza di una cultura pragmatica che colloca la contemplazione del "bello" naturale dentro un quadro di un'"esperienza" concreta, il Botanic Garden sviluppa così un programma d'avvicinamento alla natura attraverso l'educazione e la conoscenza. L'Administration Building (1976) e il recente Visitors Center dello studio Barnes, infatti, funzionano come supporti visivi a un piano di *landscaping* basato sulla varietà degli scorci prospettici e sulla compatibilità di materiali costruttivi e di soluzioni spaziali in armonia con gli elementi fondativi del parco.

from page 290

Garden offers visitors a full range of educational and awareness-raising activities. The Administration Building (1976) and the Barnes practice's recent Visitors Center are visual supports in a landscape project of views, compatible building materials and spatial designs that blend harmoniously with the original features of the park.

Architetti e designer/*Architects and designers*

Fotografi/*Photographers*